北大 教養教育のすべて
エクセレンスの共有を目指して

小笠原正明・安藤厚・細川敏幸 編著

東信堂

はじめに

　教養教育（Liberal Education）は見果てぬ夢だと言った人がいる。夢ならば問題はないが，第二次世界大戦後に発足した新制大学にとって，これは現実そのものだった。何もないところから制度と理念を作らざるをえなかった日本の大学は，そのために長い時間と膨大なエネルギーを費やしてきた。新制北海道大学の教養教育の出発点は1947年4月の「北海道帝国大学大学制度審議会」の設置にあることは明白だが，それが完成したのはいつかという問いに対する反応はさまざまだろう。その中には教養教育に完成などないという意見も含まれる。本書は，現在の高等教育推進機構がそれまでのセンター組織に代わって教養的教育を担い，進学先学部未定の新入生を受け入れた2011年4月で完成したという立場を取っている。その間，実に64年の歳月が流れた。本書はその長い物語のダイジェスト版である。

　本書のハイライトは2000年代をピークとする疾風怒濤のような教育改革の時代であろう。教授法開発や授業評価などから始まって，カリキュラム開発，授業開発，自然科学実験の総合化，フィールド研修授業の開発，将来の大学教員のための研修へと発展し，ついには大学教員の倫理綱領の制定にまで及んだ。北大では，教養部の廃止以降，教養的教育を「全学教育」と呼んでいるが，1995年に創設された高等教育機能開発総合センターはそれを担うとともに，一連の教育改革プロジェクトの拠点ともなった。センターを創設した廣重力総長と後に続く，丹保憲仁，中村睦男，佐伯浩，山口佳三の4代の総長，及び8代の副学長がその活動を支援し，時に自ら先導した。その拡がりとインパクトの大きさから，筆者はこれを「全学教育運動」と呼んで良いと思っている。運動の論理的帰結の一つとして，入学試験における学部枠を可能な限り取り払う「大くくり入試」が提案され，曲折を経てそれが実現すると同時に，センターは高等教育推進機構へと改組解消された。本書はその意味で，同センターの誕生から終焉までのクロニクルでもある。

　全学教育運動には少なくとも3つの特徴がある。第1に，大規模総合大学

が教養的教育を維持し発展させるための有効なモデルを提供しデフォルト・スタンダードとして定着させたこと，第2に，個々の改革に「最良の専門家による最良の教養教育」という北大の伝統的理念を反映させたこと，第3に，その始まりから組織的な授業のアクティブラーニング化を目指したことである。特に第3点について，北大ではいち早く1990年代後半から全学教育を舞台にさまざまなディシプリンによるアクティブラーニング化の試みがなされ，2000年代にはその多くが学士課程教育に組み込まれた。

　本書の第1編「北大方式の教養教育」の第1章では新制大学の発足から北大方式の成立まで，第2章では教養部の廃止までになされた組織的検討と，高等教育機能開発総合センターの設置までを取り上げた。第2編「コアカリキュラムと新しい外国語・自然科学教育」の第3～8章では2003年度の第1回特色ある大学教育支援プログラムに採択された「進化するコアカリキュラム」と「平成18年度新教育課程」と呼ばれた基礎教育と外国語教育の改革を中心とした新しい教育課程により学生の学習態度が目立って向上したことを説明する。第3編「総合入試制度と新しい教育支援システム」の第9章では2011年度から導入された「総合入試」（大くくり入試）制度について述べ，第10章では先駆的な教育研修により学生中心，主題・課題中心，体験重視，対話的・双方向的な，いわゆるアクティブラーニング教育が普及した経緯を述べる。第11章では高校教育・専門教育との接続，単位の実質化のためのさまざまな教育支援システムの整備，また新渡戸カレッジなどの新しい課程の導入について述べる。第4編は結びである。

　本書が最初に企画されてから10年もの歳月が流れてしまった。さまざまな事情によるが，結果として北大教養64年目の大きな区切りを本書に取り込むことができたのは幸運だった。その間，忍耐強くお励ましいただいた㈱東信堂の下田勝司社長に心からお礼を申し上げたい。

2016年5月

編者，執筆者を代表して　　　小笠原　正明

旧理学部本館。現在は総合博物館

目　次

はじめに………………………………………………………………………………… i

第1編　北大方式の教養教育………………………………………………… 3
第1章　北大方式の成立 ………………………………… 小笠原正明　4
第2章　全学教育の出発
　1．新しい全学教育の構築 ………………………………… 新田孝彦　33
　2．全学教育の発展を支える
　　高等教育機能開発総合センター ……………………… 山口佳三　41

第2編　コアカリキュラムと新しい外国語・自然科学教育 ……… 49
第3章　「進化するコアカリキュラム」から
　　　　　平成18年度新教育課程へ ………………………… 安藤　厚　50
第4章　一般教育演習と論文指導 ……………………… 吉野悦雄　69
第5章　体験型の一般教育演習
　1．フィールド施設を利用したフレッシュマン教育 …… 上田　宏　81
　2．練習船を利用した
　　フィールド体験型フレッシュマン教育 ……………… 猪上徳雄　89
　3．ものづくりによる創成型教育 ………………………… 工藤一彦　95
第6章　地域連携型の芸術教育
　1．北海道立近代美術館に学ぶ …………………………… 北村清彦　103
　2．PMF，札響と連携した音楽関連科目の展開 ………… 三浦　洋　119
第7章　外国語教育の改革 ……………………… 大平具彦・野坂政司　124
第8章　自然科学教育の刷新
　1．新しい自然科学教育の展開 …………………………… 小野寺彰　134
　2．次世代型インテグレート科学授業の開発
　　　　　………………………………… 鈴木久男・小笠原正明　144

第3編　総合入試制度と新しい教育支援システム ……………………………… 151

第9章　入学者選抜制度の改革
1. 学士課程の変容と入学者選抜のあり方 …………… 佐々木隆生　152
2. 「大くくり入試」導入の意義とその影響 …………… 小内　透　164

第10章　進化する教育研修
1. ファカルティー・デベロップメント（FD）の進化
 ………………………………………………… 阿部和厚　168
2. ティーチング・アシスタント（TA）制度の発展
 ………………………………………… 栗原正仁・細川敏幸　178

第11章　新しい教育支援システムの整備
1. 全学教育とともに発展した北図書館 ……………… 望月恒子　189
2. アカデミック・サポートセンターの開設と発展
 ………………………………………………… 川端　潤　193
3. 新渡戸カレッジの活動 ……………………………… 山口淳二　198
4. 教育評価システムの構築 …………………………… 細川敏幸　203

第4編　結び ……………………………………………………………… 209

第12章　高等教育推進機構の機能と活動 …………………… 新田孝彦　210
第13章　総合的学士課程への展望 …………………………… 小笠原正明　215

参考文献（共通）……………………………………………………………… 223
あとがき……………………………………………………………………… 227
　資料………………………………………………………………………… 229
　年表………………………………………………………………………… 244
　執筆者一覧………………………………………………………………… 254
　索引………………………………………………………………………… 256

北大 教養教育のすべて
　──エクセレンスの共有を目指して──

第1編
北大方式の教養教育

「学問のすそ野を広げ，様々な角度からものごとを見ることができる能力や，自主的・総合的に考え，的確に判断する能力，豊かな人間性を養い，自分の知識や人生を社会との関係で位置付けることのできる人材を育てる」ために教養教育を行うことは，第二次世界大戦後に誕生した新制大学の特徴と言える。

このような教養教育の理念・目標を実現するための仕組みは，それぞれの大学の性格や歴史的地理的条件によりさまざまだろう。

その中でも北海道大学は，新制大学発足の当初から「全学支援方式による教養教育」すなわち大学を構成するディシプリンのもっとも良質な部分（エクセレンス）を，将来進む分野の如何にかかわらずすべての学生に提供する，というはっきりした理念を掲げて出発した数少ない大学の一つである（小笠原1997）。

第一編では，このような理念・思想がどのような経緯で北大の方針となったのか，また1991年の大学設置基準の大綱化をうけ，1995年の学部一貫教育と全学教育の開始をへて，それがどのように制度化・実質化されていったのかを明らかにする。

第1章　北大方式の成立

1　新制大学の発足

(1) 独自の大学制度審議会

　1945年，敗戦の年，広い北大のキャンパスでは芝生の多くが剝ぎ取られ，芋やカボチャを栽培するための畑があちこちにできていた。11月末に北大総長に就任した伊藤誠哉は「時局重大なる時，総長の命を受け，その責任の重大なるを感じその任に当る積りである」という言葉で始まる短い就任挨拶を大学新聞に載せた。石炭・食料事情より教育研究を一時中断しなければならず，戦火は免れたものの大学の施設を補修する費用がないことなどを述べたあと，次のような悲痛な言葉で締めくくっている（1945.12.25）。

> 「然し諸君希望をすててはならぬ。如何なる力も諸君の人格，知能を奪うことはできない。相抱いて餓死するとも，共に助け，共に親しみ，好学の精神を失わず，国家再建に邁進せんことを望むものである。此処に愛する諸君に衷情を披瀝して新任の挨拶とする。」
> 　　　　　　　　　　　　　　　（北大百年史：通説 1982, 1103）

　敗戦の前年はまれに見る凶作で，「相抱いて餓死する」という表現は，1,000万人餓死説が飛び交っていた当時，自身も稲作の研究者であった伊藤にとっては真実味を帯びたものだった。
　その後の教育改革に対する伊藤総長の反応は素早く，徹底していた。就任から1年3カ月後の1947年3月に「北海道帝国大学 大学制度審議会」を発

足させ，同15日から海外の大学制度や教育制度に関する連続講演会を開催し，4月1日付で規則を整え総長自らが会長となり，松浦一理学部教授を幹事長に，北大予科を含む全学の各階層から約60人の幹事・委員を選抜して，公開で審議を始めた（付録1-1：大学制度審議会委員名簿）。これは戦後教育の枠組を定めた学校教育法の施行（1947.4.1）と連動した動きだが，米国占領軍の民間情報局（CI&E：Civil Information and Educational Section）の強い意向で設置された大学設立基準設定連合協議会（大学基準協会の前身）が最初の全国協議会（1947.5.12-13）を開催するより2カ月も前のことで，北大の自発的な取組みであった。実際，協議会に北大を代表して参加した松浦は，北大は独自の審議会で自主的な改革を模索している最中だから「協議会による所の決定事項によって拘束されるのは甚だ迷惑である」と述べた（大学基準協会55年史：通史編2005，71；協議会速記録1947，175-186；配付資料1947年，2）。

北大独自の新制大学の構想は，9月20日に「大学制度改革案」（1947）として公表された。その骨子は次のようなものだった。

一，学部における学課［科目―引用者注，以下同じ］を便宜上，教養学科［課程］と専門学科とに分ける。
二，学部一年目はすべて教養学課のみとし，従って幾分文科系統と理科系統とによって重点の置き方は相違するが，全学部を通じ学課は共通である。
三，教養学課はその学の鳥瞰的全体性を理解させ，学生に将来の志望専門を決定させる役割をする。
四，学年の進行に伴い教養学課はその数を減じ，専門学課が多くなるよう学課を配分する。
五，専門学課の中で，他学科の学生のため必要な基礎的概論的な学課を設ける。

上の二と三の帰結として，入学志望者を学部別ではなく，文科と理科の二種類に分ける「大くくり」の入試が提案されている。

ここでは「教養」と「専門」を合わせて「学部」としている点が注目され

る。後年，大学設置基準で一般教養課程が整備されると，一般教養教育と区別される専門教育の主体を学部と呼ぶのが通例となるが，北大では，この「改革案」により研究及び研究者養成は大学院の役割とし，新制大学の学部は4年間を通じて「教養」を授けるところと見なす風潮が生まれ，制度設計もその考えに沿って行われた（北大百年史：通説1982，1107-1108）。1951年5月に制定された通則では，新制大学の学部における専門教育は「専門教養課程」で行うとされ，各学部の規程にもそう明記された。通則の文面から「一般教養課程」「専門教養課程」という表現が消え，他大学と同様，学部はもっぱら専門教育を行うとされたのは1955年のことである。

実は，「改革案」の前に素案とでも呼ぶべきものがあったらしい。審議会を牽引したのは理学部化学科の堀内寿郎，生物学科の松浦一，数学科の守屋美賀雄の3人の若手教授だったが，後年，学長に就任した堀内は，退任の日（1971.4.31）に行った座談会の記録に次のように記している。

> 「（＊大学制度改革案の要点）北大の大学制度改革案に見られる教養部に対する基本的な考え方は，
> 一，専門教育と一般教育は機械的に分けるべきものでなく，カリキュラムの上でも（中略）楔形に組まれるべきものである。
> 二，一般教育の趣旨から考えて，専門教育に対する準備的，予備的なものであってはならない。
> 三，各教科は，関連した学部学科が責任をもってあたり，教養的な講義は，老練な教授が当たることが望ましい。当時，新制大学の移行に際しては，旧制高校・予科を教養部に当てようという安易な風潮があった。これに対して強く反対した理由は旧制高校三年と旧制学部三年を合わせた六年を，四年に圧縮するということは旧制度のよい面は生かし得ず，しかも新制大学の特徴をも全く殺すことになるだろうと思われたからである。（中略）一般教養の科目はそれ自身独立した意味があるのであって，専門に進むための準備ということを考え，いたずらに知識のつめ込みに終わることになってはならない。
> 以上から，教養・専門を機械的に分け，教官もそれに準じて教養の教官，専門の教官とはっきり分けることは，全く新制大学のよさを無にすることは明らかである。」 （堀内1972，304-306）

この文章の末尾の文言が重要で，教養と専門の教官を区別しないということは，教養教育は全学出動で行うことを意味する。

　さらに堀内は，この座談会でも触れられている「北大紛争」の最中に出した「大学改革の理念」(1969) というパンフレットの中で，「一般教育に必要なのは各専門分野の科学全体における位置づけとその展望である。したがって若い研究者教官は学部・研究所・大学院の研究教育に専念し，その業績を積み上げて自らの視野を拡大し，展望を掴んでから教養部を教えることが望ましい」(堀内 1972, 327–328) とも述べている。

　しかし，堀内の考えを端的に示すこの部分は，最終案には採用されなかった。詳細は不明だが，上記の座談会の「大学全体が，松浦と僕と守屋の提案にいかにして抵抗するかと一生懸命になっていたという感じがするな。(中略) 討論はしたんだぜ。討論では完全に反論がなくなるんだけれども，すぐに決をとろうという動議が出てコロッとひっくりかえっちゃうんだ。(笑) でも，確かにわれわれも独善的でせっかちだという批難はまぬがれないな」(同, 307) という発言からおよその事情は察せられる。

　このような対立の背景には，だれが実際に教養教育を担当するかという現実問題のほかに，各委員が背景として持つ学問分野の性格の違い，さらには，いわば新規参入部局と老舗との対立とでも言うべきものがあった。純粋科学の理学部は 1930 年創設で文字通り新規参入とは言えないが，戦前戦中から引き続いて新興の意気盛んな革新部局の雰囲気があった。一方，農学部，医学部，工学部は伝統的な応用的・職業的教育の流れを引いていたので，全学の中で理学部の委員は孤立する傾向があった。ただし，その関係は重層的で，単純ではない。それについては後にまた触れる。

　堀内は同じ座談会で「あの改革案は結局，実現しなかったけれども」(同, 303) と述べている。「あの改革案」とは，学部は社会人として必要な専門知識を授けることを目的とする専門教育機関とし，大学院は研究と研究者養成を目的とする学問的研究の場として，教育組織と研究組織を分離する案のことと思われる。実際，改革案には，学部は法・文・理・農・工・医の各学部とし，大学院はそれとは別に文学・言語学，社会科学，生物学などの研究科

として編成する案が例示されている。

(2) 北大方式の3つの特徴

　ともあれ，堀内・松浦らが打ち出した教養教育の枠組みは北大で市民権を得て，1950年の完成年度までに全学責任体制は教養課程の大原則と言われるまでになった。北大の新制度案は，当然ながら1947年7月に大学基準協会創立総会で採択された「大学基準」（大学基準協会55年史：通史編2005，81）とは整合しない部分があり，これに対応するため翌年1月に「新制大学設置基準対策委員会」が編成され，そこで「北海道大学設置要項」が立案され評議会（1948.7.28）の議を経て文部省へ上申された。その過程でさまざまな修正がなされ，次第に「北大方式」と呼ばれる独特の教養教育の仕組みができ上がっていった。

　この教育課程は「教養学科」「一般教養科」などいろいろに呼ばれたが，1951年制定の通則では「一般教養部」，1957年7月には「教養部」と変更され，その後廃止までこの名称が続いた。ここでは特に必要がないかぎり，「教養部」という呼び方で統一する。

　北大方式の第1の特徴は，教養科目群を運営する「機関」を教養部と称したことである。教養部の実体は学部・学科のような組織体ではなく「プログラム」そのもので，「教養課程」と呼ぶべきであり実際にそう呼ばれた。この課程は「その学の鳥瞰的全体性を理解」させ，専門学科と合わせて「有能な社会人をつくる」という学部教育の目的を達成する教育課程の一部とされた。

　第2の特徴は，教養科目群を担当する教官を教授会の正会員とし，従来の学部の教官と区別しなかったことである。堀内・松浦案の骨子の三の部分は，設置要項には明文化されなかったが，このような形で実現された。その結果，教養科目担当の教官についても銓衡基準は厳選方針をとり，新制大学発足に際し旧制北大予科との関係はほぼ完全に絶たれた。一高，二高，三高など旧制高校の人員をほぼ引き継いだ他の旧帝大系の大学とはこの点で違っている。就任を要請されても自発的に退官したり他学部・他大学に移るなど，さまざまなケースがあって，通算すれば予科の教官63名中28名が名簿から消え

ている（教養部三十年史1979，29）。

　教養課程担当の教官が複数の学部に分属し，それぞれの学部を「本籍」地とすることは，北大方式の根幹をなす特徴で，後に「北大方式」とはこの制度を指すようになる。文系教官ははじめ法文学部に所属し，文・法・経済学部が独立してからは各学部に分属した。体育理論・体育実技の教官は教育学部，理系教官は理学部所属となり，図学担当教官は後に工学部所属とされた。

　その後，半世紀近くたって，1998年の大学審議会「21世紀答申」では，全学的な支援のもとに教養教育を担当する「全学支援方式」がデフォルトスタンダードとされた。1991年の大学設置基準の大綱化以来，各大学は教養・基礎教育の維持に腐心していたが，この答申以降，学部段階では「教養教育及び専門分野の基礎・基本を重視した教育を行うこと」が強調され，「専門的教養のある人材」という言葉が再び使われるようになった。答申では，教養教育の実施には「従来の専門教育の教員を含めて全教員が責任を持って担うべきもの」とあり，これは北大モデルそのものである。北大はその産みの苦しみの中から，半世紀も後に全国的に採用されるモデルをつくり上げたことになる。付録1-5では，北大方式を含めて2015年現在の代表的な教養教育の類型を比較する。

　北大方式の第3の特徴は，教養部を官制化しなかったことである。教養部はもっぱら教育を目的とする機関で，教養部教官だけでなく全学のすべての教官がかかわるべきだという考えに立っていた。しかし，当時の大学制度ではそのような「組織」は組織とみなされなかった。はじめは全学支援方式によって教養課程を維持するために，事務機構を本部直轄にしようとした形跡がある。現在の北大の高等教育推進機構と学務部教務課（2014年度より教育推進課）との関係に近い形が想定されていたことになる。

　設置要項の決定を前に，1948年7月11日に設置基準対策委員会の下の教養学科小委員会で新たに「教養学科運営委員会」の設置が決まり，その構成員として教養学科の各講座担当者，法文・理学部長のほかに「教育局長」があげられている。「教育局」とは大学全体の教育にかかわる局を新設しようとするもので，その萌芽と見られる本部事務局の「教務課」が庶務課か

ら分かれて，少なくとも 1949 年度の 1 年間存在したことは確かで，その教務課が教養学科の事務も担当した[1]。翌年には「前年度の教務課の事務を一層強化充実し一般教養科事務部」が置かれ，主任（市川純彦教授）と事務長（中島文之助事務官）が任命されたが，この体制は「暫定的」なものとされた。北大の事務局に教務課が整備されるには，それからさらに半世紀近い歳月が必要だった。

いずれにせよ，1949 年の教養学科発足当初は，定員をやりくりした，たった 9 名の事務員で約千人の学生に対応せざるを得なかった。人事記録にはないが，1949 年に「教務課長」に就任したとされる法文学部の安保常治教授は「官制上云々は今から考えれば可笑しなもので，設置するときよく見きわめるべきだった」と北大新聞（1950.3.20）の取材に答えている。同じころ東大では官制化された教養学部がスタートしており，そことの格差が折りに触れて問題にされた（教養部三十年史 1979，13-26）。

このような紆余曲折を経て，1951 年 3 月の評議会で「一般教養部」の運営に関する「新制大学のあり方」が決定され，それにもとづいて翌年 6 月に教養部運営の憲法ともいうべき一般教養部規程が制定され，3 年前にさかのぼって施行された。

新制北大の類・課程別学生募集及び学生編成が定着したのは 1957 年以降のことで，この年の学生募集単位は文類・理類・水産類・医学進学課程の「大割り」方式で，1967 年にさらに歯学進学課程が加わって 3 類 2 課程となった。この方式では，医学・歯学進学課程を除き，文類・理類では入学時には進学する学部・学科が決まっておらず，水産類では学部は決まっているが学科が決まっていなかった。学生が入学後，教養教育を経験するなかでじっくり考えて進学先を決めるようにという配慮だが，特定の人気学科に志望者が集中し，振り分けのための点取り競争が激化するなどの弊害が目立つようになり，1979 年には 7 系 2 課程の「中縦割り」，教養部廃止後の 15 年ほどは学部・系別募集になった。とはいえ，「大割り」または「中割り」の募集形態は教養部の設立理念にもとづいており，広い意味での北大方式の特徴と言えよう。

1976 年に北大は札幌農学校創立から百周年を迎え，教養部設立三十周年

(1979) も間近だった。教養部は『北大百年史』の部局史編のために委員会をつくって集めた資料をもとに，北大予科史を付篇として『北海道大学教養部三十年史』(1979) を刊行した。その第1章「教養部：北大百年目の断面」では，1960年代から始まる学生急増期を経て一応の定常状態に入った1976年度末ころの現状が記されている。付録1-2には，そのデータをもとに北大方式による教養部の「完成形」を示す。

2 実施上の問題点

(1) 合理性と矛盾

　一般教養部規程の制定と合わせて，北大は全学の教官と学生に教養教育について活発な広報活動を行った。大学の名で公表された冊子「本学 一般教育の実施要領：一般教養部の機構と運営」(1952) では，上記「新制大学のあり方」(1951) の逐条解説，学部と一般教育の関係，学部移行などが説明され，重要な部分は翌年の学生便覧にそのまま収録された。できたばかりの北大通則，一般教養部規程，及び諸会議の決定事項にも触れて，教養教育のバイブルのような性格を持たせようとしたことがうかがえる。

　伊藤の後をついで学長[2]に就任した島善鄰はこの冊子で，本学の「一般教育諸機構の合理性」は「幸運と積極的精神とが恵んだ」ものであり，「一般教養部は独立の学部形態を持つものではなく，全学の共有部門として全学的な責任の参加によって運営されるものである。妙味も期待もそこに生ずる」とポイントをおさえた上で，「一般教養部がその構成と運営において『全学の一般教養部』として」位置づけられる以上，「それは学内の全教育精神の関心と協力とを俟って真にその存在と機能の十全を期しうるのである」(北大百年史：通説 1982, 1161-1162) と述べている。しかし，まさにそれこそが問題であった。このことはすぐに明らかになる。

　この「一般教育諸機構の合理性」は文部省，大学基準協会などから新制大学のモデルとして高く評価された。例えば1951年春，大学基準協会事務局長佐々木重雄（東京工業大学教授）とともに来学した米国・ルイスビル大学

社会学教授ウォーナー博士は2日間にわたる北海道地区の一般教育懇談会の席で北大の一般教育機構を「理想的かつ将来性あるもの」と評した（同上）[3]。

しかしこのモデルは旬日をおかず試練に見舞われることになる。以下に列挙する問題は，官制化された教養部を持たない大学，すなわち当時のほとんどすべての大学が直面した問題でもあった。

第1に，施設がまったく足りなかった。発足当時の教養部は，以前に農学部，旧土木専門部などで使っていた戦前の古い建物を再利用し，講義室・実験室・一部の教官室・事務室などとした。主な建物は6棟あり第1〜第6講堂と呼ばれたが，容積が絶対的に不足し，しかもキャンパス南部に散在する建物から建物への移動に時間がかかった。設立から10年の時点で教養部の学生定員は1・2年生合わせて2,750名に達したが，教養教官の居室は15の建物に分散し，教養部固有の建物に部屋を持つ教官は47名にすぎなかった。その他本籍のある各学部に50名，図書館に13名，函館キャンパスにはわずか2名という極端な不便を強いられていた。この問題の解消には1976年にキャンパス北部に教養部新校舎が完成するまで待たねばならなかった。

第2に，教養部長の地位と選出方法に問題があった。教養部には管理運営の責任者として教養部長が置かれ，本学専任教授がその職を併任した。「新制大学のあり方」（1951）では，教養部長は各学部長と同格とされているが，教養部が学内措置による設置であったため任命権者は文部大臣ではなく学長で，指定職の適用もなかった。教養部長の銓衡権は，最初は評議会，後に学長に与えられ，1974年に「教養部教科による事前推薦投票」が導入されるまで教養部教官の意思が反映されることはなかった（教養部三十年史1979, 35-39）。その結果，選出された教養部長は，初期を除き大部分が教養部教官以外の学部教官によって占められた。

第3に，これがもっとも重大であるが，教官組織と全学支援方式の実効性に問題があった。すでに述べたように，「教養部教官」の籍は専門に応じて各学部に置かれ，そこで研究活動に従事し，教育はもっぱら教養部で教養教育を担当するという方式だった。教養部が事実上廃止された1995年の時点で，教養教官は文・法・経済・教育・理・工の6学部のほか，言語文化部，

地球環境科学研究科，及び留学生センターの計9部局に本籍があり，他の医・歯・薬・農・獣医・水産の6学部には籍はなかった。北大では学部において専門教育を担当する教官は「講座」に，教養教育を担当する教官は「学科目」のちに「大講座」に所属していた。当初，教養部担当教官を講座とする案もあったが，新制大学発足時に講座の存廃そのものがペンディングにされたという事情もあって，これは実現しなかった[4]。要するに，平等の建前とは裏腹に専門担当教官と教養担当教官とで明確に「身分」上の差別があり，実際の処遇にもそれがはっきり表れていた。大学そのものが拡大して教養部組織が大きくなるにつれて教養部教官は固定化の方向に向かい，膨大な学生数と少数の教官という構図が固定化していった。

　ただし，教養部の全期間を通じて，いわゆる学部の教官が教養教育を応援するという慣習とシステムはそれなりに機能していたという事実も評価しなければならない。教養課程の授業担当者のうち，教養部教官以外は「学外非常勤」「学内非常勤」「兼担」の3種に分類され，例えば「化学」の授業を，理学部の学部教官が担当すれば「兼担」，工学部の教官が担当すれば「学内非常勤」となり，兼担の場合手当は一切出ないが，学内非常勤には学外非常勤の50パーセントの手当が出た。各学部の教養科目の関係分野の教官にとって，教養部での授業は，ローテーション方式とはいえ当然のこととされており，その経験から学ぶことも多かった。

　しかしその一方で，手当の出ない「責任部局」の兼担教官の授業の持ち時間は次第に少なくなり，その分学内外の非常勤講師が増える傾向が生じ，それに応じて教養部教官が専門教育を担当する割合も減った。つまり当初の理念とは異なり，双方の教育責任の分化も進んでいったことになる。

　北大方式成立期に独立の部局として存在しなかった文学部では，ある時期，全学支援方式を公然と否定する風潮もあった。文学部では，専門教育担当の教授会を「シニア教授会」，教養教育担当の教授会を「ジュニア教授会」と称し一貫して区別して運用してきた。教養部の新しい建物の建設が始まるころ，教養部の機構改革問題について議論した理学部教養課程担当教官の懇談会のガリ版刷りのメモには「(D) 文学部における一般教官［教育］

担当教官の立場　これを明朗にせねば，大学は人間性と研究精神と教育精神について全く無能である事になる。文学部が文科系学科の一般教育に責任を持っていないという理由は何か。(E) 文学部が今まで，一般教育に責任を分担して来たのではなく，たゞその教官を預かって来たのだという論拠は何か。これは北大が今日まで承知していない事柄である。この様な個人的解釈が一部の人によって公的な立場で強調されることは大学当局の責任である」(1961.11.17，教養部史料 No.0013) などの文言が見られる。

　堀内は「情ないことにわが国においては上記の意味［視野を拡大し展望を掴んでから教養部の講義を担当するという意味］のシニア（Senior）とジュニア（Junior）が逆立ちしている」(堀内 1972，328) と嘆いたが，それが現実の問題として表面化したと言える。この時期，北大方式は明らかに危機に瀕していた。

(2)　他大学並みの「教養部」にしてはいけない

　それより 2 年ほど前の 1959 年 9 月，国立大学協会総会で複数の学長から教養部官制化の要望が出され，七大学［旧七帝大］教養（学）部長会議でも議論され，翌年，名古屋大学，京都大学，大阪大学，九州大学が相互に連絡をとって教養部教官会議を中心に検討し，1962 年 3 月の国立大学協会一般教育特別委員会報告「大学における一般教育について」で教養部制度の法制化が提唱され，1963 年の国立学校設置法施行規則の一部改正でそれが可能になった。同年まずこの 4 大学の教養部が官制化され，翌年には東北大学がこれに続いた。旧帝大グループのこうした動きが契機となってその後続々と教養部が設置され，1986 年までに，複数の学部を持つ国立 54 大学のうち 30 大学が教養部を持つようになった。その背景には，教養部が各学部と対等の組織とはみなされず，教授会の自治の根幹をなす人事権及びカリキュラム編成権も限定されていたこと，管理運営の面でも形式的には全学方式をとっているが，実際には学部の意向のみが重視される仕組みになっていることへの共通した不満があった。

　この動きは当然，北大にも波及し，教養部教官の間ではもちろん，全学レ

ベルでもいろいろ検討された。官制化によって，上記の問題点を解消できるのではないかという期待が高まったのも事実だが，大勢としてその方向に傾くことはなかった。「法制化（＝完全独立）案について」という理学部教養課程担当教官の懇談会のガリ版刷りのメモを要約すると次のようになる。

> ① 2年間の一般教育を教養部に完全に委託することによって，4年制大学としての一貫した教育ができるであろうか。
> ② 教養部でおこなう一般教育と各学部が期待する一般教育とのあいだで食いちがいが生じたばあい，制度上，教養部が優位に立つ，それでよいか。
> （中略）
> ④ 教養部だけで適正な教官人事がおこなわれうるか。（中略）選考にさいし事実上，学部の協力をもとめないわけにいかないことによって，独立が実質を伴なわないことにならないか。
> ⑤ 学部，大学院とのあいだの共同研究・講義の相互乗り入れは，やはりいっそう実行されなくなるのではないか。（中略）老練な学部教官は教養部学生と接触することがいよいよまれになる。これは予科解消，一般教養部設立の根本趣旨に反し，かえって一般教育の質の低下，効果の減退を招く要因となるのではないか。
> 　　　　　　　　　　　（1963.8.14, 教養部史料 No.0013）

北大教養部では，一貫して上の⑤が強く主張され，「何のために予科教官を解散させたのか」という問いがなされた。旧制高校を教養部の受け皿として利用した他の旧帝大とは事情が違ったことはすでに述べた。その他に，教養部のような組織は国際的に例を見ないという主張もあった。たしかに同じ大学で学士課程の前半のみを分担する組織の例は日本を除いて他にはない。

『教養部三十年史』に序言を寄せた学長今村成和は「本学の教養部が，これら『教養部』[1963年以降に法制化された教養部]と別種のものであることは，今更ことわる迄もない。だから，本学の抱えている問題は，相対的には，かなり顕著な独自性をもつものであると共に，まかり間違っても，改革案の内容が，他大学並みの『教養部』方式をとるものではないことは，はっ

きりしている」（iページ）と断言した。学長をトップとする執行部の方針はゆるぎないものだった。

　こうして，北大方式による教養教育は暫定的な形のまま維持され，1991年の大学設置基準の大綱化によってようやく法的にも整合性のある制度として整備することが可能になり，2000年代にはこのモデルが全国の大学に波及するようになった。理念の提唱から制度化まで，実に半世紀を費やしたことになる。

　大綱化以降の北大方式の教養教育のための制度と組織の再構築については，第2章で詳しく説明される。

3　新制大学の教養教育の背景にある思想と文化

　北大方式の教養教育の最大の特徴として，学士課程を一貫した教育課程としてとらえ，「専門教養」と「一般教養」を区別すべきではないと考えていたことはすでに述べた。ここから，教養科目の授業は関係する学部・学科，より正確に言えば「ディシプリン[5]」の責任で実施されるべきであり，その論理的帰結として，学部と教養部の教員を区別してはならないという原則ができ上がった。教養教育の内容はそれぞれのディシプリンの全体像を社会的な問題に関係づけて明らかにするものだから，授業はシニアの教授，すなわち「最良の専門家」が担当すべきだというファウンディング・ファーザーズ（創設者たち）の考えはすでに紹介した。

　これはのちに建前に過ぎないと批判されたこともあるが，建前だとしてもこのような主張は教養部の全期間を通じてなされており，忠実にこれを実践した教員も少なからずいた。専門と教養を組織的に切り分けて責任の分担をはかった他の旧帝大系や大手私立大学の教養教育とはこの点でも区別される。

　このような考え方が生き続けた背景には，異なる起源を持つ複数の「思想」ないしは「潮流」が混じり合って融合し，人々に強い影響を与えていたことがある。以下では，新制大学の成立までに限り，北大方式の誕生に関係した3つの思想について述べたい。

(1) アメリカの一般教育運動とリベラルエデュケーション

　第1に，終戦直後からCI&Eが教育刷新委員会及び大学設立基準設定連合協議会の内面指導によって普及をはかった，米国の一般教育（general education）の直接的影響があげられる。

　第一次世界大戦前後から，米国の高等教育は学士課程の骨格となるリベラルアーツ・サイエンスの教育において，諸学の専門分化と学生の多様化による規範の喪失に悩んでいた。宗教的対立や，不況による地域崩壊の危機による個人主義・利己主義の風潮がそれに追い打ちをかけた。

　それを克服するために，社会とのつながりを強調する「リベラルエデュケーション」の重要性が認識され，「知的共同体が人を育てる」という認識のもと「われわれ自身を公的な責任や価値を共有した大きな共同体の一部とみなして教える」ことにより教育の持つ力をとりもどそうという運動が起こった。その潮流の1つに，民主主義の実現と健全な市民の創出を軸としてカリキュラムに求心力を持たせようとした「一般教育運動」がある。シカゴ大学のグレートブック・プログラムや，ハーバード大学のコアカリキュラムなどいくつかのパターンがあるが，いずれも「知的共同体」の創出を目標に掲げ，入学直後の学生に一般教育カリキュラムを必修として課した。米国の高等教育史を画す歴史的運動とも言えるだろう。1947年の北大の改革案にある「有能な社会人をつくることを目的とする専門教育機関」という文言は，この一般教育の考え方を敷衍したものである。

　ただし，日本に一般教育が紹介された当時，一般教育とリベラルエデュケーションという2つの言葉がカバーする範囲は必ずしも明確に区別されず，しばしば混同され誤用された。これは今日でも見られる。一般教育導入からしばらくして，文部省科学研究費による昭和41年度機関研究「一般教育に関する研究：北大方式を中心として」の報告書の中で，黒田孝郎は一般教育の特徴をつぎのようにまとめている。

> 「戦後わが国に持ち来たらされた general education は、市民的社会人の量的生産をしつつあるアメリカの大学を特徴づけるものである。それは、大学教育が国家と資本主義社会におけるエリート教育として公教育より一段と高く位置づけられたのに対して、公教育の延長線上にくるものである。当然のことながら、そこにおいてはエリート性と共にアカデミズムが希薄になってくる。一般教育についていうと、エリートに対しては専門知識に対する人間陶冶として存在する背景となる教養といわれるものであるが、市民にとってはそれは人間としての地位の安定・市民としての発言権の強化など大衆の自己解放機能に役立つものとして必須のものになる（扇谷尚、一般教育とは何か：その社会的基底について）。このようにして、旧制大学と新制大学、liberal education と general education、エリートと市民それぞれに対応して明確に対立するものである。」 （黒田 1966, 1-2）

この説明は general education の意義を浮き立たせる点で意味があるが、この文脈で general education と対比されるべきは旧制時代の「教養主義」であり、liberal education ではない。最近、アメリカ大学カレッジ協会（AAC&U）は liberal education を「複雑かつ多様で変化する世界に対応するために個々人に力をつけるための大学（college）における学習・教育の一つの方法」と定義し、general education をその一部としている。今日 liberal education という言葉は「社会性を強調した学士課程教育における基礎学術分野の教育の１つのあり方」という意味で使うのが適当だろう。

(2) ドイツ近代大学の思想の再発見

北大の教養教育成立に影響を与えた第２の要素は、戦後あらためて再発見されたドイツ近代大学の思想である。

戦後の北大改革を実質的に牽引した堀内は、前記「大学改革の理念」（1969）の中で「北大のみならず全国的に（中略）まず理念の上で教養部を全学最高の地位に引き上げる」ことを主張し、その理由として「十八世紀以前ヴォルフ、カントら哲学者によって大学を単なる知的伝達の場から創造の場へと高

める努力がハレ（Halle）やゲッチンゲン（Götingen）の大学において試みられたが，その対象は主として教養部であった」「教養部は若者をしてすべてを学問の立場から考察できるようにし研究し発見し表現する能力を身に付けさせる場である．学問が探求され学問的教育が行なわれる最も基本的な場であるから大学において最高の地位を占めなくてはならぬ」と記している（堀内 1972, 329）．

　ここで「教養部」という言葉は，文脈から「フマニスムス（人文主義）」及び「リベラルアーツ・サイエンス」と置きかえられるだろう．堀内は教養教育のコンテンツを基本的にこのようなものとして理解していた．堀内は自身の体験から「われわれの学問が応用は応用，基礎は基礎で別々に欧米から輸入された」（堀内 1972, 369）ために基礎的理論を応用にもって行く伝統が育っていないことに強い不満を持っていた．また，北大が札幌農学校という実業学校から出発し，帝国大学に昇格してからも医学部，工学部と応用系の学部の設立が先行し，純粋科学の理学部の設立は1930年と比較的遅かったという事情も斟酌する必要がある．

　堀内は応用系の学問が学士課程教育の中心になることはあり得ないと考えていた．米国の高等教育はリベラルアーツ・カレッジを母体として，順次職業的学校を取り込んで拡大を遂げたのに対し，旧帝大系も含めて日本の大学の多くは，近代化に必要な各種の実業学校を母体として急速な成長を遂げたため，長いあいだリベラルアーツ・サイエンスは主流にはなり得なかった．米国の大学関係者のようにリベラルアーツ・サイエンス教育の堕落と無力化を批判し，その再構築を主張する前に，そもそも高等教育にはリベラルアーツ・サイエンスの教育が必須なことを主張しなければならなかったという「周回遅れ」の事情が，堀内のこの主張には反映されている．

　しかしこの問題は，ドイツ近代大学の教育的精神をもう少し掘り下げてみると，北大ないしは日本の大学に固有のローカルな問題ではなく，もっと広い意味を持つことがわかる．

　堀内はゲッチンゲン大学からベルリン郊外ダーレムのマイケル・ポラニの研究室に招かれ，ポラニ教授がナチに追われて英国のマンチェスターに移っ

たときも行動を共にし，その後，帰国して北大の教授になった（堀内1972, 28-56)。いわゆるフンボルト型大学の最盛期を経験し，その最終段階まで見届けたという希有な経験をしている。近代大学の内実を知り尽くした大科学者が戦後日本の大学改革の現場にいたことの意味は大きい。

堀内はフンボルト型大学イコール研究大学というステレオタイプの思考から自由だった。よく言われるフンボルトの理念は「大学では，学問をつねにいまだに解決されていない問題として扱い，たえず研究されつつあるものとして扱う」（潮木2008, 18）と簡潔に表現される。潮木はさらに，フンボルトは「教師だけではなく，学生にも研究を求めた」，彼の構想では，大学とは「教師と学生がともに研究する場」「学ぶ者と教える者との協同体」であり，「学生は学ぶためだけに大学にくるのではなく，学生もまた『研究をする』ために大学にくるのだ（中略）ここには『学ぶ学生』ではなく『研究する学生』という目新しい考え方が登場している」と述べている。

このフンボルト理念は戦後誤って解釈され，現在では，大学には研究大学と教育大学の2種類があり，研究大学でこそ近代大学の理念が実現されるが，教育大学では教員は教育に専念しなければならないという説が横行している。しかし潮木によると，「研究大学」は20世紀にアメリカで造られた言葉で，フンボルト型大学にはそんな言葉はなく，大学はすべて教育大学であったという。これは半世紀前の堀内の認識でもあった。

「研究する学生」を現代の構成主義に従って翻訳すると，学習者はそれまでに身につけている概念を基礎に，自分自身の理解の仕方で知識を「発見し」組み立て，自分のものとする。教員は学習者の知識構築を手助けできるだけで，このような学習を可能にするためには，研究的な環境で研究を身近に感じさせながら教育しなければならない。最近，中央教育審議会（中教審）が提唱している「主体的学修」の概念は，前世紀ドイツの近代大学においてすでに確立していた考えで，学習概念として新しいものではない。仮に主体的学修の習慣が確立していない大学や学生があるとすれば，それは近代大学以前の状態にとどまっていると言わなければならない。

実際に，教養部の授業で堀内は学生に「教育の一方通行では知識の創造，

真理の発見の能力は養われない。(中略) その訓練のためには学生はまず自分で調べ，動き，自分の頭で考えなくてはならない。学生のリーダーになる教師は学生の調べ方，動き方，考え方に助言し，一対一の対等の立場で討論して学生を学生自身の力で前進させなければならない。対等とは客観的な事実の前には教師，学生の区別はなく学徒として対等である」(堀内 1972, 323) と繰り返し説いた。典型的なドイツ型教授だった堀内は，60 年以上も前から学生にアクティブラーニングの奨めを説いていたのである。堀内と 2012 年の中教審「質的転換答申」との主張の一致は偶然ではなく，アクティブラーニングはリベラルアーツ・サイエンスの教育に必然的に伴うもので，教養教育にとってアクティブラーニングは必須だということを意味している。

つけ加えれば，「フンボルト型大学」という言葉が研究中心で教育に配慮しない大学という意味で否定的に用いられたのは，大学の大衆化が顕在化した 1980 年代以降のことで，それまでは，この言葉はそもそも使われることが希であったし，理工系の教員がこの言葉の代わりに「ドイツ近代大学」を否定的な意味で使う例はほとんどなかった。コースワーク，ラボワーク及び課外活動を一体としたドイツの近代大学の学生主体の教育が，高等教育の理想的モデルと考えられていた時代が長く続いた。

そしてその有効性は，現代の構成主義の文脈でも論理的には否定されていない (小笠原ほか 2014)。たとえ学習環境や学習支援のあり方に画期的な違いがあったとしても，である。

(3) 新渡戸稲造の人格的影響

第 3 の要素として，これは戦後学制改革全体についても言えるが，新渡戸稲造 (1862-1933) の人格的影響力がある。

新渡戸は敗戦の 12 年前に亡くなっていて新制大学に直接かかわりはないが，敗戦直後に発足した日本教育委員会と教育刷新委員会の委員長だった南原繁及び安部能成をはじめ，戦後学制改革の難局にあたった前田多門，森戸辰男，矢内原忠雄，天野貞祐らはすべて新渡戸が旧制一高の校長だったときに人格的影響を受けている。矢内原は当時のことを「私が一高の生徒であり

ました頃，新渡戸先生は校長であられまして，毎週木曜日の午後三時から五時まで，時には六時頃まで，面会日という事をして下さつてをりました。一高のすぐ横に，特別にその為めに家を一軒お借りになりまして，其所で色々生徒たちの質問に答へて下さつたのであります」（矢内原 24（1965），402-403）と回想している。

武田清子は『土着と背教』で新渡戸の教育思想を詳細に分析している（武田 1967，27-61，118-177）。その中から本稿の文脈に沿って高等教育にかかわる部分を紹介しよう。

人生は社会の水平的な関係のみで決まるものではなく，垂直的な関係も重要である。水平的関係とは人間関係，社会関係など人間のかかわることで，そこで頭角を現せばリーダーにはなれるだろうが，垂直的関係には人間以上のものがある。「そのあるものと関係を結ぶということを考えれば，それで可いのである。此の縦の関係を結び得た人にして，始めて根本的に自己の方針を定めることが出来る」と新渡戸は考えていた。新渡戸のようなキリスト教徒にとってこれは神との関係だが，彼は宗教的には折衷主義と言われるほど寛容で，「仏教の世尊でも，阿弥陀でも，神道の八百万の神でもさしつかえない」とさえ言っている。新渡戸はキリスト教的独善主義を慎重に避けつつ，人間を超えたある実在を仰ぎ，それとの関係に立って自己を見るという素朴な信仰の姿勢を，日本人の誰にでもわかる表現で示そうとした。

戦後の混乱期に，新渡戸の弟子たちはこの垂直的関係による使命感に動かされて教育改革を推し進めていったと，筆者は想像している。

さらに興味深いのは，新渡戸は人格としての主体形成から切り離された客観的な「モノの世界」のみの真理の究明には批判的だったことである。ドイツ的「真理の探究」よりも，人物本位で職業よりも先ず人間を造ろうとするイギリスの大学の行き方に親近感をいだき，なによりも先ず「自分は何のために学問をするか」を自ら見きわめることから始めるべきだと説く。新渡戸は，大学は culture を体得させ，人間としての根底，あるいは土台をつくる所だと思っていた。「彼の教育目的はあくまでも人格形成を根本としており，それを基礎としての学問の真理の究明であり，専門教育なのである」と武田

は述べている。専門だけの専門家は人間として欠けるところがあり，ドイツ的「真理の探究」は「いささか人間離れのした物そのものの研究」で，それだけでは人間は育てられないと，新渡戸は明言している。

新渡戸は，従来の日本の高等教育が主として官学であり，その目的は官僚の養成にあったことにも批判的で，学問の目的はそれとは違うとして，「学問はそれがどのような動機によってなされるにせよ，一度び，学理とか学問を授けると，それが必ず人の心を（中略）リベラライズ（liberalize）するということは否むことが出来ない事実だ」「この心をリベラライズするということが（中略）私は学問の第一の目的だと信ずる」と言っている。これは新制大学における教養教育の目的を簡潔に言い当てていたとも言える。

武田はさらに，新渡戸の意識は外の文化に対しても，また，内の文化に対しても，不思議なほど自由に開かれていたと指摘する。

> 「彼が日本の民族の思想，日本の精神的伝統，ないし，土壌にまむかう時，武士階級のそれから平民階級のそれにいたるまで，それぞれに『人間の思想』としてその内側に入り，そこに普遍的価値，ないし意味をよみとろうとするものであり，また，その可能性，ないし，萌芽をすくいあげようとする。そして，それを全く異邦的，異質的文化圏にいる人たちにも理解しうるもの，訴えうるものとして伝達しようとする。」　　　　　　　　　　　　　　　　　　　　　（同，124）

『武士道』は新渡戸のそうした姿勢による日本思想の解明であった。その一方でカーライル，ゲーテなどを熱心に紹介したのは，同じ方法で西洋思想の中にある普遍的価値を日本に伝えようとしたのだった。新渡戸の人格主義が旧制高校のエリート的教養主義と区別されるのは，彼が，学問が象牙の塔に籠もっていることをきらい，高い理想を平易な言葉でつたえ，一般社会の人々に自分の研究を還元し，社会全体の知的水準を高めることこそ知識人の責務だと考えていた点である。

また，彼は「日本の精神的土壌から，すなわち，人々のふところから，価

値的萌芽をほりおこし」それを新しい価値に変えようとした。

> 「そして，民衆一人一人のふところに主体を確立し，その民衆のはたらきに本当の『恩』のあることを指摘し，その価値の担い手を『偉い人』とする『平民道』の形式［成］にひたすら努めた思想家であり，教育者であった。（中略）彼は平凡なる民衆をして本当に人間らしい人間として互いに尊びあえる平和の民として自覚的たらしめる『平民道』の形成・確立に努めた。それは精神的デモクラシーともいうべき『平民道』のイメージであった。」　　　　　　　　　　（同，125）

　以上，3つの思想的影響が新制大学の教養教育に影響を与えた過程を時系列的に見ると，まず(3)新渡戸流の人格主義が明治時代末から大正時代の全期間を通じて旧制高校の教養主義の一部として，高校・大学を中心とする教育関係者に受け入れられていた。戦後，CI&E の内面指導によって導入された(1)一般教育の理念が，教育刷新委員会及び大学基準協会によって比較的短期間に実現されたのは，このような素地があったからだろう。その意味で新制大学は日米の合作だったと言える。

　(2)　フンボルト理念の再発見は，北大では相対的に新しい部局だった理学部の若手教授が，それまでの実学中心の大学にリベラルアーツ・サイエンス教育の市民権を確立させようと切り込んだという点で，北大に固有の動きとも言えるが，上で述べたように，新制大学の理念に照らしてこの主張には普遍性がある。他の旧帝大系の大学の教養部が，教養教育は専門の準備教育という偏見に長く悩まされたのとは対照的に，北大では「最良の専門家による最良の教養教育」という理念を掲げられたのは，このような歴史的事情による。

(4)　一般教育研究委員会報告

　1951年9月に大学基準協会は『大学に於ける一般教育：一般教育研究委員会報告』を出した。これは日本の高等教育界が一般教育の考え方をどのように受容したかを示す歴史的文書と言える。

ただし全体の方向を示す第一部緒言の中で「一，新制大学の使命」(1-6ページ)を書いた委員長橋本孝（慶大）と「二，新制大学と一般教育」(6-13ページ)を書いた佐藤金治（東大）とでは，考え方に微妙な違いがある。

橋本は，カント以降の19世紀の一連の観念論哲学が「大学の自由」を主張し，その成果として，中世以来，神学・法学・医学の予備教育扱いであった哲学が大学の頂点をしめるに至ったと述べる。ここまでは(2)で紹介した堀内の議論と同じである。しかし，19世紀に入って長足の進歩をとげた自然科学が大学の王座の位置を奪い，未分化の学問はそれぞれに分かれて個別科学となり，その結果，従来のドイツを支配していた「理想主義的な精神は漸次衰退して実証主義的精神が横溢するに至った」と，近代科学の進歩についてさめた見方をしている。さらにイギリス，フランス，アメリカの大学及びヤスパースを論じ，リベラルエデュケーションは「(直接職業に関係のない) それ自身に目的を持つ，人間性に徹する豊かな教養と知性の開発を目指す，全人教育である。従ってその盛るところの内容も，おのずから人文，自然，社会の各分野に亘る広範なもので，プラトンの云うように，究極に於いては万学の女王たる哲学にまで遡り，高い識見と確乎たる信念を持つ人物養成を目ざす教育である」としている。同じ文で「貴族的有閑的臭味を一切かなぐりすて」ようと主張してはいるが，内容は古めかしい人文主義者の見解にとどまっている。

二を書いた佐藤は東大教養の自然科学教育のカリキュラム作成に関与した生物学者で，その内容はつぎのように要約される。専門教育偏重により我国の学術の進歩は目覚ましい発展を遂げたが，その反面大学本来の目的である人格陶冶が閑却された結果，今回の悲劇的な事態（敗戦）が生じた。人生のいかなる問題に直面してもそれぞれに正しい認識判断をなし得る人間を養成することが一般教育の目的である。そのため大学設置基準において人文，社会及び自然科学の3系列の中より学科目を均等に履修することが定められた。人文科学では，真，善，美に対する哲学的，倫理的思考力を養成し「人間性の探究に役立たしめ，正しい人生観を把握」する。社会科学では「現実に直面する社会的問題に対し，社会人として正しい認識判断を為し得る」よ

う教育する。自然科学では「自然現象を如実に観察実験する態度を学び，自然界の理法を理解して科学的に批判する思考力を養成」するとしている。

橋本と佐藤の教養教育の把握の仕方の違いは，新制大学の制度設計当初の「ヒューマニティーズ」重視から3分野均等履修方式へという大学基準協会での議論の流れを暗示するが，いずれにせよ新渡戸の包括的で立体的な教養の把握に比べて独自性は希薄で，戦後の「強制された」高等教育改革の産物だったことを考慮しても，まだ輸入学問の匂いが強い。同書の末尾にある具体的なコースプランには現在の「インテグレート科学」の萌芽として見るべきものがあるが，一般教育の理念に関する議論だけをとれば，ついに新渡戸を越えることはできなかったと言わざるを得ない。

(5) 背景にある農学部の文化

新制北大で教養教育が形成される過程には，複数の学部の文化の違いが反映されている。全国的な大学改革の議論と並行して，あるいはそれに先行して教養教育の問題に切り込んだ理学部の堀内，松浦，守屋の3教授は，理学部らしい原理主義にもとづいて議論を展開している。特にドイツ近代大学の精神を深いところで理解し，それを新制北大の学士課程教育の根幹に据えようとした堀内の気迫と実力は他を圧していた。この議論を打ち負かす反論はその場では出なかったというから，正論だったのだろう。しかし，だからといって9学部（1953年の完成年度当時）を擁する総合大学で，画期的な教育課程と入学制度が簡単にできるわけはない。特に，学部のくくりを廃して理類，文類などの大くくりで入学させることは旧制の予科でさえ実施されなかったことで，その実現の難しさは想像に難くない。

学内のいろいろな意見を調整して制度審議会の議論をまとめたのは，農学部出身の伊藤総長と，その衣鉢を継いだ同じ農学部出身の島学長であった。

伊藤は新制北大の最初の入学式（1949.7.28）の訓辞で，新制大学の制度と精神を説明したあと，「要するに新制大学の実を挙ぐるには教職員学生凡てが頭の切り換えを必要とするのであろう（中略）日本を亡ぼすも興すも外敵であるのではなく，国民そのものにあることに思を致して努力すべきである」

（北大百年史：通説 1982, 1109）と述べている。また，島が教養部の発足にあたって，その成否は全学の教育者の協力にかかっていると呼びかけたことはすでに述べた。松浦は伊藤を「反動学長」と呼んで排斥したが，歴史の光に照らしてみれば，伊藤と島という二人のトップのおかげで堀内らの主張する当時としては「急進的」だが，今となっては「正統的」な教養教育モデルが誕生したと言える。

　新制北大発足の産みの苦しみの中で伊藤と島が適切な判断ができたのは，札幌農学校を共通の起源とする北大の歴史によるところが大きい。北大の部局には自ずと農学部を長子とする長幼の序があり，巨大な総合大学に成長した当時でも，家族のような一体感を保っていた。また，明治初期の札幌農学校の成功の鍵が米国の土地贈与大学から直輸入されたリベラルアーツを重視する実学教育にあったことが良く理解されており，リベラルアーツ・サイエンスに対する憧れが全学に共有されていた。それが戦前の理学部創設の原動力となり，戦後の全学支援方式の教養教育の実現へと導いた。明治の初めにいくつかの学校を寄せ集めてできた「帝国大学」を母体とする大学では，学部ごとの伝統や文化の違いが甚だしく，全学支援方式の教養教育システムをつくるなど望むべくもなかっただろう。北大には一般教育に必要な知的共同体の意識が大学全体でかろうじて残っており，札幌農学校の直系である農学部が持つ重厚な文化がそれをバックアップしていた。

　農学部はそれ自体が1つの総合大学のような性格を持ち，プロパーと呼ばれる農学科を中心に農業経済，農業生物，農芸化学，林学，畜産，農業物理など多岐にわたる分野で編成されている。農業経済学科は，戦後，経済学部新設のため一部を割譲するまでは5講座編成の本格的な文系学科だった。

　農学も堀内の言うように，基礎とは別に欧米から輸入された学問だが，北大の農学部はその性格上，北海道という日本の農業には異質の土地と長年にわたり格闘を続けてきた。伊藤は稲のイモチ病研究の第一人者で，島は「りんごの神様」と呼ばれた。伊藤がイモチ病に取り組んだ時の様子は「大学と試験場が補完し合って研究を進め，その技術化には農業団体と農家が部落ぐるみで協力し，実施に当たっては再び伊藤らが農家に寝泊りして，そこから

さらに新たに問題をみつけるという，フィードバックの系のあった」（北大百年史：通説 1982, 785）と伝えられている。

　農学の学問的方法は，帰納と演繹がないまぜになった総合性の高いもので，現場におけるリアリズムを基本とし，開墾や技術開発という横方向の広がりに加えて，他の分野と比較して長い時間軸を縦軸とする三次元構造を持っていて，教養教育とは馴染みの良い文化を育んでいた。医学部，工学部と合わせて，このような応用学部の文化は「実学の尊重」という言葉で北大の教育理念の中に組み込まれている。こうした実学分野の学部の利点が実際に教養教育に生かされるのは，後の章で説明するように設置基準の大綱化以降のことであり，その理論化は現在もまだ進行中である。

　以上をまとめると，北辺の大学において，異なる起源を持つ複数の「思想」ないしは「潮流」が敗戦という特殊な環境のもとで化学反応を起こし，人々に強い影響を与えた結果，北大方式というユニークな教養教育システムが生み出され，それが遺産として継承され教養教育の代表的なモデルの一つとなったと言える。

4　越えるべき壁

　新制北大の教養部は 1949 年に発足し翌年に完成したが，その内容は「完成」にはほど遠いものだった。ありていに言えば，できたのは教養教育の大まかな見取り図と，ある意味で単純すぎる「全学支援方式」という理念と枠組だけだった。北大の教養教育は生き残るためにその後もいくつもの壁を越えなければならなかった。

　第 1 の壁は，教養教育のカリキュラムそのものにあった。大学設置基準の定める一般教育カリキュラムの骨子は，基礎学術分野を人文科学，社会科学，自然科学の 3 つに分け，それぞれから 12 単位相当の科目と，2 つの外国語科目及び保健体育科目を履修させるというものだが，このような「均等履修方式」と「民主社会における政治，経済，社会の諸関係を正しく批判し，社会の改善・進歩に貢献でき，かつ価値判断力や美的鑑賞力を有し，科学的な

判断力をもち良き人生を想像しうる」人材の養成という一般教育の理念との関係を説明するのは難しい。

　均等履修方式は，すべての学士課程の始めにリベラルアーツ・サイエンスの教程を課すことにより学生の履修の幅を広げたが，あまりにも画一的かつ平板で，一般教育の理念を実現する戦略も戦術も構造化されていなかった。これは当時の日本の高等教育の実力でもあった。新しく制定された大学設置基準は科目配置や教員定員について融通がきかず，むしろ学士課程における教育上の工夫や独創性を抑圧する方向に働いた。この壁は設置基準が大綱化される1990年代まで突破できなかった。

　第2の壁は，一般教育の理念の実現に必要な教授法が存在しなかったことだ。新制大学には一般教育と同時に「単位制度」も導入された。この制度は教室での授業の2倍の時間の自学自習を前提とし，そのためには双方向的授業法や討論を導入し，教授中心から学生中心の授業に切り換えなければならなかった。例えば，シカゴ大学のグレートブック・プログラムでは，近代科学の祖ニュートンやラボアジエの原典（英語版）を読ませ，それぞれの概念，一般化の範囲，方法論及び実験データの妥当性を議論させ，社会的背景を意識させつつ科学の教育を行う。日本でも同様の教授法を普及させようと「一般教育運動」が展開されたが，すし詰めの教室でのマスプロ講義でかろうじて成り立っていた教養部の現実とは落差が大きすぎて，当時の日本の大学には定着せず，一般教育運動は「30年早すぎた」大学改革運動として終わった。

　第3の壁は，北大の教養に固有の問題で，「教養教育プログラム」という考え方が当時の法体系と整合しなかったことだ。カリキュラムは学部・学科の責任で開講され，それに必要な定員を貼りつけるというのが当時の学校教育のパラダイムだったため，北大は大学設置基準の枠組みの中で教養部を官制化できなかったことはすでに詳しく述べた。正確に言えば，この壁は設置基準の大綱化によっても解消されず，さらに下って2005年の中教審「将来像答申」で「学位を与えるプログラム」という概念が提案され，規制緩和を背景として学長のガバナンスが強調されるようになってはじめて克服可能になったと言える。

もう 1 つ，新制大学発足から大学設置基準の大綱化までの間を通じて教養教育に欠けていたものに，先にも述べた一般教育の核としての「知的共同体」の精神がある。皮肉なことに，新制大学が発足した時期は，日本国中が天皇制共同体を含めてもろもろの共同体意識を排斥しそれから自由になろうとしていた時でもあり，それまで大学にあったある種の共同体意識もその道連れにされてしまった。新しくできた部局では共同体意識はむしろ積極的に否定される傾向があったという。

　筆者が 1960 年代に過ごした教養部の雰囲気は茫漠として，全体には「カオス」しか感じられなかった。それ自体貴重な経験ではあったが，それを上回る負の側面が目についた。自分自身は入学から約 1 年半後に重厚なスクラッチタイル貼りの理学部に移行したとたんに，大学が本来持つ知的共同体の雰囲気を体で感じた。これは一般教育運動の皮肉な結果であり，日本の教養教育の悲劇でもあった。新制大学の教養教育は，リベラルエデュケーションの理念からも一般教育運動の理想からもはるかに隔たっているどころか，それとはまったく逆のイメージで理解されていたことになる。

　結局，北大の教養教育のシステムは官制化もされず，その後，幾度も改廃の危機に直面したが，発足から半世紀後の 1990 年代半ば，設置基準の大綱化と社会情勢の変化の結果，北大方式の枠組とスピリットを保ちながら制度と教育内容の整備に着手する幸運に恵まれた。教養教育の改革は北大においては，その始まりと同様，今回も外部からの強制ではなく，満を持しての自発的な行動であった。その詳細は，以下の章で詳しく説明される。

（小笠原　正明，高等教育開発研究部長 2000-06）

注
1 北大新聞（1950.3.20）は「去年四月教養科を設置する時連絡委員会で運営を行ったわけであるが，その直属の事務機関を設けることも官制上不可能なので，本部の下にある教務課で事務をとり，その事務官も教養科としてでなく予科として発令になっている」と伝えている。
2 旧制の帝国大学の長は，今の学部に当たる「分科大学」の長と区別して「総長」

と呼ばれたが，新制大学では学長とされた。学長を総長と呼ぶことは，国立大学では旧帝大系に限り1990年代に容認された。

3 Dr. R.A.Warner は，第六回 IFEL（The Institute For Educational Leadership 教育指導者講習会, 1950年9月～1951年3月）一般教育部門の講師として来日した（大学基準協会十年史 1957, 160）。

4 1970年代に教養課程改革を議論した一般教育特別委員会や教養課程改革調査室の提言に沿って，1981年，教養課程の語学教育担当教官が文学部から独立して新たに言語文化部が発足し，教養課程担当教官の一部により文学部に「基礎文化論」，理学部に「理論物理学」の大講座が置かれ，1991年度末までにすべての教養課程担当教官が各責任部局の講座に所属するようになった。言語文化部には1981年に日本語・日本文化研修コース，1983年に「日本語系」が新設され専任教官が配置されたが，この日本語・日本文化の教育・研究部門は1991年，新設の留学生センターに移管された。さらに1993年4月には，北大における大学院重点化構想の最初の実現として地球環境科学研究科が設置され，理学部の化学担当教官の一部が同研究科所属となった（北大百二十五年史：通説編 2003, 155-158；206；1005）。

5 高等教育の分野でディシプリン（discipline）は「専門」ないし「分野」と訳されることが多いが，いずれもニュアンスが少し違う。正確には「知的・心理的訓練のためのルーティンを持つ分野」という意味。欧米では同じ discipline の教員は同じ department ないし institute を構成するのが普通だが，日本では歴史的事情のため，例えば化学の専門家が理学部のほか工学部や農学部にもいるように，いくつかの学部・学科に分散している場合が少なくない。

参考文献

・大学設立基準設定連合協議会速記録（1947.5.12）；昭和二十二年度大学設置基準設定協議会配布資料(1)大学設立基準設定協議会委員一覧表（1947），大学基準協会所蔵［協議会速記録；配布資料］
・北海道大学設置要項（北海道大学設置認可申請書）（1948.7.28），北大百年史：通説 1982, 1150-1160【WEB：北大百年史】
・北海道大學新聞，複刻版 1989，大空社
・新制大学のあり方（1951.3.28），北大百年史：通説 1982, 1160-1161【WEB：北大百年史】
・大學に於ける一般教育：一般教育研究委員會報告（1951），大學基準協會（大学基準協会資料 10）
・本学 一般教育の実施要領：一般教養部の機構と運営（1952.6），北海道大学，北大百年史：通説 1982, 1161-1171【WEB】

- 大学基準協会十年史：昭和二二―三二年（1957），大学基準協会
- 教養部の機構改革問題についての理学部教養課程担当教官の懇談会の通知（1961.11.17），北海道大学文書館 教養部30年史編纂関係資料［教養部史料］No.0013
- 大学における一般教育について：国立大学協会一般教育特別委員会報告（1962.3），教養部史料 No.0011
- 「法制化（＝完全独立）案について（1963.8.14）理学部教養課程担当教官の懇談会，教養部史料 No.0013
- 矢内原忠雄全集（1963-1965），岩波書店
- 黒田孝郎(1966)新制大学発足当初における一般教育の理念,北海道大学教養部(機関研究報告資料第2輯 一般教育に関する研究：北大方式を中心として)，教養部史料 No.0012
- 武田清子（1967）土着と背教：伝統的エトスとプロテスタント，新教出版社
- 堀内寿郎（1972）一科学者の成長，北海道大学図書刊行会
- 小笠原正明（1997）一般教育は必要か？：その制度とカリキュラムに関する小史：北大を中心として，高等教育ジャーナル2特別号，75-83【WEB】
- 大学審議会（1998.10.26）21世紀の大学像と今後の改革方策について：競争的環境の中で個性が輝く大学：答申［21世紀答申］（要旨）【WEB】
- 大学基準協会55年史：通史編；資料編（2005），大学基準協会
- 潮木守一（2008）フンボルト理念の終焉？：現代大学の新次元，東信堂
- 中央教育審議会（2012.8.28）新たな未来を築くための大学教育の質的転換に向けて：生涯学び続け，主体的に考える力を育成する大学へ：答申［質的転換答申］【WEB】
- 小笠原正明，細川敏幸（2014）学修支援環境の整備：高大接続に注目して，大学評価研究13，19-28【WEB検索：大学評価研究】

第 2 章　全学教育の出発

1. 新しい全学教育の構築──純粋な教養教育を目指して

1　改革前史

(1) 教養砂漠

　わが国のほとんどの大学で教養部が廃止されたきっかけは，1991年の大学設置基準の大綱化とされるが，北海道大学ではそれより20年ほど前から，教養教育充実のための改革の動きが始まっていた。これは1995年以降の新しい「全学教育」とも密接に関連するので，はじめに改革前史を振り返っておきたい。

　周知のように，大綱化以前は，一般教育は人文科学・社会科学・自然科学の 3 分野にわたり均等に履修することとされ，履修方法や単位数の大枠が定められていた。また他の多くの大学と同様に，本学でも大学の前期 2 年間の一般教育は，後期 2 年間の専門教育とは分離されていた。そのため，大学教育全体の連続性と有機的連携の維持が難しく，学生は入学から卒業までの長期的な視野に立った学習目標が必ずしも明確ではなく，教養課程では特に目標不在の学習に陥る傾向があった。前期 2 年間が「教養砂漠」や「パンキョウ」（一般教育）という蔑称で呼ばれたのは，たんに退屈な講義やマスプロ授業のせいだけではなかった。

(2) 授業改善の試み

　それでも授業改善の試みは継続的に行われてきた。検討過程を詳述する余裕はないが，1976年には「総合的視野の養成をはかるため，単一の教科目に局限されない総合科目」の開設が提案され，1979年のカリキュラム改訂で「地域研究：アメリカ」「地域研究：北海道」「東西文明の交流」「平和の学際的研究」「科学と技術の歩み」などの講義題目で「総合講義」が開講された。

　また，高等学校における新教育課程の編成に伴う新入生の学力水準と学習意欲の低下への危機感から，1985年には新教育課程が導入され，初年次生に少人数教育を施す「一般教育演習」が開設された（北大一覧1985-86, 北大百二十五年史：通説編2003, 160-162）。これは履修者を15〜20名に制限し，専門教育と同様の演習を一般教育の場でも実現したもので，数年後には開講数が80コマ（1年生の7割が履修可能）を超えるまでに成長した。

　この他にもさまざまな改革が試みられたが，大学設置基準の制約から，新たな試みは授業体系をより複雑にすることにもなった。本学における全学教育への議論の前提を理解するため，付録1-3に旧教養課程の最終年度である1994年度「文I系」の実行教育課程表を掲げておこう。

　この表を見れば，問題点は一目瞭然であろう。

　第1に，科目区分，単位設定，履修方法，学部移行要件ともに，きわめて複雑である。人文科学分野はさらにA・B・C・Dと4つの下位区分に分けられ，学部移行要件にも二重三重の枠がある。これはできるだけ均等な履修を勧めて幅広い教養を身につけさせようとした結果ではあろうが，複雑なことは確かである。

　自然科学分野では，他の「一般○○学」が2単位であるのに，「一般数学」だけは4単位である（他分野にもある）。一般教育科目はそれまでほとんど通年4単位の科目として開講されてきたが，幅広い学習を促すため，1974年度から一種のセメスター制をとり，全体を2単位に統一しようとしたが，たまたまその時期の講義担当者が4単位に固執したためにこうなったものと思われる。他にも，「統計学I」や「一般化学」「一般地学」などのように，第

1学期に履修した者のみが第2学期を履修できるという折衷的なやり方もあった。いずれにしても，2単位科目と4単位科目の混在は，学生の科目履修にとって大きな足かせとなることは否めず，カリキュラム全体を統合する思想に欠けると批判されても仕方がないだろう。

　第2に，他大学と同様に，一般教育科目の名称が学部の専門教育科目と同一であるという問題がある。本学で新しい全学教育を構想する際には，これが教養教育にとって本質的な問題につながると認識された。

2　新しい全学教育への議論

(1)　学部一貫教育体制

　1980年代末には，大学審議会や学術審議会等の提言を受けて，本学でも大学院整備構想の議論が始まり，1989年に大学院整備構想検討委員会が設置された。同時に，大学院改革と，教養課程を含む学部教育の再整備とは切り離せないとして，この委員会の下に学部教育専門委員会が置かれ，この専門委員会が1992年3月に教養部廃止を含む学部教育体制の大幅な変更を提言し，これを受けて1992年6月の臨時評議会で次の6点が決定された。

> (一) 従来，教養部で一括して行ってきた「一般教育課程」実施体制を，各学部を教育主体とする「学部教育」実施体制に変更する。
> (二) 各学部は一般教育等の授業科目を含む教育課程を編成する。
> (三) 現行の系別学生編成を，学部別学生編成に変更する。
> (四) 各学部で開設する一般教育科目等の実施に当たっては，全学部が協力して担当する体制を志向するが，当面は従来の責任部局が実施責任を継続する。
> (五) 転換の時期は，1995年度とする。
> (六) 一般教育等を含む学部教育体制への転換に伴う一般教育等実施体制について検討する全学委員会を早急に設置する。
>
> （北大百二十五年史：通説編2003, 209-210）

(二) では一般教育等の授業科目を含む教育課程は各学部が編成するとされているが，各学部が独自に一般教育や外国語教育を実施はできないのは明白で，(六) に基づき同年7月に北海道大学における一般教育等実施体制検討委員会が設置され，その下に置かれた教育課程専門委員会が1993年11月に「学部教育体制における全学教育科目の実施（案）」を公表した。

(2) 純粋な教養教育

　学部一貫教育の方針を決定する際，学部教育専門委員会が学部教育の在り方について照会したところ，各学部とも「広い視野」「自主的・総合的・批判的判断力」「豊かな人間性」「健康な心と体」「専門教育の基礎」「全人教育の一環」「学問や世界観・人生観についての基礎的認識の形成」などの表現で一般教育の重要性を認識していた。これは1991年の大学審議会答申や新たな大学設置基準の考え方（教育課程の編成に当たっては，大学は，学部等の専攻に係る専門の学芸を教授するとともに，幅広く深い教養及び総合的な判断力を培い，豊かな人間性を涵養するよう適切に配慮しなければならない）と軌を一にしていた。

　そこで教育課程専門委員会では，まず大学の理念について検討し，本学の歴史と伝統の源には「国際性」と「パイオニア精神」に基づく「全人教育」があり，これこそまさに21世紀の教育に必要とされる理念であって，その実現のために一般教育は専門教育とともに活力と創造力を示さなければならないという基本認識から出発して，一般教育については次の2点を確認した。

> ① 学生個々人に入学当初において学習目標を明確に認識させ，それに基づいて自主的な学習行動へと励ますことがもっとも重要であり，教育課程も学生の自主性・積極性の育成を目指して編成されなければならない。
> ② 一般教育と専門教育とは一体のものとして有機的連携の下に実施されなければならない。

　次にこの専門委員会では，学部一貫教育体制の下での科目区分を「専門科目」「教養科目」「基礎科目」「外国語科目」「健康体育科目」の5科目とし，「専

門科目」を除く4科目を「全学教育科目」として，複数の学部の学生を対象に，共通の教育内容をもって開講すると定めた。ここから「全学教育」という名称が始まる。そして，全学教育科目の内容（科目設定，開講形態，履修方法等）を検討するために，科目ごとにグループが作られ，5カ月という短期間でその骨格を決定した。その際の主導理念は「純化された一般教育」あるいは「純粋な教養教育」であった。

(3) 教養科目

　教養科目の検討では，一般教育のカリキュラムに対する上述のような反省から出発し，「純粋な教養教育」の中核となりうる科目設定を目指した。従来の一般教育カリキュラムの問題点は，繰り返すならば，以下のようなところにあった。

　第1の問題は，一般教育と，基礎教育との内容が重なり合うことである。ここから一般教育と基礎教育との混同が生じ，一般教育はたんなる「低学年教育」と同一視される傾向が根強くあった。学生だけではなく，教官の側にも同様の見方があり，その原因の一つは，先に挙げた，一般教育が主として専門科目，あるいはその基礎科目と同一の授業科目名の下に行われてきたことにある。そのため一般教育の基礎教育化が進行し，しかも基礎教育としても十分な成果を上げられなかった。たとえば「哲学」なら，文学部哲学科に進学する学生に対する専門基礎教育と，他の専攻あるいは他学部に進学する学生に対する一般教育とでは内容と方法が異なって当然だが，これを同一の時間・教室で行うところに無理があった。また，専門基礎教育こそが教養教育であるとする意見も，教官の間には根強くあったが，そのような授業は，それを専門として志望する少数の学生以外にとっては，まさに退屈な授業とならざるをえなかったのである。

　第2の問題は，専門分野の区分に従った授業科目名の下では，その担当者が固定され，担当者の個人的な努力と工夫にもかかわらず，学生の多様な関心に応えるのは難しかったことである。

　そこで新しい全学教育では，まず第1に，学生の知的好奇心を刺激し，そ

の多様な関心に応え，自主性・積極性を育成するという教育目標を達成するために，教養科目に関しては，従来の専門分野別の科目名を廃して「主題別授業科目」とし，「人文科学」「社会科学」「自然科学」の3分野にそれぞれ3科目，計9科目を置き，担当者を固定せず全学の多様な分野の教員の協力によって実施することとし，北大方式のさらなる実質化を目指した。ただし，それまでの授業科目の中には，従来の名称と性格を維持する方が望ましいものもあり，それらは「共通分野」としてまとめられた。

新しい教養科目の第2の特徴は「論文指導」という授業を設けたことである。これは論文作成能力と日本語による論理的な表現能力の向上，考察や観察について報告文や論文を作成することによる積極的な学習態度の育成を目的とし，論文の作成と添削のフィードバックの繰り返しによって成績を評価するユニークな授業である。ただ，これをいわゆる日本語の専門家のみに委ねると，開講数も少なくなり，一部の教員に負担が偏るので，人文・社会科学分野の授業の一部をこれに当て，1クラスの履修者は30人を上限とした。論文指導は後に一般教育演習にも取り入れられ，その開講数は数年後には合計70を超え，初年次学生の4人に3人が受講できるまでになった。

第3の特徴は「一般教育演習」の拡充を図ったことである。前述のように本学では以前から一般教育においても少人数の演習を行ってきたが，全学教育への転換を機に，研究所なども含めて全部局から一般教育演習の提供を求め，初年次学生全員が履修できる開講数（140前後）を確保することができた。これは学習方法論的な内容をもった少人数クラスの演習で，双方向的教育によって学習意欲を鼓舞し自主性・積極性を育成するというこの科目の趣旨にそって授業内容よりも学習体験そのものを重視し，受講者数の上限を15人（のちに20人）として履修調整により受講者数の適正化を図った。

また「総合講義」も，高学年次でも履修できる形で継続された。

(4) **基礎科目，外国語科目，健康体育科目**

ここでいう基礎科目とは，各学部に固有の専門基礎科目ではなく，複数の学部に共通の内容をもち，全学教育の中で実施するのが望ましいと判断され

た科目である。基礎科目に関しては，自然科学実験のあり方が特に問題になり，自然科学の学際化・複合化の傾向や，高等学校における学習の偏りに対応するために，学部の指定により複数領域にわたる履修を必修とする「基礎実験」が導入され，同時に文系学生にも，一般教育演習の中で実験を通じた自然科学教育を行うことになった。

外国語科目に関しては，大きな変化の一つとして，文系学部では，英語を一律に必修科目とするのをやめ，任意の2カ国語（英・独・仏・露・中）を必修にできるようにしたほか，学生の多様な要求に応えて「第三外国語」（独・仏・露・中・西・朝・伊・ポーランド・チェコ），「外国語特別講義」を設け，単位化した。また，初習外国語では，統一的な到達目標を設定し，授業方法，教材の作成・選定，成績評価などに統一的な基準を導入した。

健康体育科目では，従来の保健体育科目の「保健体育理論」と「体育実技」を部分的に統合して，新たに「健康科学」と「体育学」に再編し，健康科学では演習も設けたが，この科目を必修からはずす学部は少なくなかった。

こうして新たに編成された全学教育科目を，付録1-4に示す。各学部は，これらの中から必要な科目をそれぞれの教育課程の中に組み込んでカリキュラムを構成することになった。

3　残された問題——コアカリキュラムへ

このように，新しい全学教育科目は，従前の一般教育科目に比べて大幅に簡素化され，特に教養科目はその名称がまったく変わった。それにもかかわらず，いくつかの問題が残った。

第1に，人文科学・社会科学・自然科学分野という旧来の区分がそのまま残ったことである。これは専門委員会の発足から半年足らずの間に委員会と各学部との協議を経て実施可能な案を作成しなければならないという時間的制約の下で，従来の責任部局体制を大きく変える構想を打ち出す余裕がなかったことによる。共通分野の科目を整理しきれなかったのも同じ理由による。

第2に，同一の科目が，学部によって教養科目とされたり基礎科目とされたりというバラツキが見られることである。たとえば「科学基礎論」や「情報科学」などは，文系では「教養科目」とされ，理系では「基礎科目」と位置づける学部が多かった。これは，各学部の専門教育との有機的連携という面では意味があったが，他方では科目構成を複雑にする要因でもあった。

　第3に，授業の実際の内容について検討する仕組みがなかったことである。これは科目の名称やカリキュラム構造などよりもはるかに重要な問題だが，後回しになってしまった。このような仕組みは，これまで教員の自由裁量に委ねられてきた授業内容や方法について，外から干渉することにもなりかねないが，教養教育を文字通り全学教育として実施するには不可欠でもある。

　これらの問題は，その後の高等教育機能開発総合センターにおける議論へと受け継がれていった。

　　　　　（新田　孝彦，一般教育等実施体制検討委員会教育課程専門委員／
　　　　　全学共通教育カリキュラム編成WG委員（教養科目担当）1992-93）

総合博物館ローンのエルムの森

2. 全学教育の発展を支える高等教育機能開発総合センター

ここでは『北大百二十五年史』（通説編 2003, 208-219）に沿って，全学教育の開始と高等教育機能開発総合センターの設立について概観する．

1　全学教育の開始

(1) 大学設置基準の大綱化と大学院整備構想

　教養部廃止のきっかけは 1991 年の大学設置基準の大綱化にあるとされるが，本学では 1989 年に発足した大学院整備構想検討委員会（委員長：伴義雄学長）ですでに議論が始まっていた．この委員会は「大学院重点化構想」の検討を任としたが，「大学院の改革は，教養課程教育を含む学部教育の再整備と，無関係ではありえない」という基本姿勢から，同委員会の下の学部教育専門委員会で一般教育を含む学部教育のあり方を議論し，同専門委員会の報告書「北海道大学における学部教育の展開」（1992.3）は 1995 年度からの学部一貫教育の実施と教養部の廃止を提言した．

(2) 学部一貫教育体制への転換

　この報告書の結語は❶「学部教育」体制への転換，❷単位・進級認定・修学・厚生補導等の責任体制，❸一般教育科目等の実施組織，❹今後の課題について述べ，❶では，北海道大学は大学院重点化構想の基盤形成のため，大学設置基準の改正に対応して，北海道大学通則に定める「一般教育課程」及び「専門課程」を廃止すること，❸では，各学部で開設される一般教育科目等の調整・実施等を統括するため「一般教育実施センター（仮称）」を置き，その長に副学長を充てることを提案し，これに沿って 1992 年 6 月の臨時評議会で「学部一貫教育体制」と「学部別学生編成」への移行が決定された．

(3) 一般教育等実施体制検討委員会の活動

　この決定にもとづき，同年7月に一般教育等実施体制検討委員会の下に①一般教育等組織運営専門委員会，②教育課程専門委員会，③教務事務組織専門委員会が設置され，これらの専門委員会や，その下の全学共通教育カリキュラム編成 WG での議論と，学部代表委員との協議を通して学部一貫教育体制の骨格が形成され，同年12月に教育課程専門委員会の中間報告「学部教育体制における全学教育科目実行教育課程について」(1992) が提出された。

　従来，一般教育と専門教育は分離されていたが，学部一貫教育体制では学部ごとに4年一貫した教育課程を編成し，その科目区分は「専門科目」「教養科目」「基礎科目」「外国語科目」「健康体育科目」とし，このうち専門科目を除く4科目は「全学教育科目」として複数学部の学生を対象に共通の教育内容をもって開講することになり，全学教育科目の内容をさらに詰めて各学部・系ごとの実行教育課程表と具体的な実施計画が提出された。特筆すべき変更点は，①開講形態は半期のセメスター制を原則とし，②教養科目を「主題別」科目に転換し，③「論文指導」講義を導入し，④自然科学分野の「基礎実験」を再編することなどであった。

　1993年11月には，3専門委員会から「全学教育科目の実施体制：学務部と全学教育センターの設置について」「学部教育体制における全学教育科目の実施（案）及び関連する諸問題について」「全学教育科目の実施体制：教務に関する事務組織及び事務処理システムの構築」(1993) という3つの最終報告が提出され，全学教育の実施に当たっての運営体制（全学教育センター）と事務支援体制（学務部）の骨格が示され，具体的なカリキュラム（実行教育課程表）と，大規模国立大学では最初となる教務事務電算化を，全学教育科目から開始する方針が打ち出された。

　この間，1993年4月には大学院地球環境科学研究科と理学研究科生物科学専攻において，本学初の大学院重点化構想が実現し，このあと理系研究科から順次，重点化が実現していった。

(4) 教養部の廃止と高等教育機能開発総合センターの設置

　1993年12月，評議会は学部一貫教育実施準備委員会を設置し，❶全学教育科目の設定，❷全学教育センターと❸学務部の設置を決定した。同委員会には①全学教育センターの設置，②全学教育の教育課程，③全学教育に係わる教育環境の整備充実，④学務部の設置及び関係委員会について検討する4専門委員会が置かれ，各専門委員会は1995年度からの学部一貫教育の実施に向けて，通則及び規程の整備等を進めた。特に全学教育センターの設置に向けて，官制化されなかったために幾多の問題を抱えた旧教養部の再現を避けるため，全学教育部，高等教育開発研究部，生涯学習計画研究部の3部からなる「高等教育機能開発総合センター構想」が提案された。学内や文部省とのさまざまな折衝を経て，1994年10月に高等教育機能開発総合センター設置準備委員会と学務部設置準備室が設置され，同年11月には全学に向けて「学部一貫教育体制の実施に関する全学説明会」が開催された。

　こうして1995年4月より全学教育が開始された。この年度は，2年生は教養教育で，この最後の教養部生を各学部に送り出して，1996年3月をもって教養部は廃止された。

2　全学教育の実施

(1) 全学教育実施体制の発足

　1995年4月に高等教育機能開発総合センター及び，学生課・教務課・厚生課・入試課・留学生課からなる学務部が設置され，新しい全学教育実施体制が発足した。

　センター長は，新設された2名の副学長のうち，中村耕二副学長が兼任し（～1996），同時に高等教育開発研究部に3名，生涯学習計画研究部に4名の専任教官が配置された。

　全学教育を企画調整する「全学教育部」に専任教官はおらず，部長はセンター長の併任で，各学部等から選出された委員からなる「全学教育委員会」が全学教育の企画運営を統括する。

センターの最高決議機関は「運営委員会」で、そのほかに、センター全体の委員会として、予算施設委員会、安全管理委員会及び点検評価委員会、全学教育の実施を支える組織として、各全学教育科目を代表する教官約20名からなる「全学教育科目連絡会」、初年度学生の学習指導や厚生補導に当たるクラス担任の連絡協議の場として「クラス担任代表会議」が設けられた。

さらに、センターの活動を支える事務機構として、(旧学生部を中心として改組した)「学務部」の中に(実質的には旧教養部事務室を改組した)「教務課」を新設し、全学教育及び高等教育機能開発総合センターの事務を担当させることとなった。

(2) 全学教育委員会

全学教育委員会は、全学教育科目の教育課程の企画調整、毎年の授業時間割の作成、授業担当教官の選定等の実務を担当し、センター長＝全学教育部長の下で全学教育科目連絡会及びクラス担任代表会議との連絡・調整を行うことになった。全学教育委員会の下には、原案を作成・立案する「小委員会」のほか、1996年度中途から「全学教育科目のレビュー」で提起された問題点を検討するため科目別(健康体育科目、教養科目、基礎科目、総合講義・一般教育演習、外国語・日本語科目)の専門委員会が設置された。当初、小委員会は教養部におけるノウハウの蓄積を利用して全学教育へ円滑に移行するため、責任部局選出の委員と全学教育科目群を代表する委員で構成された。

初年度は、1年生は全学教育、2年生は教養教育の混在で、全学教育委員会はその時間割の調整に追われた。つづいて次年度の授業時間割の作成と各学部等への授業担当教官(非常勤講師を含む)の選定依頼を中心に、委員会の年間審議日程を作り上げ、定期試験の実施体制、既修得単位の認定方法等を整備した。

2年目は、第2代センター長板倉智敏副学長(1996〜1997)の下で「全学教育科目のレビュー」として、全学教育科目の受講学生や担当教官へのアンケート調査と、レビュー項目に対する各部局からの意見・要望等の聴取を行い、その結果と分析をセンターニュース特別号「全学教育科目の充実に向け

て：平成7年度のレビューを中心として」（1997）に発表した。

(3) 全学教育検討委員会

1997～1998年度には，評議会の下に設置された，第3代センター長中村睦男副学長（1997～1999）を委員長とする2つの委員会で検討して，名実ともに旧教養部体制から脱却した，新たな全学教育実施体制が構築された。

❶ 医学部保健学科設置のための全学教育検討委員会

この委員会は，本学医療技術短期大学部の医学部保健学科への移行構想に伴い，保健学科学生への全学教育を全学教育実施体制に組み込むため，短期大学部の一般教育用定員の配分先部局と担当科目を決定することを任務とし，その過程で全学教育における責任部局の責任の範囲についても検討した。

1998年3月の答申は，責任部局の企画責任と授業分担責任を確認し，担当責任のみを担う準責任部局の設置を提案し，今後さらに全学教育において責任部局や準責任部局の他の部局も担うべき「応分の負担」についても協議し，全学教育の円滑な運営体制を早急に整備する必要があることなどを提言した。

この答申に沿って定員の配分先と，農・薬学部が準責任部局になることが決まったが，種々の事情から保健学科の設置は2004年度まで延期された。

❷ 全学教育運営体制検討委員会

❶の答申を受けて，1998年5月に❷全学教育運営体制検討委員会が設置され，①全学教育の理念と位置付け及び，②全学教育委員会の位置付けの再確認，③責任部局・準責任部局・その他の部局，それぞれの責任の範囲と負担の割合，④全学教育科目の窓口となる組織の在り方，⑤センター長を補佐する機関若しくはスタッフを置く必要性などを検討した結果，1998年10月の答申「全学教育運営体制の充実方策について」で「科目責任者」及び「センター長補佐」の設置が提案された。

全学教育科目の窓口として，責任部局に「科目企画責任者」，協力して担

当する部局に「科目担当責任者」を置き，科目ごとの「科目責任者会議」で，各学部及び責任部局からの要望等を踏まえて，全学教育の授業内容，成績評価基準，授業開講数，授業担当者の選定，授業科目ごとに配当される予算の運用等について協議調整し，全学教育の円滑な実施を図ることになった。総合講義，一般教育演習等のための教養科目あるいは全学教育科目担当責任者を含めれば，センター・研究所等を含む全部局に科目責任者が置かれ，全学教育科目連絡会及び科目別の専門委員会は廃止された。

また，センター長＝副学長を補佐するために5名のセンター長補佐を置き（うち2名はセンターの両研究部長の併任），全学教育委員会，センター予算施設委員会の小委員長を分担し，科目責任者会議を主催して全学教育委員会との仲立ちを行うことになった。

3 コアカリキュラムの構築

全学教育の初年度より高等教育開発研究部に，丹保憲仁総長も参加して「学部一貫教育研究会」が置かれ，5つの部会に分かれて，学部一貫教育の中で全学の協力により全学教育をさらに深化させるための研究を行った（吉田ほか1996，阿部ほか1997a）。さらに1997〜1998年度には研究部に「コアカリキュラム研究会」が組織され，学部一貫教育体制における教養教育の在り方を検討した（阿部ほか1998a，同1999a）。

このように，高等教育開発研究部は，研究会を通して全学教育の具体的な問題点や，その将来構想を検討し提案してきた。当初の案では，全学教育センターに全学教育計画検討委員会を置き，全学教育に関する中・長期的な基本問題について企画・立案する構想だったが，現在，全学教育部に計画系の委員会は存在せず，研究部がその役割を補完している。

コアカリキュラム研究会の報告をもとに，1999年度に再編された全学の教務委員会（委員長：丹保憲仁総長）から全学教育委員会にコアカリキュラムの検討が指示され，これを受けて小委員会で原案を作成し，1999年12月の教務委員会に「全学教育科目の見直しについて」としてコアカリキュラムの

実行案が報告された。この報告は教務委員会を通じて各学部で検討され，全学教育委員会で各学部・系ごとの実行教育課程表がまとめられ，2001年度よりコアカリキュラムを取り入れた新カリキュラムが実施された。

新しい全学教育科目は，教養科目と基礎科目で構成され，教養科目（コアカリキュラム）は，❶分野別科目，❷複合科目，❸一般教育演習，❹共通科目（以上，2単位），❺外国語科目（1単位）からなる。このうち❶分野別科目は，責任部局が提供する，①思索と言語，②歴史の視座，③芸術と文学，④社会の認識，⑤科学・技術の世界の5つの主題別科目で構成され，各科目について，複数の責任部局に科目企画責任者が置かれた。❷複合科目は①環境と人間，②健康と社会，③人間と文化，④特別講義からなり，これまでの総合講義の実績をもとに，全部局に担当科目を割り当て，その科目担当責任者を置くことになった。このうち④特別講義はセンター研究部が企画し，総長，副学長，学部長や，社会で活躍している北大卒業生などが担当している。

コアカリキュラムの実施と同時に，すべての全学教育科目について，履修希望者が指定の教室の収容定員を超える場合は履修調整を行うことになり，特に❸一般教育演習では，少人数教育の実をあげるため，履修者は原則として最大20名とされた。

このように，全学教育は，発足7年を経て，その運営体制においても，カリキュラムの面においても充実した内容が構築され，北海道大学の教育理念「全人教育」を実現する支えとなっている。

（山口　佳三，全学教育委員会小委員会委員長 1995-2001）

参考文献
・学部教育体制における全学教育科目実行教育課程について：教育課程専門委員会中間報告（1992.12.28），北海道大学における一般教育等実施体制検討委員会，北大時報 467（1993.2）別冊
・小林甫（1998）教養教育・全学教育に関する学部長インタビュー（限定印刷），北海道大学高等教育機能開発総合センター
・全学教育運営体制の充実方策について（1998.10）北海道大学全学教育運営体制検討委員会

第一農場のポプラ並木,2004年の台風で崩壊したが市民の運動で再生

第2編
コアカリキュラムと新しい外国語・自然科学教育

　平成18年度新教育課程と「単位の実質化」の総合的取組（2006～）は，本学の学士課程・初年次教育にとって，学部一貫教育と全学教育の開始（1995），「進化するコアカリキュラム」導入（2001）につづき，総合入試制度（2011）を準備する大きな改革であった。

　まず第3章では，平成18年度教育改革の経緯を，①進化するコアカリキュラム報告書（2007），②平成14～18年度点検評価報告書（2008），③平成18年度新教育課程中間評価報告書（2010）などに沿って概観し，つづく第4章以下で，個々の科目の開発・改善状況について述べる。

　なお，第3章は主に②③が刊行された2008～2009年度，第4章以下は2005～2006年度の時点での記述である。

第3章 「進化するコアカリキュラム」から平成18年度新教育課程へ

1 北海道大学の基本理念とコアカリキュラムの教育目標

　北海道大学は札幌農学校以来140年の歴史のなかで，❶フロンティア精神，❷国際性の涵養，❸全人教育，❹実学の重視を基本理念として掲げ，自由・自主独立を重んじる学風を培ってきた。

(1) 北大の歴史と伝統

　北大の前身である札幌農学校は，北海道開拓のため近代的農業技術の指導者養成を目的として設立され（1876），米国・マサチューセッツ農科大学学長W・S・クラークを初代教頭に迎えた。建学の経緯から国際性の高い実学中心の高等教育機関だったが，クラークは専門技術や知識の習得の前に学生が「一個の人間として育つ」ことを求め，文系の教科や体育を含む全人教育を重視した。博士が残した「Be ambitious! 大志を抱け」「Be gentleman! 紳士たれ」という言葉から北大のフロンティア精神の理念と，自由・独立・人間尊重の学風が生まれた。

　新制北海道大学の発足にあたっても(1949)，（一）旧制の帝国大学とは異なり，人文科学，社会科学，自然科学のすべてについて基本的知識を学ばせる一般教育を重視する。（二）学者の養成よりも，より高度な専門への準備教育を重視する。（三）学生の自発的学習を重視する。（四）研究および研究者養成のために大学院をおくという形で本学の全人教育の伝統が確認された。

　新制北大では当初から，学士課程教育の中心は一般教育にあるとされ，「各学部の最良の教員たちにより最良の教育内容を提供する」という考えから，

一般教育担当教官は関係各学部に分属する一方，講座教官も一般教育を担当する，全学支援の原則による「北大方式」の伝統が定着してきた。

　大学設置基準の大綱化をうけて学部一貫教育に移行したときにも (1995)，本学の全人教育重視の姿勢は堅持された。新しい全学教育の検討に際しては，「カリキュラム編成にあたって，大学・学部・専攻にかかわる専門の学芸を教授するとともに，幅広く深い教養および総合的判断力を培い，豊かな人間性を涵養するように配慮されねばならない」「一貫教育に移行するにあたって，専門教育の論理のみが貫徹されて一般教育が実質的に消滅することがあってはならない」と強調され，北大方式の伝統を受け継ぎ「最良の専門家による最良の非専門教育」を標榜して，「責任部局体制」と「全学支援」「全学協力」にもとづく「新北大方式」により，全学教育の維持・発展を目指した。

　全学教育の開始と同時に高等教育機能開発総合センターが設置され，丹保憲仁総長（1995〜2001）の主導のもと，高等教育開発研究部に学部一貫教育研究会，ついでコアカリキュラム研究会がおかれ，学部一貫教育体制のもとで新しい全学教育の発展を目指す研究が進められた（吉田ほか1996，阿部ほか1997a，同1998a，同1999a）。研究会の議論では，最終的には「全人教育」の理念に立脚し，理系の専門基礎科目とは区別され，外国語科目，情報科目などを含む，リベラルアーツを中心とする「純粋な教養科目」として，分野別科目（2006年度から「主題別科目」に改称），複合科目（同「総合科目」），一般教育演習などからなる「コアカリキュラム」が提案され，全学的な検討をへて2001年度から実施された（北大百二十五年史：通説編2003，1212-1214）。

　北大のコアカリキュラムと本センターのシステムは「進化するコアカリキュラム」として2003年度の第1回特色ある大学教育支援プログラム（特色GP）に選ばれ，わが国の大学の教養教育の一つのモデルとなった。（進化するコアカリキュラム報告書2007，絹川ほか2011）。

(2) 北海道大学の基本理念と目標の今日性

　札幌農学校以来の伝統に立脚する本学の理念と目標の今日的意義は「北海道大学の基本理念と長期目標」に明示されている。

北海道大学の基本理念と長期目標（2003年9月17日制定）

> ❶ フロンティア精神とは，学生及び教職員がそれぞれの時代の課題を引き受け，敢然として新しい道を切り拓いていくべきとする理想主義を意味する。札幌農学校の開校式にあたってクラーク博士が唱えた"lofty ambition"（高邁なる大志）という言辞を端緒として，世紀を超えて北海道大学を揺るぎなく支えてきた基本理念である。（フロンティア精神）
>
> ❷ 北海道大学は，学生及び教職員の国際性を涵養し，国際社会の発展に寄与するため，海外留学・研修の機会を拡大するとともに，外国人研究者・留学生の受け入れを積極的に推進し，アジア・北方圏をはじめとする世界の人々との文化的・社会的交流の促進を目指す。（国際性の涵養）
>
> ❸ 北海道大学は，豊かな人間性と高い知性を涵養する幅広い人間教育を進め，自由・自主独立の精神の涵養と自律的個の確立を図るとともに，人権を尊重し，社会的要請に的確に対応しうる基盤的能力の育成を目指す。（全人教育）
>
> ❹ 北海道大学は，実学重視の理念の普遍的かつ今日的意義を追求し，現実世界と一体となった普遍的真理や，北海道の特性を生かした学問の創造を推進するとともに，産学官の連携協働の拡大を通じて，研究成果を北海道，さらに日本，世界に還元する。あわせて大学院における高度な専門家及び職業人の養成並びに社会人教育を充実することを目指す。（実学の重視）

　また平成12年度未来戦略検討WG最終報告「新世紀における北海道大学像」(2001)では，優れた総合的判断力や高い見識を備え専門的知識を広い視野のもとで活用できる「21世紀の開拓者」を育成するため，本学の教育目標として，①高いコミュニケーション能力，②社会や文化の多様性の理解，③独創的な思考力と建設的な批判能力，④社会的な責任と倫理の自覚があげられている。

　これらの理念と目標は学生にも周知され，さまざまな科目の設計に活かされ，本学の教育改革の指針として有効に機能している。

2 高等教育機能開発総合センターの活動

コアカリキュラム導入のあと，平成11年告示学習指導要領（1999）で高校教育の内容が大幅に削減されたため「学生の学力の多様化」が進むことへの危惧から，中村睦男総長（2001〜2007）のもとで，「実学の重視」の理念に連なる専門基礎教育と「国際性の涵養」の核となる外国語教育の刷新に向けて全学的に検討し，平成18年度教育課程中間報告・最終報告（2004）および最終まとめ（2005）で具体化し，2006年度から新教育課程を導入した。

また，学業成績評価についての教員学生アンケート調査（1997）をきっかけに，本学の成績評価システムについてWGで再検討し，教務委員長（総長）通知「成績評価基準の明示と厳格な成績評価の実施等について」（2002）をうけて，①全学教育科目の成績評価基準（ガイドライン）の設定と成績分布の公表（2003〜），②「秀」評価及びGPA制度の導入（2005〜），③1年次における履修登録単位数の上限設定（CAP制，2006〜）の総合的運用により，単位の実質化（授業改善と自習促進）の取組を進めた。ここにも，学生に将来の社会の指導者としての自覚を促し，厳格な成績評価，進級・卒業判定を行った札幌農学校の伝統が活きている。

これらの取組の企画→実行→検証→改善（PDCAサイクル）を通して，全学教育委員会と，科目責任者会議，クラス担任代表者会議，教務委員会，各部局及び，国立大学法人北海道大学の発足時（2004）に設置された総長室・教育改革室などの連携が格段に進み，全学教育実施体制が強化され，単位の実質化の取組に関しては，全学教育での取組が各学部における取組を先導することにもなった。

本センターは「組織よりも理念とシステムにもとづいた活動」を標榜し，3研究部と全学教育部，及び学内諸組織の連携により，高大連携，入試，全学教育，学部・大学院・社会人教育，他大学・社会との教育連携，教員研修，教育評価など多岐にわたる課題に取り組んできた（北大百二十五年史：通説編 2003, 1207-1223）。最近は，授業改善のためのFDの義務化，社会人の学び直しの要望の高まり，入試広報の強化と入試改革の要請などの動きをうけて，

3 研究部の活動場面はますます拡大している。

3　全学教育部の活動

(1)　全学教育の理念と目標

　全学教育部の使命は，全学教育の実施を通して本学の 4 つの基本理念（❶フロンティア精神，❷国際性の涵養，❸全人教育，❹実学の重視）と 4 つの教育目標（①高いコミュニケーション能力，②社会や文化の多様性の理解，③独創的な思考力と建設的な批判能力，④社会的な責任と倫理の自覚）を達成することにある。

　中教審「将来像答申」(2005) では「分野ごとにコア・カリキュラムが作成されることが望ましい」とされ，これに沿って全国共通の分野別コア・カリキュラムが整備されてきたが，本学では，教養教育こそは各大学の校風をつくると考え，本学の理念と目標にもとづき教養教育のコモン・コアカリキュラムを開発してきた。

　また新制北大の出発時から一般教育を重視し，「最良の専門家による最良の非専門教育」を行う「北大方式」の伝統を育んできた。

　さらに，水産学部（函館）を除く 11 学部が札幌キャンパスに集中して立地することのメリットが強く意識されてきた。全学教育及び 2000 年度から開設された大学院共通授業科目は，このメリットを活かした共通教育である。

　これらの理念と目標や基本的考えは，この間の教育改革の過程でさまざまに議論され，深められ，今日のかたちに定式化されてきた。それらは，廣重力総長 (1991～1995) から佐伯浩総長 (2007～2013) まで 4 代の総長，7 代の副学長のもとでさまざまな委員会，WG などでの議論に参加した，多数の教職員の英知の結集であり，今後も北大の教育改革の堅い基盤になると期待される。

(2)　全学教育の改革

　本センターの設置以来，全学教育部，高等教育開発研究部，全学教務委員会，教育改革室の連携が有効に機能し，全学教育の教育課程改革と実施体制

の強化を進めた結果，全学教育のシステムは新たな段階に到達したといえる。

　教養・基礎・専門教育を総合した新しい学士課程教育の構築を目指して，①学部一貫教育と全学教育の開始（1995），②教養教育コアカリキュラムの導入（2001）につづいて，基礎教育と外国語教育の改革を中心とした③平成18年度新教育課程を導入し（2006），その先には「北大方式」の伝統を受け継ぐ④（大くくり）総合入試制度の導入（2011）を展望していた。

　並行して，❶科目責任者制度（1999）と❷準責任部局制度（2004）を導入し，全学教育実施体制の基盤強化をはかった。

　また，2003年度から①成績評価基準の明示と厳格な成績評価，②「秀」評価及びGPA制度，③1年次における履修登録単位数の上限設定の総合的運用により単位の実質化の取組を進めてきた。

❶　進化するコアカリキュラムの新科目開発

　新しい全学教育では，伝統的な学科目・講義中心のマスプロ授業の改善のため，少人数，学生中心，主題・課題中心，体験型，双方向型の授業を重視し，一般教育演習，論文指導などの充実に努めてきた（本書第4章以下参照）。

　この方針はコアカリキュラムにも受け継がれ，(1)工学的創成実験（2000〜），(2)図書館職員による「情報探索入門」（2001〜，のち「図書館情報入門」に改称），(3)地域連携型の芸術科目（2002〜），(4)フィールド体験型一般教育演習（同），(5)科学・技術と人間の倫理（2003〜2007），(6)TOEFL-ITP試験（2003〜）とCALLオンライン授業（2004〜），(7)インターンシップ科目（同），(8)キャリアデザイン（2005〜）などの新科目が開発された。

①　地域連携型の芸術科目（本書第6章参照）

　コアカリキュラム研究会の報告で総合大学における「芸術」の重要性が指摘されたことから，(1)「作り手側からの美術」(2001)，(2)「ピアノ音楽の楽しみ・魅力」（2001〜），(3)本学のパイプオルガンを活用した「パイプオルガンとその音楽」（2002〜），(4)「音楽療法入門」（2002〜2007）などの集中講義に加えて，(5)「PMFの響き」（2002〜），(6)「北海道立近代美術館に学ぶ」（2003〜），(7)「札

響と音楽文化」(2004～)など，地域の芸術活動と連携した新科目が開発された。

② フィールド体験型一般教育演習（2001～，本書第5章参照）

札幌農学校以来の伝統である「自然に学ぶ」をモットーに，附属の練習船やフィールド科学教育研究施設（研究林，牧場，臨海実験所など）を活用した合宿・体験学習を開発し，正課外の試行をへて一般教育演習として単位化し，学生にもっとも人気の高いコアカリキュラムを代表する科目に成長した。

練習船上の体験学習は水産学部初年次生向けの専門科目「基礎乗船実習」（2006～2011，2014～2年次生向け）に発展した。

③ 科学・技術と人間の倫理

1998年度から研究部のSTS（Science, Technology and Society）研究会で，学生に「社会的な責任と倫理の自覚」を促す授業の開発を進め，2003年度から3テーマ合同の全体講義とテーマ別の少人数グループ学習（事例研究）を組み合わせた「科学・技術と人間の倫理」を開講した。

❷ 準責任部局制と新たな基礎科目（初習理科）の導入

医療技術短期大学部を医学部保健学科に改組したとき（2004），その一般教育担当教官定員の一部を移して薬学部，農学部を準責任部局とし，全学教育実施体制の基盤強化をはかった。

同時に，理系基礎科目の刷新を目指して，医学部保健学科，獣医学部，水産学部で新たな初習理科（基礎物理学・化学・生物学・地学）を開講し，水産学部のクラスでは(1)共通教科書，(2)演示実験，(3)ビジュアル資料，(4)「クリッカー」を使ったクイズ，(5)TAによるきめ細かな指導，(6)ITによる自習支援などを取り入れたパイロット授業がはじまった（本書第8章参照）。

❸ 平成18年度新教育課程と単位の実質化の取組（2006～）

コアカリキュラムの充実と，初習理科の導入をうけて，教育改革室のWGでさらに検討し，「学生の学力の多様化」に対応するため，基礎学力の育成

とステップアップ授業方式を一体的な二本柱とし，全学教育と高校教育・専門教育との有機的連関の強化をはかる学士課程教育改革に踏み出した（平成18年度教育課程中間報告2004，同最終報告2004，同最終まとめ2005）。

◎　平成18年度新教育課程における主な改善点
①　コアカリキュラムの手直し
(1)　情報処理・情報科学を「情報学」に刷新し（大内ほか2005），「体育学B」（講義，2単位）を新設した。
(2)　論文指導の充実のため，一般教育演習は原則として論文指導とする（本書第4章参照）。

②　外国語科目の再編・刷新（本書第7章参照）
(1)　旧「外国語科目」を，基礎部分の「外国語科目」（1単位）と発展部分の「外国語演習」（2単位）に再編し，英語III，外国語演習等でレベル・技能・テーマ別の選択クラス制を導入した。
(2)　英語IIでCALLオンライン授業及びTOEFL-ITP試験にもとづく成績評価を導入し，TOEFL，TOEIC試験等における優れた成果にもとづく英語単位「優秀認定」制度を新設した。
(3)　外国語演習では専門科目との連関を強化し，卒業年次までいつでも履修できる態勢を構築した。
(4)　「外国語特別演習」（第三外国語）を充実し，新たにフィンランド語，広東語，ブラジルポルトガル語等を開講した。
(5)　一般教育演習，外国語演習等において，抽選による履修調整のシステムを整備した。

③　基礎科目の再編・刷新（本書第8章参照）
(1)　理科基礎科目のコース別履修制度：専門系コースでは理科基礎科目（4単位）と互換性科目（異なる学部で展開されている共通の内容をもつ専門科目，2単位）を一体的に運用；準専門系コースでは初習理科（4単位）を導入し，

授業内容を標準化し，高校でその科目を履修しなかった者にも理解でき，履修した者も興味をもって学習できる内容とし，パイロット授業を推進し，物理学，生物学のリメディアルクラス（2000〜2005）は廃止した。

(2) 数学，物理学，化学の入門科目を新設し，文系学生向けコアカリキュラムにも活用した。

(3) 約1億5千万円かけて実験用設備・備品を更新し，基礎実験を「総合自然科学実験」に刷新し，文系学生向け「基礎自然科学実験」を充実した。

(4) 文系基礎科目「人文科学の基礎」「社会科学の基礎」を新設した。

④ TA研修の強化（本書第10章参照）

(1) 新教育課程導入で全学教育TAの採用数（2008年度のべ812→2010年度1,025人，30,595→34,208時間，経費3,870→4,354万円）が急増したので，研修会を充実し，TAマニュアルを一新した（2011）。

◎ 単位の実質化の取組

❶ 厳格な成績評価（2003〜）

(1) 成績評価基準（授業科目ごとのガイドライン）の設定
(2) 成績評価基準の明示（シラバスに「到達目標」「評価の基準と方法」を明示）
(3) 成績評価結果（クラス別の成績分布）の公表
(4) 成績評価の妥当性の検討：成績分布WEB公開システム稼働（2006〜），評価に極端な片寄りの可能性のある授業の担当教員に問合せ，その回答に対するコメントを送付（2009〜）

❷ GPA制度

(1) 全学部で「秀」評価（5段階評価）及びGPA制度を導入（2005）
(2) 体育学A，情報学Iを通算GPAに算入しない「パス・ノンパス科目」とした（2006〜2008）。
(3) GPAを利用した修学指導を推進し，クラス担任アンケート等により指導状況を点検した。

(4) 授業料免除，新渡戸賞（成績優秀者表彰制度）等の選考基準にGPAを利用しはじめた（2006～）。

❸ 履修登録単位数の上限設定（CAP制，2006～）
(1) 1年次に履修登録単位数の上限設定と，成績優秀者には上限単位数を増やす「特例措置」を導入した。

❹ 単位の実質化（授業改善と自習促進）
(1) 単位の実質化に関する学生アンケート（細川ほか2007a，安藤2007.2；2007.3b；2010）や，学生による授業アンケート（1999～）等により学生の自習時間を調査した。

(3) 全学教育改革の検証と改善
　新教育課程と単位の実質化の推進にあたって「客観的データにもとづいた改革」を標榜し，成果の検証と改善策の検討を進めた。

◎学生の履修動向・学修状況の変化
① 平均履修単位数の減少
　CAP制導入の結果，新入生の平均履修単位数は，1学期は文系で2005年度24.8→2007年度20.1単位，理系で32.1→22.3単位へと大きく減少，2学期には大きな変化はみられなかった。

② 科目別の履修者数の減少
　毎年，各学期のデータを前年度と比較した「全学教育科目履修者数対比表」を公表し，その検証結果を次年度の開講計画の参考にしている。2006年度には科目別の履修者数が大きく減少した。
　CAP制の導入前の2005年度と，新教育課程2年目の2007年度を比較すると，科目別の履修者数は，1学期は全体で約25％減，外国語を除く教養科目35％減，外国語・外国語演習15％超減，基礎科目15％超減，2学期

は全体で約 20% 減，外国語を除く教養科目 30% 弱減，外国語・外国語演習 15% 弱減，基礎科目 10% 超減，1・2 学期合計では全体で 20% 余り減となった（付録 2-1）。

こうした減少の大部分は「念のため履修」「保険かけ履修」などといわれる履修の必要性の低い登録の剥落によるとみられるが，④⑤に示したとおり学生の学修状況の改善が顕著で，本学の教育は確実に「量より質」の充実の時代に入ったといえる。

③　全学教育実施体制の強化

全学教育の 1 年目に責任部局の専任教員の開講数が激減，非常勤講師の担当コマ数が急増したため，全学的に検討して責任部局の開講責任コマ数（責任部局が引き継いだ配当定員 1 名につき講義科目は 5〜6 コマ，実験・実技・外国語科目は 8〜10 コマ）が明示された（非常勤講師及びティーチングアシスタントのあり方 1995）。その後「全学協力」による開講科目についても各部局への依頼数（一般教育演習及び外国語演習合計で部局ごとに助教以上の教員 13 名につき 1 コマ，総合科目は各部局 1 コマ以上）が確認され，これにもとづき毎年度「全学教育における各部局の授業担当状況」表により 12 学部 20 部局（センター，研究所等）の責任コマ数・依頼数と実際の提供数を全学で共有している。

2006 年度には，7 責任部局と 2 準責任部局の専任教員がおよそ 1,300 コマ，外国人教師が 160 コマ，理系基礎科目に対する「全学支援」で責任部局以外の部局の専任教員が 80 コマ，一般教育演習・外国語演習・総合科目に係る「全学協力」で各部局の専任教員が 220 コマ，非常勤講師が 600 コマを担当した（授業担当状況 2006.7）。

全学教育科目の開講数は，1・2 学期合計で 2004 年度 1,817 科目（2,369 コマ）→ 2007 年度 1,742 科目（2,159 コマ）に減少，非常勤講師採用数は 710 → 501.5 コマに減少した。また 1 クラスの平均履修者数は，1 学期は 2004 年度 56.3 人 → 2007 年度 45.5 人，2 学期は 49.5 人 → 39.6 人に減少，1 クラス 25 人以下の少人数クラスが 2006 年度には全体の 32.7% となった。

④ 学修状況の改善

単位の実質化の方針にもとづき，学生に「少ない科目に集中して取り組む」よう指導し自習を促した結果，附属図書館北分館入館者数の増加（2006年4月は前年度比約60％増，1年間合計で10％増），学生の自習時間の増加，授業の出席率や学期末試験・レポートの成績の向上，CALLオンライン授業で90％以上の学生が着実に課題を完了，TOEFL-ITP試験の平均点の上昇（2005年度460.3 → 2008年度468.1），1年次学生の学期GPAの全学平均値の上昇（1学期は2005年度2.23 → 2007年度2.38，2学期は2.20 → 2.31）など，学修状況の改善が鮮明になった。

⑤ 自習時間の増加

単位の実質化に関する学生アンケート（2007.2）によれば，平日1日あたりの自習時間は，30分未満35％，1時間40％，2時間以上25％，平均は1学期1.15時間，2学期1.22時間だった。

また，授業アンケートによれば，90分の授業1回あたりの予習復習時間の平均は，全学教育科目全体では2006年度1学期1.01時間 → 2010年度1学期1.17時間（+16％）に増加，主題別科目（2単位）で0.68 → 1.19時間（+75％），理系基礎科目（同）で0.96 → 1.16時間（+21％），外国語科目（1単位）で1.06 → 1.16時間（+9％）に増加した。2単位科目では，いずれも大学設置基準の定める学習時間の基準（授業を含めて90時間＝週6時間）の半分程度とはいえ，この5年間で大幅に改善された（新田2007.9，山岸2008.2，山岸ほか2011.7）。

◎ 2007年度以降の改善策

学生の履修動向・学修状況の大きな変化をうけて，平成19年度以降の改善策（2007）をまとめた。

❶ 総合科目（特別講義）及び一般教育演習の履修促進策
(1) 特別講義・一般教育演習から各学期に1科目に限り，上限設定外で履

修を認める（2007～2008）。
　(2)　履修希望者が3名以下の一般教育演習は開講を取り止める。
　(3)　総合科目及び一般教育演習は，大学での学び方を学ぶ「導入科目」と位置づけて授業科目表の先頭におき，「一般教育演習（フレッシュマンセミナー）」に改称し，総合科目の単位数を2単位から1単位に改定した（2009～）。

❷　厳格な成績評価
　(1)　2007年度の全学教育科目の成績分布の目標値は「秀」評価「10～15%」，GPA「2.35」，「評価の極端な片寄り」の点検の目安は「学期GPAの平均値（2.35）±0.5～0.6」とした。

❸　GPA制度と履修登録の上限設定
　(1)　学期末試験に近い6月と12月に履修取消し制度を導入。
　(2)　学生の幅広い履修への要望に応えるため「自由設計科目制度」（学生の申請によるパス・ノンパス制度）を導入（2009～，自由設計科目制度ガイドブック2013）。
　(3)　成績優秀者に対する「特例措置」の基準値をGPA「2.40以上」に変更。

❹　単位制度の実質化・授業の実質化・自主的な学習の促進
　(1)　1学期15週の授業時間を確保するため，補講・定期試験期間を廃止，学期末試験を含めて16週の授業期間を設定（2008～），その運用状況を教員アンケートにより調査。
　(2)　初習理科等でアクティブラーニング型授業を開発。
　(3)　授業アンケートのデータを全学で共有し授業改善に活用。
　(4)　自主的学習の促進のため，附属図書館北分館の図書を充実。

❺　GPA制度の利用・修学指導
　(1)　『クラス担任マニュアル』（2010～）を刊行。
　(2)　必修科目の授業を数回連続して欠席した学生について，必修科目担当教員の報告をもとに，所属学部の教務担当を通じてクラス担任に連絡して指

導を行う制度の運用を強化。
　(3)　修学指導の充実，父母等との連携強化のため，学修簿を保証人に送付（2008～）。

❻　進級状況・学位取得状況の調査・点検
　(1)　進級・卒業状況のデータを各学部で継続的に点検・評価する体制を整備し，入学者に対するストレート卒業者（死亡・退学・除籍・休学・留年者を除く）の割合が，全学平均で（2006.3 卒業）77.9％ →（2007.3 卒業）80.6％ に向上し，70％ を下回っていた 2 学部でも 10 ポイント程度向上した。

❼　「今後の外国語教育の在り方について：最終報告」(2006) にもとづく外国語教育の改善
　(1)　初習外国語にスペイン語，韓国語を新設（2007），初習外国語の選択者数が大きく変動したので，スペイン語，韓国語の履修者数に上限を設け，入学願書提出時に届ける初習外国語の選択制度に届け出変更の機会を設けた（2009）。
　(2)　外国語演習に係る「全学協働体制」を構築し全学の各部局が約 60 コマを提供した。
　(3)　TOEFL-ITP 試験受験料 4000 円を大学が全額補助（2008～）。
　(4)　スペイン語，韓国語を除く初習外国語でも全学部で CALL オンライン授業を開始（2008～）。

◎　2008～2009 年度の主な改善事項
　①　新科目の開講（2009）：(1)総合博物館の教育 GP「博物館を舞台とした体験型全人教育の推進」関連で，一般教育演習「北大エコキャンパスの自然：植物学入門」と「北大エコキャンパスの自然と歴史」；(2)キャンパス・コンソーシアム函館の提供で，総合科目・人間と文化「市民がになう国際観光論」と「アントレプレナー（起業家精神）育成」（集中講義）
　②　外国語教育の改善：(1)英語 IV にもレベル・技能・テーマ別の選択ク

ラス制を導入；(2)能力と意欲のある学生に十分な学習機会を確保するため，2つ目の初習外国語4単位を選択科目として履修できるようにした。

③　北海道薬科大学との間で「理科基礎実験科目の共同利用に関する覚書」を締結，本学の自然科学実験プログラムの共同利用に約30名が参加（2009）。

④　メディア・コミュニケーション研究院と情報基盤センターの間の外国語担当教員に係る人事・組織上の整理をうけ，外国語教育センター，情報基盤センターの「配当教員」数について検討を継続。

⑤　シラバスの改善（2009～）：(1)新項目「準備学修（予習・復習）等の内容と分量」を追加；(2)英文シラバス導入に向けて各項目名に英文表記を併記；(3)「シラバスコンクール」として参考になるシラバスを選定しホームページに掲載；(4)未記入だと入力を完了できない「必須項目」を設定。

⑥　施設・設備・備品の充実：(1)講義室，体育館の改修工事；(2)講義室の机・椅子，液晶プロジェクター等の更新・新設；(3)実験・実習用装置の充実；(4)芸術科目充実のため情報教育館スタジオ型中講義室にグランドピアノを設置；(5)クイズ回答・集計用のクリッカー・システムを購入，授業用に貸出し。

⑦　教育情報システムELMS利用マニュアルを全学教育科目担当教員に周知。

⑧　学生からの成績評価に関する申立て制度を導入（2009）。

⑨　エクセレント・ティーチャーズの担当授業などの参観制度を導入（2010）。

⑩　教務情報システムの改善：(1)学生による諸手続き及び授業担当教員による履修者名簿での「履修取消者」確認などを改善；(2)「アンケート」システムを導入し「国公私立4大学IRネットワーク」一年生調査に活用（2009～）。

⑪　高校生の全学教育科目聴講「北海道大学高大連携授業聴講型公開講座」を本格実施（2009～）。

⑫　上級生によるピアサポート・履修相談会MANAVI（2007～）に新入生の60～75％が参加。

⑬　アカデミック・サポート推進室を設置し「学習サポート」など学生への個別指導を強化（2009～）。

⑭　アカデミックキャリアとしての「TA の資格化」推進のため，TA 研修と業務の実績（TA 研修，担当科目，「単位化」の記録等）を学生ごとに記録する「TA データベース」を導入（2010）。

⑮　北海道大学教育倫理綱領の制定：FD 等の基準となる教員の教育倫理綱領について研究部の研究会で検討し成案を得た（安藤ほか 2011）。

北海道大学教育倫理綱領（2009 年 6 月 23 日制定）

> 　　北海道大学は，札幌農学校に遡る長い歴史の中で，「フロンティア精神」，「国際性の涵養」，「全人教育」，「実学の重視」という教育研究の基本理念を培い，教育の基本的目標を，豊かな人間性と高い知性を涵養する幅広い人間教育，自由・自主独立の精神の涵養と自律的個の確立，人権を尊重し，社会的要請に的確に対応しうる基盤的能力の育成を目指すと定めている。これらの目標を達成するために，北海道大学の教員は，自らを律する規範を次のように定める。
>
> 第 1　教員は，すべての学生が「高邁なる大志」を育み，新しい道を切り拓くことができるよう，模範と指針を示し，自由な学風の醸成に努める。
> 第 2　教員は，すべての学生に自律的個の確立を促し，その人格を尊重し，敬意をもって接する。
> 第 3　教員は，学習目標を明確に示し，つねに授業改善に努め，学生の自主的な学習を支援する。
> 第 4　教員は，学生に明確な成績評価基準を示し，学習目標に即した公正な評価を行う。
> 第 5　教員は，きめ細かな学生指導に努め，個人情報の保護に最大限の注意を払う。

　これらの取組の結果，北大の全学教育は理念・カリキュラム・実施体制・授業方法など，あらゆる面で画期的に改善され，「大くくり入試」と総合教育という新たなステージへと進んだ。

4 全学教育部の活動の点検・評価と今後の課題

　平成 14 〜 18 年度点検評価報告書（2008）であげられた今後の課題は，総合入試制度をはじめ多くの項目が実現した。

❶　2005 年度の 4 年次生に対するコアカリキュラムの成果に関するアンケート調査では，今も記憶に残っている科目は一般教育演習という回答がもっとも多い。教育目標の達成度では，②人間や社会の多様性の理解は「良好」，①コミュニケーション能力，③批判能力の育成は「何とも言えない」，④社会的な責任と倫理は「悪い」と判断される（小笠原ほか 2006a，同 2007）。

❷　新教育課程と単位の実質化の企画→実行→検証→改善を通して，(1)効果的で効率的な教育を目指し，2004 → 2009 年度に非常勤講師採用が半減（710 → 355 コマ），(2)全学教育における助教，退職教員，特任教員の活用について，規程を整備した。

❸　科目責任者会議の形骸化を防ぐ努力が今後も必要である。

❹　外国語教育に関する諸問題：(1)特任教員（外国人教師）の経費；(2)旧言語文化部の全学運用定員（流用定員）解消計画（2014 年度までにすべて解消）等について引き続き検討する。

❺　初年次学生の指導については，クラス担任マニュアルの改訂作業（2007，2008）を通じて，全学教育部，教育改革室，学生相談室，保健管理センター，学生委員会の連携が強化され，(1)クラス担任会議を学生指導 FD として春・秋 2 回開催すること，(2)クラス担任制度の規程化（北海道大学基礎クラス担任制度に関する要項 2009），(3)手当の支給などの課題は，総合入試制度導入に向けて実現した。

❻　「大くくり」入試について教育改革室と全学部で検討，2011 年度に総合入試制度が導入された。

　①　平成 18 年度新教育課程は，必修科目は 1 年次で履修が終わり，理科の互換性科目や外国語演習等により教養科目の高年次（くさび形）履修を促進するなど，初年次の「総合教育」に対応できるように設計されている。

　②　全学教育部に専任教員をおかず「責任部局体制」「全学支援」「全学

協力」による現在の全学教育実施体制は，基本的に維持・発展させるべきである。

③ 「大くくり」学生編成に対応する新たな学生所属組織として，2010年10月に高等教育機能開発総合センターの機能を高等教育推進機構に移し「総合教育部」が新設された。

（安藤 厚，全学教育委員会小委員会委員長 2002-06）

参考文献
・非常勤講師及びティーチングアシスタントのあり方について（平成7年9月27日評議会承認）（1995）【WEB】
・北海道大学の基本理念と長期目標（2003）【WEB】
・北海道大学高等教育機能開発総合センター点検評価報告書：平成10年度～平成13年度；別冊：学部別履修者数一覧：全学教育科目（2003）［平成10～13年度点検評価報告書］
・大内東ほか（2005）情報教養教育の新展開：情報教養教育研究会報告書，高等教育ジャーナル13，95-104【WEB】
・今後の外国語教育の在り方について：最終報告（2006），今後の外国語教育の在り方検討WG，平成18年度教育改革資料集2007，35-46
・平成15～18年度特色ある大学支援プログラム「進化するコアカリキュラム」―北海道大学の教養教育とそのシステム―報告書（2007），北海道大学高等教育機能開発総合センター［進化するコアカリキュラム報告書］【WEB＊】
・平成19年度以降のGPA・上限設定・成績評価制度，カリキュラム，FD等の改善策について：最終報告（2007），総長室・教育改革室，全学教育委員会，平成18年度教育改革資料集2007，3-21［平成19年度以降の改善策］【WEB】
・新田孝彦（2007.9）平成18年度「人文科学の基礎」授業実践報告：「単位の実質化」と「自主的学修」を促す試みについて，センターニュース72，3-5【WEB】
・山岸みどり（2008.2）北大生の「自習時間」：平成18年度前期授業アンケートの分析から，センターニュース74，1-5【WEB】
・北海道大学高等教育機能開発総合センター点検評価報告書2002～2006年度：平成14～18年度（2008）［平成14～18年度点検評価報告書］；北海道大学高等教育機能開発総合センター外部評価委員会の記録2002～2006年度：平成14～18年度（2009）【WEB＊】
・北海道大学教育倫理綱領（2009），北海道大学【WEB】
・シラバスコンクール-北海道大学（2009～）【WEB】
・クラス担任マニュアル（2010～），北海道大学

・絹川正吉，小笠原正明編（2011）特色GPのすべて：大学教育改革の起動，大学基準協会（JUAA選書14）
・山岸みどりほか（2011.7）北大生の「自習時間」の変化，ニュースレター87，3-4【WEB】
・安藤厚ほか（2011）北海道大学教育倫理綱領および科学者の行動規範について，高等教育ジャーナル18，155-164【WEB】
・自由設計科目制度ガイドブック：平成25年度入学者用（2013）【WEB】

旧図書館（札幌農学校以来の建物）の一部。全景は150ページ

第4章　一般教育演習と論文指導

　北海道大学のコアカリキュラムでは，一般教育演習と論文指導が重要な位置を占め，学生の評価も高い。

1　一般教育演習とは

　まず2005年度における一般教育演習の実状（履修状況，内容，実施方法，目的など）を紹介し，つぎに一般教育演習の学生による評価と，その歴史をみよう。

(1)　一般教育演習の履修状況

　一般教育演習は，初年次学生を対象とした一般教育における演習科目である。本学の2005年度の入学定員は2,480名だが，留年生を含めると，5月時点での1年生は2,760名だった。この年，一般教育演習は168（1学期107；2学期61）科目開講され，2,957（1学期2,190；2学期767）名が履修したので，1年生のほぼ全員が履修したとみられる。2004年10月時点で教授・助教授・専任講師の総数（外国人教師を含む，病院は除く）は1,444名だったから，助手を除く教員の約12％が一般教育演習を担当したことになる。北大がいかに一般教育演習に力を入れているかがわかる（北海道大学の概要2005，授業担当状況2005.4，付録3-1）。

(2)　一般教育演習の内容

　では一般教育演習とはどのような授業であろうか。

第1の特徴は，少人数教育である。履修者数は，原則として20名まで，最大でも23名を上限に履修調整（抽選）を行い，2007年度1学期の1クラスの平均履修者数は18.3名だった（付録3-1）。

　第2の特徴は，主題の多様性である。2005年度の開講科目の講義題目を無作為に抽出し紹介すると，1学期：「環境を食べ続ける人間」「生体内で起こる化学反応」「○中国の詩文」（○は論文指導）「聖徳太子：十七条の憲法」「○異文化と自文化の見方を考える」「食と緑の体験演習」「○文学の中の法・法の中の文学」「健康情報の科学」「環境とグリーンケミストリー」「分子化学の最前線」，2学期：「遺伝情報はどのように守られるのか」「カオスを通して見えるもの」「○旅行記を読む」「○アウグスティヌス『神の国』を読む」「○遺伝子工学研究入門」「Imaging of the Brain」などがある。なお，筆者は1学期に「○『戦場のピアニスト』と『灰とダイアモンド』を読む」という演習を担当した。

　文・理・医・工・農学部など12学部と20の大学院独立研究科・研究所・センターなど大学全体の教員が参加する以上，主題の多様性は当然である。学生はこの中から3科目まで選んで履修を申込み，希望者が23名超の演習では抽選により履修調整が行われる（全学教育科目実施の手引2005）。

(3) 一般教育演習の実施方法

　第3の特徴は，実施方法の多様性である。理系も文系も教員はそれぞれの持ち味を生かして演習のやり方を工夫している（一般教育演習のガイドライン2001）。

　もっとも多いのは，「心の脳科学」「魔方陣と現代数学」などのテーマで参加学生が自分で参考文献を探し，その内容を演習の場で報告し，参加学生同士で教員も交えてディスカッション（ディベート）を行うパターンであろう。新入生にはなじみのないテーマや，やや高度なテーマの場合は，教員が最初の数時間，解説のために講義を行うこともよくある。教員が参考文献をいくつか指定することも，学生自身が文献を探索することもある。このパターンでは，与えられたテーマで，自然と社会の多様性を理解し，最先端の研究の

一端に触れつつ批判能力を養い，会話・討論によるコミュニケーション能力を高めることが目的とされる。

第2のパターンは，「アウグスティヌスの『神の国』を読む」などのテーマで全員が同じ文献を読み，ディスカッションを行うものである。この場合は，日本語（稀に英語）の読解力を高め，コミュニケーション能力を養うことが目的とされ，与えられたテーマのもとで科学と文化の多様性を理解することも求められる。

どちらのパターンでも，発表者が小レポートを全員に配布して討論を行うこともできる。この場合は論文作成能力の獲得も目的に入るが，これについては次の「論文指導とは」で詳述しよう。

さらに，小レポートではなく，パソコンからスライドをスクリーンに映写する，パワーポイントというソフト・ウェアの操作方法を習得させ，簡易なグラフ・表・概念図などを映して自分の主張をアピールするプレゼンテーション技法により，学生相互の討論を行う試みも行われている。

第3のパターンは「ものづくり」を通して学生相互のコミュニケーション能力を高める試みで，「もの作り実習：アンプを作る」「食と緑の体験演習」「見て，触れて，作って学ぶマテリアルサイエンス」や「工学的創成実験」4科目（本書第5章参照）など，10科目近くが開講されている。

第4のパターンはフィールド体験型合宿演習で，学期末の集中講義期間に「フレッシュマン・セミナー：フィールドで鍛える」「同：フィールドに出よう！」という，水産学部の練習船に乗る演習が計4科目開講されている。もちろん，文学部の学生も医学部の学生も履修できる。北大には日高の研究牧場や，6カ所の臨海・臨湖実験所，7カ所の研究林などがあり，多くの施設には宿泊施設が備わっているので，これらを活用して「牧場のくらしと自然」など合宿型の演習が13科目開講されている（本書第5章参照）。そのうち2科目は京都大学との合同演習である。

(4) 一般教育演習に対する学生の評価

本学では毎年，学生による授業評価アンケートを実施している（本書第11

章参照)。少し古くなるが 2003 年度の一般教育演習に対する学生の評価を紹介しよう。学生は「授業が良く理解できたか」「教員の熱意が伝わったか」「教員の話し方は良かったか」など 15 の質問に対し 1 ～ 5 の 5 段階評価を行う。全学教育科目全体の平均点は 3.5 で，一般教育演習の平均点は 3.9 だったから，学生の満足度は一般教育演習では格段に高かったといえる。

　しかし問題点もある。つきつめれば，学生の満足度の高い授業が良い授業なのかという根源的問題にかかわる。文系の教員が担当した演習では，すべての教員が 3.7 以上の評価点を得たが，理系の教員が担当した演習では，3.5 未満から 4.5 以上まで幅広いバラツキがあり，かつ高得点と低得点の二極化の傾向がみられた (学生による授業アンケート結果 2003)。

　これは，高度の専門性をバックに持ちつつ科学や文化の多様性を学生に理解させ，コミュニケーション能力を涵養するという授業目的を，文系の教員は容易に達成できたが，理系では，それが達成できた教員と，専門性にとらわれて達成できなかった教員とに二極化したとも理解できるが，見方を変えると，文系の教員は授業内容のレベルを下げる傾向があり，学生には演習での報告準備が容易だったため満足度も高くなったとも理解できる。おそらく，この両方の要因が評価結果に影響しているのだろう。

(5)　一般教育演習の歴史

❶　前史

　北大における一般教育演習の歴史は驚くほど長い。「一般教育演習」という授業科目名が教養部の実行教育課程表 (カリキュラム表) に初めて登場するのは 1985 年度だが，溯ると 1979 年度に「人文科学一般演習」「社会科学一般演習」が登場し，「演習」という字句が初めて登場したのは 1967 年度の「英語演習」「独語演習」「仏語演習」「露語演習」の 4 科目 (2 単位) である (北大一覧 1967; 1979; 1985-86，北大百二十五年史：通説編 2003, 160-162)。

　では一般教育演習の起点はどこに定めたらよいのだろうか。上記の「英語演習」等は必修科目でも，選択必修科目でもなく，その単位は進級要件や卒業要件にまったく寄与しなかった。当然，履修学生数は極端に少なかったと

聞く。その中で少数の学生と外国語文献を読み合わせる「一般教育演習的」授業が実施されたことは間違いない。後に紹介する附属図書館の資料によれば，1971年には北図書館の教官閲覧室で多数の「演習」が実施されているが，これを一般教育演習の起源とするわけにはいかないだろう。

　重要な転換点は1972年度で，このとき人文科学「特別講義」の中の「西洋史特講」として「演習」が開講された。その後，1974年のカリキュラム改訂によって，人文科学「特別講義」では西洋史担当教員に限らず，文学部所属のすべての教員が「演習」を担当できるようになった。『教養部三十年史』(1979)は「あえて特講といわなくても，特殊な関心をもつ学生のための講義が可能になり，演習も可能になった。西洋史の例でいえば，昭和四十九年度後期だけでも外国書購読演習の形で五講（英三・独一・仏一）が開かれている。（中略）演習形式の授業がにわかにふえて，むしろ演習室の不足が切実な問題となってきた」と述べている（教養部三十年史1979, 140）。すなわち1972年以降，西洋史担当教員が旗振り役となり，「西洋史特講」や人文科学「特別講義」の名称のもと「モグリ」で「演習」が行われていたのである。

　この背景にはいわゆる「教養砂漠」問題があった。学生にとっては，せっかく大学に入学したのに高校の授業の繰り返し（西洋史概説）や，レベルは高いが同じ名称の授業（微積分等）を履修しなくてはならない状況が「教養砂漠」と呼ばれたが，授業担当者にとっても「教養砂漠」があったのである。1・2年次の講義を担当する教員は，ごく一部の例外を除いて，3・4年次の専門講義や，大学院の授業を担当できなかった。少人数の学生を対象に密度の濃いゼミナールを開講することが，文系教員のほとんどが抱く夢であった。これを上記の授業科目の中で，少人数教育の旗印のもとに実現したというのが偽らざる実態であった。しかし，このような初発の形態を批判することはできない。むしろ，少人数教育のもとで，人文科学・社会科学の多様な理解を深め，研究の最前線の一端に触れさせ，学生のコミュニケーション能力の向上を目指す営みが，おそらく全国の国立大学では初めて，それも大学紛争の嵐の中で育まれてきたことは高く評価すべきだろう。

　1976年の附属図書館の資料によれば，「教官閲覧室を臨時に演習室として

利用することとし，昭和四十六年度後期より実施に移したが……この方式はすでに教養部の教育の中に定着し，利用希望教官は年々増加の一途をたどっている」という（教養部三十年史 1979, 226-227）。そして 1977 年に教養分館が 4 階建てに増築されたとき，演習室が 5 室設置された。1979 年に「人文科学一般演習」と「社会科学一般演習」が正式に導入される以前に，1・2 年次教育の中で「演習」が定着し，相当数が開講されており，1979 年のカリキュラム改訂はその追認だったのである。文学部では，3 年次への進級には「人文科学一般演習」か「社会科学一般演習」のどちらか 2 単位の修得が必須という選択必修要件が 1979 年から追加されたが，理系の学部ではそこまでには至らなかった。

ここで「一般演習」という用語の中の「一般」の意味を説明しよう。当時，1・2 年次教育は「教養教育」あるいは「一般教育」と呼ばれていた。この「一般教育」における「演習」を 3・4 年次の専門の「演習」と区別して「一般演習」と呼んだのである。

❷　1985 年度以降

1985 年のカリキュラム大改訂では，上述の「人文科学一般演習」と「社会科学一般演習」に「一般教育演習」が加わり，人文科学・社会科学の教員だけでなく，外国語はもちろん，理学部所属や保健体育担当の教員も「演習」を担当できるようになった。これ以降，一般教育演習の理念と目的が全学的に認められ，開講数も履修者数も年々増加していった。

次の大改訂は 1995 年で，教養部が廃止され，学部一貫教育体制のもとで入学時から学生は個々の学部に所属することになった。

この新制度のもとでも一般教育演習は一層高く評価され，1995 年には年間 100 科目の開講を目標とし，この年は 71 科目にとどまったが，翌年には 80（1 学期 46；2 学期 34）科目，2000 年には 138（1 学期 87；2 学期 51）科目開講された。学部一貫教育体制になって，従来の一般教育担当教員も学部授業と大学院授業を担当する一方で，従来の講座所属の専門教育担当教員も 1・2 年次の科目を担当するようになり，全学のすべての教員が一般教育演習を担当するようになった結果，その開講数が 100 を超えたのである。一般教育

演習を必修の進級要件としたのは文学部（1995〜2000），医学部医学科，歯学部だけだったが，経済学部を除くすべての学部で選択必修科目となり，初年次学生のほとんどが一般教育演習を履修するようになって，30人，40人のクラスが続出し，少人数教育が実現できないという問題が生じた。2003年からは，各部局の教員数の10人に1科目の割合で一般教育演習の担当を依頼して，開講数は150を超え，1クラスの履修者数を，2001年から25名以内，2003年からは23名以内に抑えることができるようになった（平成7〜9年度点検評価報告書1999，全学教育科目実施の手引1995〜2003）。

2　論文指導とは

(1) 論文指導の概念と履修状況

「論文指導」は授業科目名ではない。「思索と言語」「歴史の視座」「芸術と文学」「社会の認識」などの分野別科目（2006年度から「主題別科目」）の中で，担当教員の判断により論文指導の授業を開講できる。2005年度には，91（1学期49；2学期42）科目が論文指導授業であったが，理系の担当教員は6名にすぎず，主に文系教員が論文指導を担当している。91科目のうち54科目が主題別科目，37科目が一般教育演習で，履修者数は合計1,862名，1科目当たりの平均履修者数は，2007年度1学期には，主題別科目で21.3名，一般教育演習で17.3名だった（付録3-1）。

履修希望者が30名を超えた場合，担当教員は任意の方法で履修者を最大35名に制限できる。実際は，91科目のうち10科目で履修者数が30名を超え，最大で60名のクラスもあった。

論文指導を含む主題別科目の履修を2年次あるいは最終学年まで認めている学部もあるが，履修者の8割以上は1年生で，卒業年次までに4〜6単位以上も履修する少数の熱心な学生もいるが，大半は2単位のみの履修である。

(2) 論文指導の内容と実施方法

　2005年開講の論文指導授業の講義題目を無作為に選んでいくつか紹介すれば，思索と言語「意味と力」，歴史の視座「アメリカ西部の歴史」，芸術と文学「中国文学の食卓」，社会の認識「人類学とフィールドワーク」，科学・技術の世界「心の測定」，一般教育演習「ヘミングウェイをみんなで読もう」などがある。筆者は社会の認識「『シンドラーのリスト』を読む」を担当した。

　論文指導の実施方法は担当教員にゆだねられ，いかなる制約もないので，たいへん多様である。主題別科目では，通常の講義を行いつつ，1学期15回の授業で2～5回レポートを提出させ添削して返却するパターンが多いようである。また，通常の講義を12回ほど行い，最後に小論文を提出させ添削して講評するパターンもある。さらに，次で紹介するように毎回2～3人に小論文を提出させ，その場で講評するパターンもある（寺沢ほか1997，一般教育演習のガイドライン2001，西森ほか2003）。

(3) 論文指導の歴史

　新しい全学教育カリキュラムの検討が本格化すると，学部一貫教育体制では，各学部が自由に初年次のカリキュラムを設定できることが明らかになった。一般教育演習に対する評価はすでに高かったが，その他の文系の講義については「役に立たない，無駄」という声が理系学部から聞こえてきた。こうした不満は，その後コアカリキュラムの充実により自然と解消されていったが，当時は，理系学部が人文科学・社会科学系列で卒業必要単位数を大幅に削減するのではないかという不安が生じた。

　その不安の背景には2つの要因があった。1つは流用定員問題である。当時，一般教育用の教員定員（学科目定員）は十分な教養教育を実施するには余りに少ないため，全学で空きポストを一時的に集めて，学科目定員に補充する流用定員制度が存在した。文学部や外国語教育担当の言語文化部には合計20名近い流用定員が配置されており，これらの流用ポストが削減されるのではないかという不安が生じたのである。結果的には，理系学部でも人文・社会科学系列の卒業必要単位数を大幅に削減する事態は生じなかったし，流

用定員制度もその後全学的に円満に解消されたのだが，1994年当時は文系学部の実際の教員数（実行定員）が減らされるのではないかという不安があったのである。

しかしもっと根源的な問題は，北大の理系学部が専門学校化し，幅広い教養教育が失われるのではないか，という不安であった。もちろんこれも杞憂に終わるのだが，文系教員の間では，クラーク博士以来の伝統である幅広い見識を，今後とも学生に伝授したいという気持ちの方が，第一の不安よりも強かったのである。

ではどうしたらよいか，どうしたら文系の講義を理系学部にとっても魅力的なものにできるか，を当時カリキュラム改革に携わった文系教員は真剣に検討した結果，日本語能力の向上を文系授業，少なくともその一部の重要な目的と位置づけよう，という結論に達した。理系学部の教員からも，実験レポートや卒業論文に限らず修士論文や博士論文でも，日本語の誤りの多さ・文章表現の稚拙さに対する嘆きの声が聞こえていたからである。

当初は「論文指導講義」という名称の科目を開設する方向で検討したが，ある学部が「初年次学生に論文指導の講義などできないし，それができる教員はわが学部には一人もいない」と強硬に反対したため，分野別科目の中に，主に文系の教員が論文指導の授業を開講するという案で全学的合意をみた。しかし当初反対した学部でも，その後，論文指導への評価が高まり，2005年にはその学部の教員総数の10％超の教員が論文指導を担当している。2001年度からは一般教育演習でも論文指導を開講できるようになり，理系の教員にも開講が推奨され，2006年度からは一般教育演習は原則として論文指導とするよう依頼して開講数が増えた。

(4) 論文指導の一つの実施例（筆者の場合）

上で，論文指導の実施方法は多様であると述べたが，もうすこし具体的なイメージを伝えるため，筆者が2005年に担当した論文指導の実施方法と内容をすこし詳しく紹介しよう。

この年，筆者は一般教育演習「『戦場のピアニスト』と『灰とダイアモンド』

を読む」と、社会の認識「『シンドラーのリスト』を読む：東欧のユダヤ人問題」とで論文指導を担当した。

　以下，その授業の実施方法を紹介する。いうまでもなく，これは筆者一人の経験で，論文指導の一例にすぎない（吉野 2005）。

❶　筆者の論文指導の実施方法

　新しい全学教育の検討段階から大学生の日本語能力の低下が叫ばれており，検討委員もそれを実感していた。それから 10 年たち，日本語能力の低下が一層深刻になったことは，2005 年に大学入試センターの研究者の研究成果の新聞報道でも話題になった。

　このことは筆者も十分に承知しており，まず授業の題目にあげた本を読む前に，オスカーを受賞した上記の映画を附属図書館北分館で観てから文庫本を読むよう，シラバスで学生に予告した。しかし，その内容はともに東欧のユダヤ人問題と密接に関連していて，新入生にはその知識がまったく欠けていたので，最初の 4 回の授業でこれについて簡略な講義を行い，残された 9 回の授業では，毎回 3 名（時には 2 名）の学生に 1,200 字以内の「小論文」を提出させ，この原稿用紙 3 枚の内容を 30 分（時には 45 分）かけて受講者全員の前で検討し講評した。「小論文」の執筆にあたっては，東欧のユダヤ人問題に関する書物を 1 冊は自分で探して読了し，批判的に検討するように指導し，発表者は自分の「小論文」を参加者全員に配布することとした。この方式は一般教育演習でも主題別科目でも共通であった。履修者数は，主題別科目は 27 名，一般教育演習は 23 名で，全員の「小論文」を履修者全員で検討し討論することができた。

❷　筆者の論文指導の内容

　筆者が授業中に指摘したことは，主に以下の諸点である。

　①　形式上の注意：提出年月日を記入し，頁の下に頁番号を振り，脚注と，参考文献一覧を付けることなど。

　このような単純な事柄でも，次の週に提出される「小論文」では守られていないことが何回もあり，3 回も 4 回も注意してようやくミスがなくなっ

た。提出された「小論文」を赤ペンで添削して個別に学生本人に戻す方式では，注意は1回限りで，学生が論文の書き方を身につけたかどうかは確かではないが，筆者の方式では学生全員が同じ注意を何回も聞くので，その効果は1カ月後に確認できる。

② 脚注を付けて情報の出所を明記すること：最初のころはすべてのセンテンスの内容の出所を問いただし，情報の出所が変わるたびに脚注を付け，「以上は『○○』という本の○○頁による」と明記させた。著者名の次に論文（著作）タイトル，雑誌名，出版年，該当頁の番号という表記スタイルも教えた。ここでもっとも重要なことは，このように脚注を付けていくと，最後には，すべてのセンテンスの内容が引用で，本人の解釈や意見がどこにもないことに本人が気づく点にある。そこで，「論文」とは自己の独自性の表現であって，必ず自分独自の結論を書きなさいと指導した。

③ 名詞と形容詞・動詞の組み合わせおよび主語と述語の一致：センター試験の影響だろうか，学生は与えられた4つの形容詞から「もっとも適当なものを選ぶ」能力は身につけているが，自ら形容詞を探す訓練は，驚いたことに高校では受けていないという。大学入試の小論文でも，名詞に付ける形容詞は，出題された問題文の中にあるものを必ず選ぶのが基本的入試テクニックだという。名詞と動詞の組み合わせについても同様で，それゆえ「社会福祉が増長する」といった文章が出来あがる。「サンドイッチとコーヒーを飲む」といった主語と述語の不一致も，少し長い文章では頻繁にみられた。すべての学生がこのような論文指導の授業は高等学校では受けたことがないといっていた。

④ 論理回路図：発表された「小論文」の論理回路を毎回図示してみせた。最初はほとんどの学生が「ヒトデ型」，つまり最初にテーマを設定し，こうもみえる，ああもいえると四方に手をのばして，結論なしに終わるスタイルだが，6月も下旬になると，何とかきちんと論理回路を持つ「小論文」が出来るようになった。

❸ 筆者の論文指導に対する自己評価

教員にとってこの授業方法のメリットは，作業がすべて授業時間内で終り，

定期試験を採点したり，小論文を研究室で読んだりする必要がない点にある。学生が論文の書き方を修得する上でも効果的だった。しかし授業時間中の一発勝負であるから，緊張度は筆者にとってもかなり高いものだった。それにもかかわらず，学生の論文作成能力が一週ごとに向上していくのをこの眼で確かめられたので，教員として手ごたえと満足感はかなりあったといえる。

（吉野 悦雄，一般教育等実施体制検討委員会教育課程専門委員／全学共通教育カリキュラム編成WG委員（教養科目担当）1992-93）

参考文献
・寺沢浩一ほか（1997）作文添削の試み：一般教育演習「ことばと医学」から，高等教育ジャーナル 2, 243-256【WEB】
・西森敏之ほか（2003）「書く力」をつけるための指導：論文指導研究会報告，高等教育ジャーナル 11, 173-186【WEB】
・吉野悦雄（2005.11）私の全学教育「論文指導」，センターニュース 62, 8-9【WEB】

キャンパス南を流れる小川。かつてサクシュコトニ川の源流だった。

第5章　体験型の一般教育演習

本章では，コアカリキュラムで重要な位置を占める，体験型教育の一例として，フィールド体験型一般教育演習および，ものづくりによる創成型演習の実状と，その背景を紹介する。

1. フィールド施設を利用したフレッシュマン教育
── 現代 GP の総合的人間環境科学教育の取組と連携して

　わが国の陸地面積の 24 パーセントを占める広大な北海道には，世界遺産に登録された知床地域をはじめ貴重な自然環境が保存されており，地域全体が環境科学教育のための格好のフィールドといえる。一方，北海道開拓の鍬がおろされるのと同時に，わが国でもっとも先進的な教育機関である札幌農学校が開設され，高等教育が先導する新しい地域開発のあり方が構想された。
　このような環境と歴史を背景に，本学では「自然に学べ」をモットーに，フィールドに入り地域に密着して教育を行う「フロンティア精神」「全人教育」「実学の重視」の伝統が育った。
　温暖化，砂漠化，酸性化などの地球環境問題，絶滅危惧種の増加，環境ホルモンによる生殖異変などの生物種問題，そして全地球的な食糧問題が深刻化している現代社会において，北海道大学の教育理念は新しい意味でますます重要性を増している。
　北大では，札幌から離れた地域にあるフィールド施設を利用して野外教育

を行うフレッシュマン教育として、1998年3月に農学部が中心となって「自然・農業と人間」（演習林コースと牧場コース）を試行し、1999年からは水産学部が「海の多様性とダイナミックス、そして人間」、2000年には「洞爺湖・有珠山・室蘭コース：湖と火山と海の自然」を開始した。そこではフィールド体験と、グループ討論・成果発表を中心にした双方向的・対話型の学習が参加者に大きな感動を呼び、新入生に大学での学び方を教える上できわめて有効なことが実証された（上田ほか2001）。

フィールド施設や練習船などを用いたフレッシュマン教育は、2001年には2科目、2002年には6科目が一般教育演習として単位化され、学生の要望に応えて年々開講数を増やし、2005年には、前期に11コース、後期に2コースが開講されている（表1）。

表1：2005年度フィールド体験型一般教育演習一覧

学期	講義題目名	提供学部
1	遺跡を探そう：フィールド体験型考古学研修（知床研究室）	文
1	フレッシュマン・セミナー：フィールドで鍛えるⅠ・Ⅱ（練習船、臼尻水産実験所、七飯淡水実験所）	水
1	フレッシュマン・セミナー：フィールドに出ようⅠ・Ⅱ（同上）	水
1	牧場のくらしと自然（静内研究牧場）	北
1	北海道北部の自然と人々のくらし：夏（中川・天塩研究林ほか）	北
1	森・里・海連環学：北大・京大合同演習Ⅰ・Ⅱ（標茶町・京都大学北海道研究林、北海道大学厚岸臨海実験所）	北
1	湖と火山と海藻と森林の自然（室蘭臨海実験所ほか）	北
1	卵と精子から生命を探る（厚岸臨海実験所）	北
2	フレッシュマン・セミナー：流氷をめぐるロマン科学：氷とともに生きる（紋別・環オホーツク観測研究センター）	低
2	北海道北部・冬の自然と人々のくらし：研究林コース（雨龍研究林）	北

＊文：文学部、水：水産学部、北：北方生物圏フィールド科学センター、低：低温科学研究所。Ⅰ・Ⅱは2グループで実施

1 総合的人間環境科学教育

2004年度から文部科学省が，社会的要請の強い政策課題に応えるテーマ設定で，各大学等の特に優れた教育プロジェクトに財政支援し，高等教育の活性化を促進することを目的として「現代的教育ニーズ取組支援プログラム」（現代GP）を公募し，本学からは北方生物圏フィールド科学センター，文学研究科，および水産科学研究院が中心となり，本学の多種・多様なフィールド施設および練習船など（図1）を有機的に結びつけて，本学の学生および地域の住民向けに，総合的な環境科学教育を行う「北方地域人間環境科学教育プログラム：総合的環境科学教育による地域活性化」（上田 2005）の取組が採択された。

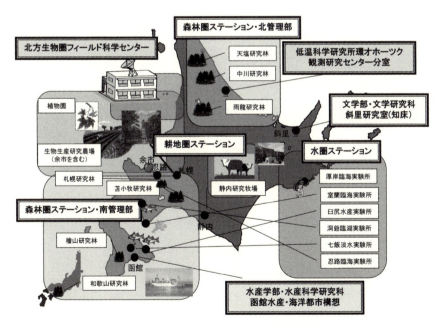

図1：北大の多種多様な19フィールド科学教育研究施設および練習船

この取組は，フィールド施設の有効活用，地域の活性化にもつながり，新

しいフィールド体験型フレッシュマン教育プログラムの開発にも役立った。以下，その概略を紹介する。

広大で豊かな自然環境に恵まれた北海道には，北大の19のフィールド施設（和歌山研究林を含む）および練習船があり，本取組では，これら多種・多様なフィールド施設を有機的に結びつけ，北大生および地域の住民向けに，総合的人間環境科学教育の3つのプログラム，(1)北方地域環境科学教育プログラム，(2)博物館を核とした「知床学」教育プログラム，(3)道南を中心とした新・海洋水産業創成シーズ教育プログラムを展開した。

(1) 北方地域環境科学教育プログラム

北方生物圏フィールド科学センターおよび低温科学研究所ではこれまでも雨龍・中川・天塩研究林，生物生産研究農場，厚岸・室蘭臨海実験所，環オホーツク観測研究センター（紋別）などで幼稚園児・小中学生・一般市民向けに多彩な地域開放事業を行ってきた。

本学の全学教育では，洞爺臨湖実験所，室蘭臨海実験所，苫小牧・雨龍研究林，静内研究牧場，余市果樹園，環オホーツク観測研究センターなどでフィールド体験型一般教育演習を開講し，フレッシュマンに貴重な体験を提供して好評を博し，担当教員にとっても地域貢献・全学的教育への参加の重要な機会となってきた。さらに，前期には環境と人間「フィールド科学への招待」を開講し，教科書『フィールド科学への招待』(2006) を刊行した。また，後期には英語を使う一般教育演習「北方生物圏フィールドバイオサイエンス (Field Bioscience in the Northern Biosphere)」を全学教育科目・国際交流科目および短期留学プログラム（HUSTEP）科目として開講している。

本取組ではこれらの活動を点検して発展させ，地域貢献と学生教育の有機的結合・連携を目指して，下記4項目の取組を行った。

①北大生向けのフィールド科学教育研究施設におけるフィールド体験型一般教育演習および総合科目では，関係部局と協議して内容を見直し，地域社会と文化に関する文系の諸課題と，人間活動が環境と生物生産に及ぼす影響

に関する理系の諸課題とを融合し，学生が各自の学習志向に合わせて学べるように体系化した授業を試行し，受講生の授業評価にもとづき改善し，文理融合型の新しい環境科学教育をつくり上げた．

②地域学生フィールド体験学習では，地域の小中高校生や修学旅行生向けに，各フィールド科学施設の特色を活かした平易な体験学習を体系化して試行し，受講生の授業評価アンケートにもとづき改善し，地域活性化に結びつく学習活動をつくり上げた．

③フィールド施設開放型環境教育では，各フィールド科学教育研究施設を一般開放し，各施設の教育研究活動を広く地域住民に啓蒙できるよう体系化した開放事業を試行し，参加住民などの評価アンケートにもとづき改善し，地域活性化に結びつく環境教育をつくり上げた．

④地域住民対応型社会人教育では，地域の青少年科学館・エコミュージアムなどと連携し，地域住民のニーズに沿って地域特有の課題に対応した環境教育を行うように体系化した社会人教育を試行し，参加住民などの評価アンケートにもとづき改善し，地域活性化に結びつく社会人教育をつくり上げた．

これらの新しい取組により，本学で可能な文理融合型の人間環境科学教育を検討し，2006年から全学教育科目として，文理融合型の新しいフィールド体験型一般教育演習「フィールド体験型プログラム：人間と環境科学」（Ⅰ：前期；Ⅱ：後期）を開講した．この演習では，学生が自分でフィールドを訪れ，自ら情報を収集し，とりまとめる方法を考え，グループ内でのディスカッションや共同作業を通して，自分の考えを適切に発表する方法を考え，各フィールドにおける研究手法・スキルの違いを理解できるようになることを目指している．

(2) 博物館を核とした「知床学」教育プログラム

文学研究科ではこれまで，知床を中心とした道東圏のフィールドで考古学・地理学・保全生態学・博物館経営学の調査研究を進めてきたほか，2005年から知床研究室でフィールド体験型一般教育演習「遺跡を探そう」を実施し，

また総合博物館における学生を中心にした企画展ではアイヌ民族楽器（ムックリ・トンコリ）の製作・展示・演奏を行い，地域連携・参加型の大学博物館活動のモデルを示してきた。

これらの実績を踏まえ，道東地域の博物館を核として，フィールドワーク・博物館展示への学生の能動的参加と，博物館における展示を通した恒常的な地域貢献とを結びつけ，地域住民の学校教育・生涯学習と本学の学生教育との有機的な関連づけをはかるため，下記の2項目の取組を行った。

①遺跡の発掘と地理情報システム（GIS）では，斜里町にある文学研究科・斜里研究室を利用した全学教育・一般教育演習におけるフィールドワーク体験型の考古学実習を実施し，その現場の埋め戻し前にGISを用いて遺跡の情報をデジタル化し，博物館での企画展示作成および常設展示のリニューアルの際に展示コンテンツの1つとして活用した。

②斜里町立知床博物館での地域貢献事業では，企画展示と小中学生向け教育プログラムを行い，斜里町民や本学学生・院生にも制作および企画段階からの参加を呼びかけた。

これらの取組を通して，北方地域環境科学教育プログラムと共に，文理融合型の人間環境科学教育の開発を目指し，道東地域の博物館を核としたフィールドワーク，博物館展示制作への学生の能動的な参加などにより，恒常的な地域貢献と地域住民の学校教育・生涯学習と北大の学生教育との有機的関連づけを進めた。

さらに企画展および考古学の発掘調査により学生が地域への研究成果還元のアプローチとその実態を実感し，フィールド調査の重要性に理解を深めた。そこで得られた資料やデータは，学生の調査研究データとしても活用した。

(3) 道南を中心とした新・海洋水産業創成シーズ教育プログラム

「函館・国際海洋水産都市」構想を展開する函館圏で，新たな海洋・水産業の創成に貢献する人材養成を図るために「新・海洋水産業創成シーズ教育

プログラム」を実施した。

　本プログラムは，道南・函館圏における現代的教育ニーズである海洋と水産に関わる新たな人材育成を目的とし，①地域の自然環境とそれに根ざした地域産業の現状評価，②地域の課題の固有性を再認識するための教育，③その認識のもとにこの地域にオンリー・ワンを萌芽させるための将来展望（シーズ）を発信し得る人材育成のための教育システムの構築を主な課題とした。

　また，地域と学生がより密着した観点に立ち，地域の新たな息吹を感触できるよう，函館市，商工会議所などと緊密に連携し，水産科学研究院の保有する水圏の環境と資源に関する学問体系を投下して市民参加型の双方向教育システムを試行・検証し，函館圏の地域活性化に貢献する試みを行った。

　2005年には，道南圏の豊かな漁業生産を支える海洋環境と，この地域を代表する水産資源である「コンブ」をテーマに，学生と市民の参加する①コンブ学体験実習，②コンブ学入門講座，③コンブ学見学研修，④Newコンブ産業創成シーズ演習からなる「The 昆布」事業を実施した。

　2006年には，道南圏の豊かな水産資源を育む海洋環境と，この地域を代表する水産資源である「イカ」をテーマに，①多面的な講義と，②水圏の生態系と環境に関するダイビング調査，③「イカ」関連の産業現場での体験実習などにより，地域の環境と産業の抱える課題を考察し，受講者が課題解決の方策と展望を発想し，シミュレーション化して，その結果を産学官連携で毎年開催される「道南アカデミックフォーラム」で受講者自らが発表した。

　これらの取組により，学生による道南・函館圏の自然環境とそれに根ざした地域産業の現状認識をもとに，この地域の将来展望の発想につなげ，地元出身者の少ない学生の中に地域の固有性の理解を促すとともに，本プログラムを地域と連携して学生と市民がともに参加する新しい形の大学開放事業とすることができた。

2　フィールド施設を利用したフレッシュマン教育から地域の活性化へ

　大学教育が，地域・国・地球それぞれのレベルで，今日ほど注目され，期

待されたことはない。本学のフィールド施設を利用した教育は，フレッシュマン教育に端を発し，現代 GP では，本学学生および地域住民に対し新しい文理融合型の総合的人間環境科学教育を提供する方向へと発展した。大学と地域社会が連携し，学生および市民参加型の双方向的教育システムによって，地域の自然環境・文化遺産と産業を見つめ直すことにより，地域の活性化を実現できることが示された。

また，本学のフィールド科学教育研究施設で，大学院・学部・地域での教育活動を連携させた，一貫した環境科学教育研究体制を構築することにより，近年他大学でも設置が急増しているフィールド科学教育研究センターなどのあり方に多大な影響を与え，日本の環境科学教育全体に大きな波及効果を及ぼした。

「フロンティア精神」「全人教育」「実学の重視」という本学の伝統的理念にもとづき，北海道という地域の自然・歴史・社会に根差した教育を今後も積極的に行いたい。

（上田　宏，現代 GP「北方地域人間環境科学教育プログラム」担当 2004-07）

参考文献
・上田宏ほか（2001）フレッシュマン教育の新しい試み「洞爺・有珠山・室蘭コース：湖と火山と海の自然」，高等教育ジャーナル 9, 60-68【WEB】
・上田宏（2005）北方地域人間環境科学教育プログラム：総合的環境科学教育による地域活性化，北大・未知への Ambition II（北海道大学編），北海道大学図書刊行会，39-48
・フィールド科学への招待（2006），北海道大学北方生物圏フィールド科学センター編，三共出版

2. 練習船を利用したフィールド体験型フレッシュマン教育
―― 時代が求める新しい教養教育の開発

1 フィールド体験学習の目標

　自ら学ぶ力をどのような方法で養うことができるかは，教える側に強く問われてきた。特に，ほとんど机上の学習を中心に過ごしてきた学生に，どのようなきっかけで課題探求型の学習を体験させられるかは大きな問題だった。

　そのとき，1990年代末に新たなプロジェクト研究として農学部の附属施設（牧場と研究林）でのフレッシュマン合宿研修が学生と教官に大きな感動を与え，上述の課題に対する解決策の一つとして教育効果のあることが報告された。この取組は自然に恵まれた附属施設を利用する点で「自然に学ぶ」という本学創設時代の伝統を想起させ，再び本学の特色となる可能性を示唆していた。

　水産学部所属の練習船，水産・臨海実験所，養魚実習施設は，学部学生の実験・実習に使用され，大学院生の研究の場ともなっているが，入学間もないフレッシュマン向けには，学部・学科の船上ガイダンスに利用しているのみである。これらを全学教育のフレッシュマン教育に利用すれば大きな教育効果が期待できると考え，実現に向けて準備を開始した。

　その基盤には，水産学部の以下の3つの学習目標があった。

・水圏という広いフィールドでの体験による知的感動をとおして，自然科学のセンスと学力を体得します。
・水圏環境や資源に関する自然現象を観察することにより，自ら学び，自ら伸びる潜在能力を開発し，向上させます。
・水圏の生き物に学び，地球全体を考えることができる豊かな人間性を身につけます。

2 プロジェクト研究から本格的実施へ

本演習に先立つ，農学部の附属施設を活用したフレッシュマン教育の成果報告に基づき，1999年度から，水産学部附属の練習船および，臼尻水産実験所・七飯養魚実習施設（現在はともに北方生物圏フィールド科学センター所属）を利用した，4泊5日のフィールド体験型フレッシュマン教育を試行した。以下に合宿演習の日程と内容の概要を示す。

日時：2000年9月
9日（土）
    10:00 高等教育機能開発総合センター前出発
    13:00 室蘭港到着，おしょろ丸へ乗船・オリエンテーション，室蘭港出港
    14:30 海洋動物目視観察のためのミニレクチャーと目視観察
10日（日）
    08:30 イカの塩辛のミニレクチャー
    09:00 「イカの塩辛作り」実習
    13:00 海洋観測及びプランクトン採集(強風のため順延，ディベートを実施)恵山沖に向けて室蘭港を出港（揺れは激しい）
    18:00 海洋観測，プランクトン採集についてのミニレクチャー
    19:00 水中カメラと魚群探知機による魚たちのリアルタイム観測
    21:00 海洋観測（TCDによる温度，塩分，深さ測定），プランクトンネットによるプランクトン採集と顕微鏡観察
    21:30 イカ釣り体験（写真1）

写真1：楽しいイカ釣り

11日（月）
    08:30 函館港中央埠頭着岸，下船式
    09:00 バスで水産学部へ移動
    10:00 実験・講義：「船の安全の科学」「水の力の科学」
    13:00 実験・講義：同上（班を交代）
    15:00 バスで臼尻水産実験所に向けて出発
    18:00 臼尻水産実験所に到着
    19:30 自由研究発表の説明及びグループ学習
12日（火）
    04:30 魚市場見学，刺し網漁業体験
    09:00 講義・実習・実験「魚類の多様性と適応」
    13:00 講義「海藻増殖と人」
    17:00 夕食，自由研究発表会，意見交換

13日（水）
　08:30　臼尻水産実験所出発
　10:00　七飯養魚実習施設到着，サケ・マス類の育成についての説明・見学，採卵受精の実習
　18:00　高等教育機能開発総合センター前到着，解散

　この演習は，練習船「おしょろ丸」で行う前半と，陸上の水産実験所，養魚実習施設で行う後半に大きく分かれている。

　この研修で一番心配したのは，前半の練習船がたいへん限定された小さい閉鎖空間であることだった。船は船長を最高責任者とする一つの小社会であり，個人プレーの許されない状況で，フレッシュマンが短期間でもこの生活に耐えてくれるか心配だったが，幸いこの心配は無駄に終わった。実にきちんと小さな社会の秩序が守られたのである。ただこの年は悪天候のため，日頃，船に乗る機会がないこともあって，かなりの学生が船酔いでダウンしてしまった。天候によっては研修内容を臨機応変に変更しなければならないことが分かった。

　この演習の特徴は，第一に，集中講義型で，学生参加型の教育ということにある。もう一つの特徴は，全行程を通して引率する責任教員以外に，実験所等でいろいろな教員が係わることである。

　これらの効果は参加学生へのアンケート調査で確認できた。「今回のフィールド演習は，今後の自分の人生に役立つ」（「たいへん役立つ」と「少し役立つ」の合計）という回答は90％以上，「フィールド演習に参加したことに満足している」（「たいへん満足した」と「満足した」の合計）という回答は97％以上であった。すなわち，学生たちは各イベントにそのつど新たな気持ちで取組み，入学間もない初年次生にとってはたいへんインパクトの強い経験で，達成感も強いことが分かった。

　単位認定外の試行的な3回のプロジェクト研究の成果から，この演習の教育的効果が大きいことがわかったので，単位化に向けて検討し，2002年度から一般教育演習として単位化に踏み切った。

3 学生参加型授業の構築とフレッシュマン・セミナーの学習法

　この研修の配布テキストには，以下のように，参加学生自身が自分のために作り上げる演習であることを明示している。
　(1) 各自が目標を持って積極的に行動し，グループ内やグループ間で自分の意見を他人に理解してもらう努力をする（能動的学習能力を身につける）。
　(2) 各自が初めて知り合った友達や自然との触れあいをしながらグループ学習を行う（価値観の違いなどを理解して豊かな人間性を身につけ，自然との触れあいで感性を磨く）。
　(3) 他人の意見に耳を傾け，良い点を見つけて勇気づけながら応援する（自分の資質を向上させ，同時に他の人の潜在能力を引出す）。

　この演習の学習方法の第1の特徴は，レクチャーは短く，その後，関連して自分達で何かを実際にやってみることが重要で（受動的学習よりも能動的学習），これを繰り返す間に自然に触れ，感性を磨くことにある（知的感動）。ミニレクチャーと実習・体験は，「イカの生態」と「イカ釣り体験」，ディベートのレクチャーと「ディベート実践」，海洋観測のレクチャーと「プランクトン観察」などのように連動している。
　第2の特徴は，知らない者同士で行うグループ学習である（自由研究発表）。積極的に共同作業に参加し，自分の考えを他人に適切な言葉で説明し，分からせ納得させ感心させる必要がある（積極性）。逆に聞き手になったときは，相手の話をよく聴き，相手のよい点を見出して応援団となり，相手の潜在能力を引出すことで，その経験が自分の資質向上にも役立てられる（豊かな人間性）。
　こうした指導に対して，学生からは以下の反応が得られた。
・自分の考えを整理して，自分の言葉で，自分の考えを主張できることの大切さを認識した。
・グループで話しあうことで，他人の意見を聞く機会ができて有意義であった。

・今は何に対しても積極的でありたい。また，今回知った素晴らしい友人達のように，自分をもっと深めたい。教養もそうですが，学生の気持ち，全てに対する態度を変化させるという意味で，最高の全学教育を受けたと思います。個々の専門領域の授業も学生の興味や視野を広げるために大切ですが，精神的成長を手伝うような，今回のようなセミナーこそが全人教育の根幹だと思います。

4 フレッシュマン・セミナーの効果

　この研修は学生参加型教育の実践なので，参加学生がこの目標達成を実感しているかどうかが，何よりも重要である。過去7回のセミナー終了後のアンケート調査では，ほぼ全員がこのフィールド体験型演習の継続を望み，不要論は全く見られなかった。

　窮屈でハードな日程なのに何故なのか。出発から解散まで全員が行動を共にし，練習船の狭い空間で生活し，配膳，後片付けなど全て自分達で行わなければならない。しかし，学部を越えて参加する学生は，四六時中顔を付合わせている間に，人と人とが付合うとはどういうことか，どうすればよいのかが分かってくる。短期間の体験集中型の学習方法によって，一体感という特異な状況が芽生え，同じ達成感を共有するに至り，一般教育演習の目的が達成できるように全てが仕組まれているのである。

　本当なのかという問いには，以下の学生の声が返ってきた。

・ガイダンスの日，例年のアンケート調査の結果を見て，良く書かれ過ぎではないかと思った。正直なところ，予定の説明を受けた限りではそれほど期待はしていなかった。しかし，それは間違っていた。私にとってこの演習は満足のいく5日間となった。

　2003年度までは最後に感想文を書かせていたが，2004年度からはレポート形式にして，シラバスに示した北大の理念や全学教育の教育目標の中から1つを主題に選び，この演習に参加した目的とその目的が達成できたかどう

かを客観的な事実に基づいてまとめてもらった。2005年度の例では，全学教育の教育目標である「コミュニケーション能力を高める」を選んだ学生が34名，「学問や社会の多様性を理解する」が13名，その次は北大の理念である「実学の重視」が12名だった。

「全人教育」の目指す豊かな人間性の形成に役立っているかという問への答えは，以下のとおりである。
- 今回のフレッシュマン・セミナーに参加して，私も少しは成長した。自分で考えたというよりも，いろいろな人と触れ合えたことがとても大きい。この5日間の経験が，今後の私の人生に大きく反映することを信じている。
- この講義が，北大の講義の代表的な存在になることを祈っています。
- この授業は，The 北大といえる授業だと思います。

という学生からの応援に担当教員も励まされ，7年間にわたって，4泊5日の短期間の合宿体験型演習の教育効果を実感してきた。

　学生達は生き物や自然に触れること，あるいは研究の一端に触れることで知的感動を覚えた。そして計画された企画に積極的に参加したことも，バランス感覚をもった人間形成に有益であった。すなわち，グループ学習が参加学生に素晴らしい学習成果をもたらし，本フィールド体験学習の目標を達成することができた。このことは水産学部の学習目標および"北海道大学がめざす学生像"も達成できる可能性を示唆している。

（猪上　徳雄，水産学部・フレッシュマン教育WG委員 2000-06）

参考文献
- 猪上徳雄ほか（2001）付属練習船と実験所・実習施設を利用したフレッシュマンフィールド体験学習，高等教育ジャーナル9，50-59【WEB】

3. ものづくりによる創成型教育

1　創成型教育

　本節で述べる「ものづくりによる創成型教育」とは，これまでの講義のように知識を一方的に教授するのではなく，学生が頭脳と手足を動かして自主的に何かを行う過程を経験することで動機づけられ，自ら進んで物事に取り組み，創り出す能力，チームで協力していく能力，将来にわたって有用な社会人としての基本的な活動能力・態度を育成する科目の総称である。この科目で学生に課する課題は，具体的な物を作る工作だけではなく，下記のように新たな概念，システム，手法等の創造をも含んでいる。

　このような教育は一般に「創成型教育」（創造力・企画力・人間力形成科目：Problem-Based Learning, Project-Based Learning: PBL）と呼ばれている。この教育は，大学に入学するまでの長い間，受動的な授業に慣らされてきた学生に対し，知的好奇心を刺激し，自発的な知識修得の機会を与えて勉学への意欲を喚起し，また知識・学問の面白さを体得させ，以後の大学でのより効果的な学習効果・人間力形成を目指すものである。

　本学では 1999 年度より工学部が担当部局となり，創成型教育を全学教育と工学部専門教育に積極的に導入する試みを進めてきた（工藤ほか 2002）。

　この創成型科目の定義と目標は，❶基礎理論に対する知識の準備なしに，❷目標ははっきりしているが，❸方法や結果は不明で，解も解答者の数だけ存在するような問題に学生を直面させることにより，従来の講義中心の教育では育成が難しかった各種の能力，すなわち，学生の問題解決意欲，情報収集能力，専門外分野を理解できる能力（学際力），課題目標に合致する多方面の解決法を考え，その中から制約条件にしたがって最適解を見出す設計選択眼（創造性，論理的思考能力），チームで課題を解決する能力・コミュニケーション力・管理能力・リーダーシップ等の人間関係能力，文書作成能力，プ

レゼンテーション能力,他人の業績を正しく評価する能力,英語によるコミュニケーション能力などを育成することにある。

　その際,指導的役割を果たす能力をもつ高度の工学専門家に必要な知識・能力・スキルとしては,米国の技術者教育プログラム認定機構（ABET）の基準に準拠して,①数学,科学,工学の知識を応用する能力,②データを分析・解釈する能力および実験を計画・遂行する能力,③必要なニーズを充たすためにシステム・部品・プロセスを設計する能力,④学際的なチームで活動できる能力,⑤工学の問題を識別・形成・解決する能力,⑥専門職的・倫理的責任の理解,⑦有効にコミニューケーションを行う能力,⑧地球的・社会的な流れの中での工学的解決のインパクトを理解するのに必要な幅広い教養,⑨生涯学習を行うニーズの認識とその能力,⑩現代の課題への知識,⑪工学の実践に必要な技術・スキルおよび最新の工学ツールを使う能力の11項目があげられる。創成型教育はこれら全てを統合的に育成する科目である。

　このような創成型科目の導入は,北海道大学の教育理念である,❶ Frontier Spirit（Boys, be Ambitious：開拓者精神）,❷ International Viewpoint（国際的視野）,❸ Be Gentleman（全人教育）にも合致するものである。

2　準備経過

　1996年に八大学工学部長懇談会（北大,東北大,東大,東工大,名大,京大,阪大,九大）の下に「工学における教育プログラムに関する検討委員会」が発足した。その後17大学18学部が参加して,3年間,欧米とわが国との工学教育の詳細な比較検討を行い,世界をリードするわが国独自の新しい工学教育プログラムのあり方を検討した結果,1999年に,デザイン型の工学教育「創成型科目」の普及と,教育の結果の査定にアウトカムズ型アセスメントの手法をとり入れることが提案された。

　ここでいうアウトカムズアセスメントとは,講義を何時間行ったとか,何人学生が合格したとか,あるいは講義終了後の試験などで調べられる,個々の講義内容の理解度,応用力など,講義の直接の結果（アウトプット）では

なく，その講義によって，本来の教育目標，たとえば，工学部の例では，指導的役割を果たす能力をもつ高度の工学専門家としてどれだけ有用な能力が身についたかの評価を，上記 ABET の基準①～⑪などに照らして行うことをいう。これにより，教育成果の量的な評価だけではなく，その評価にもとづいて，本来の教育目標を実現するために，教育システム内部に質的な自己改革システムを内在させることが可能となる。

　北大工学部では，上記の検討委員会の提案を受けて，このような創成型教育が将来の技術者・研究者の育成のために必須であるとの認識の下に，1999年7月に教務委員会に4名の委員からなる工学教育プログラム実施検討専門委員会を設け，これが中心となって全学教育および工学部専門教育の中でその拡充をはかった。

　1999年度にはまずカリキュラムの現状を調査し，創成型科目がきわめて少ないことがわかったので，2000年度にむけて，工学部の各学科の教務委員に創成型科目の意義・手法を説明し，各学科少なくとも1科目以上の創成型科目の開講を依頼した。しかし，従来の講義型科目のほかに新たに創成型科目の導入を企図しても，各教員の負担増から導入は困難なので，各学科の科目の中で比較的創成型科目に性格が似ている実験・演習科目を創成型科目に模様替えするよう依頼し，徐々に普及させることを目指した。

　これとは別に，専門委員会が独自に，理想的と思われる創成型教育を展開してその実施上の問題点，効果等を探るため，全学教育で一般教育演習「工学的創成実験」の立ち上げを準備した。

　この結果，工学部の教員によって，2000年度には18科目（全学教育2科目を含む），2001年度以降は22科目（全学教育4科目を含む）の創成型科目が開講された。

3　創成型科目の実施例

(1) 創成型科目の設計手法

　創成型科目を設計するには，教育の質保証の分野で用いられる PDCA サ

イクルの Plan, Do, Check の各フェーズでそれぞれ，目標設定（前述の ABET の基準①〜⑪のどの項目の育成を目指すのかを定める），この目標を達成するための科目内容・指導方法の設定，および教育終了後の目標達成度評価（アウトカムズアセスメント）の方法の設定が必須である。

学生の成績評価は，各個の設定目標に対して行う。すなわち，最後のグループ発表による評価と，個人レポートによる評価を組み合わせて行う。また，創成型科目自体の評価は学生および教員に対する事後アンケート調査により，その科目の改善に役立てる。

以下，1年次前期開講の一般教育演習「工学的創成実験」の具体例を示す。

(2) 工学的創成実験の具体的な実施方法

授業の最初に創成型科目の概念とアウトカムズアセスメントにもとづく評価基準について説明し，前半4つ，後半4つ提示された課題を各人がそれぞれから1課題，合計2課題を選択し，課題ごとに12〜13人程度のグループに分かれ，各課題を担当する工学部の研究室に行き，さらに課題内で4〜5人の小グループに分かれて，同じ課題をこの小グループ間で競い合いながら実施する。

前半・後半の課題がそれぞれ終了した時点で，受講者全員が1つの教室に集合し，全体発表会を行う。教授陣は，大学院生のティーチングアシスタント（各課題1名）とともに学生の指導にあたり，学生たちの自主的な問題解決を促した。

実施後，個々の学生の成績評価とは別に，科目全体の有効度評価と今後の改善のため学生と担当教員にアンケート調査を行った。

(3) 実施内容

下記の8つの課題を用意した。

(1) 輪ゴムの正体（伸縮力の内容を簡単な実験で確かめよう）：身近にある器具を用いた輪ゴムの荷重―変位関係の計測法を考案し，これを用いて輪ゴムの物理・力学的特性について考察する。

(2) コンピュータに図形を書かせてみよう（図形を描かせるための基本構造と手順を知ろう）：コンピュータグラフィックス技法の概要を自ら調べて学び，それを用いて各種図形の描画を行う。

(3) ペットボトルロケットの長滞空時間化（滞空時間を長くする方法を考え，実現してみよう）：ペットボトルロケットの飛行原理と上昇高度予測計算手法を学び，長滞空時間化のアイデアを選定し，それを実現する機体を製作・発射し，改良する。

(4) アルミニウムの表面積を10倍にしてみよう（アルミ板の表面積が電解エッチングで増加することを調べ，適切な制御で表面積を10倍に増加させてみよう）：アルミの表面積と電解条件との関係について調べた結果をもとに，表面積を10倍にする最適条件について考察し，実験で確認する。

(5) 紙でつくる強い橋（紙の特性を生かし，軽くて強い橋を作ってみよう）

(6) LSIモジュールの設計（プラグラマブルLSIを用いて演算回路を作ってみよう）

(7) フラクタルを創る（電気化学的手法で樹枝状結晶を作り，フラクタルの概念と原理を学ぼう）

(8) 化学時計をつくる（化学反応で規定時間後発色する化学時計を作り，その可搬化に挑戦してみよう）

(4) 創成型科目実施後のアウトカムズアセスメント結果

① 学生アンケートの結果

図1に工学的創成実験の後の学生アンケートの結果を示す。

ここから，今回の創成実験内では特に取り組まなかった「国際性の涵養」の項を除いて，ほぼ効果があがったことがわかる。特に，発想力・論理的思考能力とグループ活動能力が育成され，また達成感の充足および問題解決意欲の増加が著しいことがわかる。

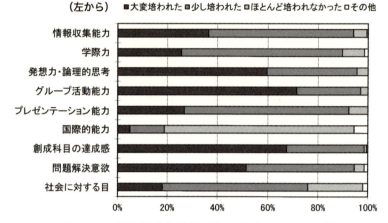

図1：工学的創成実験終了後の学生アンケート結果

自由感想欄では，下記のような積極的な意見が多数見られた。
・この授業には一番時間をかけたし，積極的に参加できた。何をするにも自分で進めなければならないので大変だったけれど，やりがいがあった。
・今まで受験勉強ばかりで受身の態度だったが，この授業を受けて，自分で積極的に頭を働かす楽しさを久しぶりに味わうことができた。この授業で培われたことはこれからの自分にとって非常に役に立つと思った。

創成型教育を始めた当時は，図1のような汎用的能力（generic skills）の定量的達成度評価法としては，アンケート調査が一番ポピュラーだった。これは，図1に示したように，その測定水準として「大変培われた」「少し培われた」「ほとんど培われなかった」という抽象的な相対的水準を用いており，かなり学生の主観に頼った方法であった。

現時点（2015年）では，ルーブリックを用いた客観的な測定法が普及しつつある。ルーブリックとは，測定したい教育目標に関し，各学生がどのような行動をし，どのような学習成果物を提出すれば，その目標達成度レベルがどの程度になるかを文章で示した採点基準表である。ルーブリックによる客観的目標達成度評価手法は，教育の質保証の重要な要素として，現在，日本

技術者教育認定機構（JABEE）と日本工学教育協会が共同で講習会等を開催して普及に努めている。

② 教員からの提案
教員からの感想より：今後科目のさらなる拡充のためには，下記の検討が望まれる。
・演習時間を十分とること。創成型科目を成功させるためには，この科目にあてられた単位数に相当した時間枠だけでは不充分であり，正規の演習時間のあとも演習を継続できるように，グループ全員がその後の時間枠に他の授業がないような時間帯を，カリキュラム編成の上で配慮する必要がある。
・演習場所の確保。この科目をやっている期間学生が占有でき，製作途中の作品をおいておき，学生達が自由なときに来て演習を続けられる演習スペースの確保が望ましい。
・TAの確保。上記のように長時間にわたる演習の間に適切な各種指導助言等を行い，学生の創造力を高めるためには，年齢の近い有能なTAの確保が必須である。

(5) まとめ
全学教育および工学部におけるものづくりによる創成型教育は，工学教育プログラム実施検討専門委員会の実施依頼に対する工学部各担当教員の協力により，2000年度は18科目，2001度以降は22科目が開講された。
効果的な創成型教育を行うためには，教員には周到な計画と準備が必要だが，それに見合うだけの成果も得られた。全学教育の一般教育演習「工学的創成実験」で，学生・教員アンケートを含むアウトカムズアセスメントを実施したところ，教員は学生の成長のあとが観察できたと感じ，学生たちも十分に達成感を感じられたことが示され，ほぼ成功だったといえる。また，このような演習では，TAの役割が重要であることもわかった。
今後この科目のさらなる拡大充実のための課題としては，演習スペースと

TA の確保，カリキュラム上の十分な演習時間の確保，他学部の関連科目との連携，小・中・高校生および社会人への創成型教育の実施等があげられる。工学部には，このような課題の解決を目的の一つとして「工学系教育研究センター」が 2005 年度から発足し，創成型教育の支援・拡充をはかっている。

　2015 年度初頭の現時点で振り返ってみると，教育目標の設定法，目標を達成するための PBL の設計法，目標達成度の定量的評価法などは現在のほうがはるかに精緻になっているが，教育の質保証に必要な要素は（一部プリミティブな部分があるにしても）すでにこの時点ですべて組み込まれていたことは驚きである。
　ただその後，創成型教育の量的拡大と，PDCA サイクルの枠組みの導入は進んだが，それにより世界で活躍できる人材に必要とされる汎用的能力の育成のための PBL や主体的学習などの教育手法が確立されたかというと，必ずしもそうではない。これは各種の認証評価にも当てはまることだが，書類上必要な枠組みが整えられたことと，それが実際に機能しているかどうかは別のことで，実際に教育目標達成という成果を上げるためには，PBL などの中に意識的に各種の能力・スキルを育成する機会を挿入し，その効果をルーブリック等で客観的に評価することが必須となる。
　今後は，認証評価団体，大学の教育担当副学長以下の教育改革グループ，各種学会などが協力し合い，これら PDCA サイクルの実質化の方法論をまとめ，普及してゆくことが重要であろう。
　　　　（工藤　一彦，工学部・工学教育プログラム実施検討専門委員 1997-2004）

参考文献
・工藤一彦ほか（2002）全学初習教育および工学部専門教育における創成型教育の試み，高等教育ジャーナル 10，69-84【WEB】

第6章　地域連携型の芸術教育

1. 北海道立近代美術館に学ぶ

　北海道大学では2001年度に，教養教育にコアカリキュラムを導入し，「思索と言語」「歴史の視座」「社会の認識」などと並んで「芸術と文学」というコアが立てられた。それは，イメージによる思考あるいは直観的な思考法は，芸術のみならず，諸科学にとっても重要であり，総合的視点の獲得のために芸術教育はきわめて有効であると認識されたからである。

　とはいえ，本学の全学教育には従来から芸術関係の科目を担当する教員は配置されておらず，十分な教育研究体制は整っていなかった。「芸術と文学」といっても「芸術」と「文学」の開講数はきわめてアンバランスで，全学の学生に対して相当数の芸術科目を提供するためにはその大半を非常勤講師に頼らざるをえなかった。どのような科目を展開し，それを誰が担当し，どのような責任・運営体制を築くかについて，十分な準備がなかったのである。

　そこで2001年より高等教育機能開発総合センター研究部に「コアカリキュラムにおける芸術科目」についての研究会を組織し，芸術科目の理念，カリキュラムおよび授業の設計，責任・運営体制の確立，地域との連携の可能性などの課題について研究を開始した。また北村が研究代表者となり，学内の研究・教育支援資金（プロジェクト研究）に「地域と連携した教養教育における芸術科目の開発」を申請し，2002～2003年度に経費が認められた。

　研究会では「地域連携」がキーワードになり，それに沿って「PMFの響き」

（2002～），「北海道立近代美術館に学ぶ」（2003～），「札響と学ぶ」（2004～）などの新科目が開講された。

　その具体的内容は後述するが，これらは従来の教室内での講義科目とも，芸術の実践・技術習得を目的とした実技科目とも異なり，芸術活動が行われる現場を学生が自らの目で確かめ，その成果である演奏会や展覧会を経験するもので，本学に不足している施設や設備を地域社会に求め，その協力で実施されるという，他の分野には見られない，またおそらく全国どの大学にもない，きわめてユニークな授業展開を実現しえたことは特筆されてよい。

　それでも，コアカリキュラム以前からの，大学の芸術的な施設や設備の不備，専任教員の不在，責任・運営体制の未確立という「芸術」がかかえる課題は未解決であり，カリキュラム展開の多くを非常勤講師に委嘱する状況も相変わらずである。

　また，芸術の世界は多様な広がりを持つのに，本学の芸術科目は多様性に欠け，造形芸術関係の科目は比較的充実しているが，音楽関係はすべて非常勤講師に頼り，それ以外の建築や演劇，デザイン，さらにはコミックやアニメ，ファッションなど，今日の美的文化にとって重要な分野の科目はほとんどない。

　だがこのような根本的問題は，一研究会で解決できることではない。日本の大学は「総合」大学とはいっても，欧米の大学とは異なり「芸術学部」を置いているところはほとんどない。その一方で教育学部や教員養成大学，国公私立の芸術大学，さらには各種専修学校における芸術教育には，質量ともに十分な実績がある。今回われわれの研究会の視野には音楽祭や美術館など社会教育機関との連携しかなかったが，このような高等教育機関相互間でも，例えば単位互換の制度や人材の交流，情報の共有などを通じて，それぞれの得意とする領域や資産の有効活用がはかられるなら，より一層その目的や機能が実現されることだろう。本稿はそのようなさらなる「連携」へ向けてのささやかな報告でもある。

1 全学教育における芸術科目の目的

　現在の一般的な大学生は芸術に対して錯綜した意識を持っているように思われる。できれば思うように楽器を弾きたい，絵を描きたいが，なかなか身体は自由にはならない。芸術の世界に関心はあるが，日常生活の中では芸術にさほど深い関わりを持てるわけではない。苦手意識と憧れの感情が入り交じり，決して嫌いなわけではないが，どのようにアプローチしてよいのかわからない。そのような状態にあって，まずは彼らに芸術を学ぶ意義と目的を明確に示す必要がある。

　芸術の目的，あるいは存在意義は「美的経験」にあると私は考えている。森有正は経験について「対象と自己との間に，各瞬間毎に成立する意味に従って，自己に克とうと努力しつつ，一歩ずつ，忍耐深く，進んでいく時に，自己の中に，それ自身の生命と持続とをもって，少しずつ遊離し，明確になってくるあるもの〈…〉それは経験と名づけてもよい。そしてこういうことは，生涯にただ一回しか経過しない」（森1 (1978), 117），「本当の経験〈…〉を定義し，表現するには象徴的な道を採らなければならないのである。それを表現することは〈…〉文学や芸術の創造的行為によってのみ可能となる」（森3 (1978), 78）と述べている。それにならえば，美しいものを前にして心ふるわせ，それを経験することがそのまま人生の広さと深さと豊かさに結実する，そのような経験，その経験によって世界に対する，他者に対する，そして自己に対する認識が根本的に変わってしまうような経験，としての「美的経験」が芸術の，あるいは芸術を学ぶことの目的といえる。

　ところが，この「美的経験」の必要性は伝えられても，経験そのものは決して教えられない。一人ひとりの経験は異なり，自ら経験しなければ，経験はできない。創作行為には大変な努力が必要であるように，鑑賞行為で，見たり聴いたりする能力を育てるにも相当の努力が必要であるが，多くの学生は個人的な好き嫌いだけで簡単に作品を判断してしまいがちで，それでは自らの偏狭な好みに固執するばかりで，美的経験は広がりも深まりもしない。そこでわれわれにできることは「美的経験」のために必要な，芸術に特有の

直観力と思考力と知識を養う機会を作ることである。

　そのような「美的経験」のために必要な能力のことを，コンピュータ操作に必要な技量を「情報リテラシー」というのと同じ意味合いで，最近は「アートリテラシー」などと呼んでいる。すなわち最低限の芸術の知識と本物の作品を批判的に見きわめ楽しめる能力，また地域社会や職場，家庭などの場でさまざまな文化・芸術活動をサポートしそれに積極的に参加する意志や意欲のことである。もちろん，こうした目的はひとつ，ふたつの芸術科目を受講すれば達成されるものではない。できるだけ多様な科目を通じて，できるだけ豊かな美的経験の機会を提供し，このアートリテラシーの涵養という共通の目的を目指さなくてはならない。

　またアートリテラシーは単に芸術のみに関わることではない。近代芸術の問題点のひとつは，芸術を人間の諸活動から切り離し自律的，というより自閉的な領域へ押し込めてしまったことである。芸術を単なる趣味や教養のうちに閉じ込め，美術館や演奏会場に限られた出来事にしてしまい，芸術が本来備えている生や社会を革新する力がそがれてしまったことである。大学における芸術教育でもそのことに無自覚でよいはずがない。むしろ今日芸術の教育が必要とされるのは，そのような芸術状況への反省のもと，芸術を通じて世界を考えること，あるいは芸術的な感性を日常性にフィードバックし社会全体にそれを浸透させてゆくことが何よりも求められているからである。

　今日われわれが抱えている，例えば自然の破壊や環境問題，グローバリズムとリージョナリズムの矛盾，民族紛争や宗教対立，価値の多様化と相対主義の克服，倫理観の欠如，社会制度の行き詰まり，教育の荒廃，ジェンダー的観点の確立，テクノロジーの暴走など，一見，芸術とはなんら関わりがないようにみえる諸問題が，実は芸術と深く結びついており，その関係を明らかにすることが，今日における芸術のあり方を理解する上で極めて重要であり，またこれらの諸問題の解決の道筋を模索する上でも貴重な示唆を与えてくれるのである。

　その限りで，芸術の自律性の克服を目指す芸術科目こそはさまざまな論点が交錯し成立する知的領域であり，芸術の教育を通じて現代社会で生きる力，

柔軟な創造力，自己表現能力，コミュニケーション能力，他者への共感力，拡大された視野などが獲得できるなら，それは全人教育としての全学教育の理念をもっともよく体現するといえるだろう。「芸術」がコアカリキュラムに加えられたのも，芸術教育のこのような潜在力が期待されたからだろう。

　だが残念ながら，現在の北大には，この芸術の可能性を十分に現実化できる体制も施設もない。近年ユニヴァーシティ・ミュージアム（大学博物館）が開設されたが，現状ではそれは学生がいつでも「本物」の芸術作品に接することができ，彼らの多様な芸術活動を保証し，また積極的に参加できる場ではない。それならば学外の施設の効果的利用が考えられないか。例えば公立私立を問わず美術館に大学教育の一端を担ってもらえれば，「大学美術館」は今すぐにでも実現できる。そんな発想から，北海道立近代美術館との連携を模索したのである。もちろん，大学と美術館とでは行政の管轄や設置目的が異なり，経費負担など，乗り越えるべき問題は多いが，大学にとっては，実作品の経験という決定的に欠けている部分を補ってもらえる一方で，美術館にとっても，近年その生涯教育上の役割がますます求められており，従来は幼児，小中高校生や一般社会人向けの公開講座などが催されてきたが，大学生は比較的盲点になっていて，この隙間を埋められれば，美術館の生涯教育機関としてのメニューが充実するはずである。

2　北海道立近代美術館との連携による講義実践

　以上の経緯から，美術館と連帯した全学教育における芸術科目の実現可能性を，2002年秋から北海道立近代美術館学芸部長，教育普及業務担当の学芸第二課，および業務部長らと協議を始めた。

　その時期，近代美術館では次年度の展示計画を進めていて，2003年前期には特別展として『生誕100年記念：三岸好太郎展』と『天にむすび，地をつなぐ：安田侃の世界展』の計画が大枠で決まっていた。二人とも北海道にゆかりの深い作家で，絵画と彫刻，大正・昭和初期と現代というなかなかの組合せの妙があり，この二人を中心に，明治から今日までの北海道美術の

流れを概観するような授業はできないだろうかという方向性が見えてきた。

そこでまず北村が「北海道美術の過去・現在・未来：道立近代美術館に学ぶ」という題目で十数回分の授業展開の素案を作成して美術館側に提示し，美術館ではこの二つの特別展を挟むかたちで，20世紀の100年間をほぼ10年刻みで区切り，それぞれの年代を代表する北海道ゆかりの作家の名品を紹介し，20世紀の北海道美術を年代記的にふりかえる常設展も企画することになった（『時の貌（かお）／時の旅：二十世紀・北海道美術』）。こうして2003年度授業シラバスができあがった（付録2-2a）。

開講時間は1学期の金曜2講時とし，正規には10時半開始だが，大学と美術館との往復時間を考慮し，美術館での授業は11時開始～12時半終了とした。全回数の授業をちょうど半分ずつ大学と美術館で行い，大学へ二度，学芸員に出講してもらった。美術館での授業では，北村が学生を引率し，出欠をとり，学芸員とともに講義をし質問を受けている。その限りでこの授業は美術館と大学，学芸員と教員とのまさに二人三脚で成り立っている。

近代美術館での授業は先にあげた二つの特別展とそれに連動する常設展とが中心だが，展覧会の見学だけではなく，事前に作家や作品についての解説や，作家・作品を論じるために必要な歴史的，理論的視点についての講義が行われる。また学生には見学後にレポートの提出を求め，それをもとに全員で討議し，自分の見方や感じ方，考え方との共通点，相違点を自覚することにより，単なる個人的感想や好き嫌いの次元を越えた，特定の歴史に属するものとしての作品の客観的評価へ目を見開く契機が与えられる。こうして大学の講義室では実現できない，実作品を目の前にして事前の講義―鑑賞実習―事後の指導という有機的な一連の作業を何度か繰り返し，全体として「北海道美術の過去・現在・過去」を深く経験するというのが講義の目的である。

また最終授業では，この授業に参加したすべての学芸員，学生，教員が参加し，講義全般にわたる質疑応答，感想，問題点などを話し合う機会も設け，さらに「学外の機関との連携による授業のあり方について：美術館との実践を通して」という課題で最終レポートを課して，各自の美的経験の総括をさせ，成績評価は出席状況や受講態度，レポートの内容や提出状況などをもと

に，学芸員の意見も聞きながら，北村の責任のもとに行われた。

4月最初のガイダンスには百人を超える受講希望者が集まった。まず，なぜ美術館と連携した授業を行うのか，全体のコンセプトと意義を話し，実際に美術館に出かけるので時間に余裕のない者は受講しないこと，原則的に欠席や遅刻は認められないこと，そのほか評価方法などの注意点を話した後，30人の受講生を単純な抽選で選抜した。この人数は学生を引率して全員を把握する上で限度であり，各展覧会に美術館側の好意で招待券を用意してもらうため，経理的な面からもこれを超えることはできなかった。抽選の結果，受講を強く希望した学生が受講できない場合もあった。

全学教育を受ける4千人超の学生数全体からすると，この人数はごく一部でしかなく，より多くの学生に多様な経験の場を与えるためには，別の方途を考えなければならないだろう。

せっかく抽選に受かり，あらためて受講の意思を強く確認したにもかかわらず，登録しておきながら最初からまったく出席しない学生が2名いた。それ以外はおおむね良好な出席状況，受講態度であったが，結果としてこの2名も含め，計7名の学生に成績評価を与えることはできなかった。

3　問題点と2年目の改善策

以上の経験を踏まえて，2年目に改善した点を挙げる。

第一に，受講者の決定に関して，1年目にガイダンスの場で単純な抽選によって決定したのは，2回目の授業からすぐに近代美術館に出かける予定だったためだが，そのために意欲を持った学生が受講できず，逆に抽選に受かり受講登録したのにまったく出席しない学生もいた。選抜方法を改めるか，美術館に出かける時期を若干遅くすることも考えたが，受講者のレポートには，学期が始まった直後に美術館で授業を受けられたことが大変新鮮かつ刺激的でよかったという感想も多く，この点は変更しないとすると，時間的に選抜方法の改善も難しい。

そこで2年目は受講条件を改めることとした。1年目は特別展，常設展な

どの見学はすべて美術館側に招待券を用意してもらい，学生には経済的負担はなかった。しかし無料で展覧会を鑑賞できることが安易な受講希望を招いたことも否めない。また自分で展覧会費を払った場合と，無料の場合とでは，後者の方がはるかに鑑賞態度に熱心さが欠けるとの指摘もあり，過度のサービス提供は教育効果の点でもむしろ逆に作用してしまうのである。そこで2年目の受講生には，アルテピア（一般社団法人北海道美術館協力会）の学生会員として，最低限の負担を求めることにした。

アルテピアとは美術に関する北海道民の知識と教養の向上を図るため，ボランティアによる作品解説や資料整理，美術講座の開催，広報活動などを行っている団体で，学生会員は年間3千円の会費で北海道内の各美術館での展覧会を鑑賞できるほか，さまざまな特典が得られる。

この負担を求めることにより，講義に対して意欲のある学生をある程度見きわめられるし，自らも広い意味での美術館活動に参加しているのだという意識を植えつけるのにも有効である。ただしこのような処置は，一方では，どのような学生にも広く芸術を経験させ「アートリテラシー」を涵養するという芸術科目の目的と矛盾する面があることも忘れてはならない。

第二に，開講時間の問題がある。美術館での授業終了後，大学に戻り昼食を取って3講時に間に合うためには，遅くても12時半を越えることはできないが，実質1時間余りでは，学芸員の話を聞き，実際の作品を鑑賞するには明らかに余裕がない。学生のレポートにも，時間が短すぎること，この講義に合わせて1講時や3講時の受講登録をしなかったことなどが述べられていた。2コマ分の時間があれば理想的だが，現在の時間割ではそのような開講形態は難しい。そこで，2年目は行き帰りの時間を節約するためスクールバスの配車を手配して，開始・終了時間を今年度よりそれぞれ15分程度早め，ある程度の時間的余裕が生まれた。

第三は，美術館側からのより根本的な問題点の指摘である。今回の連携授業は北大側からの提案と要望に美術館側が応える形で実現したが，そのための経費や人員の配置などの点で美術館に相当の配慮と負担を強いている。それは社会教育機関，生涯教育機関，さらに高等教育機関としての今後の美術

館のひとつの可能性を現実化するものではあるが，そのような美術館活動がなぜ北大とのみ行われるのかには，明確な答えは出せない。

　これは，札幌市内にも数多くある他の大学との関係を考えると，好ましくはない。将来に向けて，大学と美術館の連携授業はどのように継続されるべきなのか。事実，いくつかの大学からも北大と同様に個別に授業協力の依頼が来ているとも聞く。もしそのような形で美術館が高等教育機関としても，より一層重要な機関となるのであれば，例えば大学生向けの一般教育カリキュラムを策定し，北大も含めて広く門戸を開いてゆくことも可能かもしれない。それは大学の側からいえば，他の機関で開講されている科目を本学の単位として認定する，一種の単位互換制度のようなものになるだろう。そのようなことは，現在のところ，制度としては十分整備されておらず，今後の重要な検討課題といえよう。

　さて2004年度は，前半に近代美術館では『近代日本画にみる女性たち展』と『没後30年　香月泰男展：〈私の〉シベリア，そして〈私の〉地球』の二つの特別展が開催されたのに合わせて，授業内容も変更した。

　だがそれ以上に大きな変更は，前年度は大学と美術館での講義が半分ずつだったが，2年目はほぼ全回美術館の講義室で行ったことである。普段とは異なり，しかもすぐに講義で取りあげた作品の前に立つことも可能な環境で講義を行うことで学生に刺激を与えるとともに，ともすれば敷居が高いと思われがちな美術館に行くことを習慣化してもらいたいというねらいがあった。

　実際の展覧会鑑賞を中心にして，講義による事前の学習，レポート作成と討論による事後の指導という一連の流れは前年と同様である。ただ何度も注意したのに，一般入場者も多い美術館にふさわしくない振る舞いをする学生が何人かいて，美術館側に迷惑をかけてしまった。また，美術館と連携した講義の意義は最初のガイダンスで指導したが，最後までそれを十分に理解していない学生もいた。これは個々の学生の資質の問題だが，今日の学生に見られる一般常識や礼儀の欠如が，市民も利用する施設でよりいっそう露わになったという面もある。芸術教育とは直接関係ないが，副次的にこのような社会性の指導の必要性が強く感じられた。

4　3年目の実践：ワークシートの作成を中心に

　この連携授業の実施にあたって，美術館側の窓口となる学芸第二課とは，年度ごとの問題点やその改善の可能性について機会あるごとに協議してきた。

　2年目は教室を大学から美術館へ移したとはいえ，過去2年間，授業は基本的には講義的内容であった。基礎的知識の修得に講義は大事だが，それがともすると学生の受講態度に緊張感の欠如を招いたことも否定できないと美術館側から指摘された。せっかく美術館に来ているのなら，より密接に作品に関わることができる実習的要素を取り入れることにより，この授業の目的に近づけるし，学生の気のゆるみも改善されるのではないかと思われた。

　そこで3年目の試みで大きくシラバスを変更し，『サヴァリン・ワンダーマン・コレクション：ジャン・コクトー展』および『円空さん－ほとけさま，笑ったよ。展』の二つの特別展を中心に，そこに出品されている作品のワークシートを作ることにした。

　ワークシートとは，各地の美術館や博物館などで主に児童向けに提供されるＱ＆Ａ形式の鑑賞補助資料のことで，ワークシートの内容そのものは簡単に見えるが，実際にそれを作成するには，作成者がまず徹底的に作品を見なければならない。つまり作品全体や部分に注目し，他の作品と比較して，それぞれの作品のよさや違いを発見する必要がある。またその作品を制作した作家の活動や，制作された時代や背景，美術史における位置や意義など，さらに作品の技法・形態・色彩・構図・質感などの知識も必要である。それらにもとづいて，鑑賞者がそれぞれ作品を追体験できるよう導いてゆくのがワークシートの目的であり，そのためには文章やレイアウトなどの工夫も必要である。

　ワークシート作成のために30人の受講生を6人ずつ5グループに分け，取り上げる作品の選定から作品や作家の調査，ワークシートの内容，文章やレイアウトまでの作業を行い，最終的に完成したワークシートを互いに利用しあって，実際の有効性を検証した。時間は，一枚のワークシートの完成までに4週分を割り当てた。ジャン・コクトーにしても円空にしても必ずしも

学生たちになじみの深い作家ではないので，概括的な知識の講義を行い，図録などの参考文献を指示して調査の助けとした。学生たちはワークシートの作成はもちろん，それを利用するのも初めての者が大部分だったが，作品をよく見て疑問点を自ら調べ，それを具体的な形にするという目論見は，一定の成果を上げたと思われる。

ワークシート作成に関する学生のレポートを一部紹介する。
・絵の中に隠されているキーワードを探したり，色，線，位置などいろいろなものに意味があるのだと知った。
・一つ一つ細かいところまで見て，その作品を作っているときの作者の心情，状況を感じ取ろうとすることによって，とても深いところまで作品を理解でき，芸術鑑賞が倍は面白くなるということがわかった。
・ワークシートの制作の中で，美術作品鑑賞にはただ直観的に見る見方ももちろんあるが，そのほかにその作品を知り，そこから見えてくるものを感じるすばらしさもあると感じた。
・作者の生き様，時代背景を勉強し，作品が表現したいものを考えることで，様々な種類の作品にも理解を示せるようになった。

グループ作業については，以下のような意見があった。
・ワークシートを作るときや，観賞後に自分の感じたことを話し，相手の感じたことを聞いて，ある作品について議論をしていくのは，自分の視野を広げるためにとても有益でした。
・ある作品について自分が感じていることと，他人が感じていることが，時には大きな差があるということを発見しました。メンバーと議論しながらワークシートを作成することにやりがいを感じました。

一方で，「ワークシートがどのような年齢層，知的レベルをターゲットにしたのか曖昧だったために，十分な有効性を発揮できない」「わざわざQ&Aに取り上げるべきでもないようなことを提示しても特別な発見の体験ができない」「短期間で作品や作家について調査しても簡単には答えの出な

い問題が多すぎて，どこまでの内容で作成して良いのかわからない」という意見もあった。今回の授業はワークシートを専門的なものとして作成することが目的ではないので，当然，不十分な点も多いが，これをきっかけにより専門的な関心を深める学生が出てくれば喜ばしい。

また，グループ作業でも結局一部の人だけががんばる結果になってしまうとか，授業時間外にメンバーが集まって作業をするのは現実的ではないという批判もあった。これに関しては，グループ内での各人の役割をいっそう明確にしその貢献度を見極めて成績評価に反映させるようにすればよいだろう。残念ながら全員に「秀」や「優」の評価を与えられるわけではないのである。

5　4～9年目の実践：ギャラリートークを中心に

単位の実質化のために講義時間外の予習復習の課題を与えることは必須だが，所属も学年も違う学生がグループとして講義時間外の同じ時間に集まるのはやはり困難で，ワークシート作成の作業には無理がある。そこで4年目からは常設展（これくしょん・ぎゃらりー）に展示されている作品について，現場で一般来場者に対して解説を行う，ギャラリートークを行うことにした。

一人の学生が一つの作品に関して約10分間話をするには，作品に対して十分な理解が必要で，作品の見所，作者について，作品の社会的歴史的背景，美術史的意義など，入念な調査が必要になる。またそれを人前で話すための言葉遣い，立ち居振る舞い，来場者の年齢や知識に合わせた臨機応変の対応，予想される質問への準備，話す内容を十分咀嚼した上で記憶することなど，いわばプレゼンテーションのあらゆる要素が求められ，相当に密度の濃い内容となった。

美術館側にも，所蔵作品に関する貴重な資料を用意してもらったり，実際に解説活動を担当しているボランティアの説明を受けたりして，さらに本番前にリハーサルを行うなど，入念な準備をして当日を迎えた。学生は相当に緊張していたが，みな何とか無事に課題をこなすことができた。会場では，一般来場者に混じって美術館の学芸員にも聴講を依頼し，専門家から見て良

かった点，反省すべき点を指摘してもらい，また学生相互にもコメントを出し合い，フォローアップにも努めた。

学生のレポートから主なものを紹介する。
- 一つの絵に対しての話をするためには，自分の中に話をすることの何倍もの情報を蓄えておくことが必要。
- 人に何かを伝えるときに様々な方法があると実際に見て知りえた。選ぶ言葉，抑揚の付け方，声，口調，身振り手振り，表情，話すテンポなど，発信する側はすべてを駆使して自分の言いたいこと，伝えたいことを受け手に発信しなければ，正確に伝わらないだろう，逆に，伝えるためにはそのような工夫が必要不可欠だと考えた。
- ただ作品をじっくり見て自分の言葉で理解する，という趣旨ならばレポート提出で十分な気もしますが，自分の理解を他の人に理解してもらえるように伝える，という要素が加わる点で，ギャラリートークには意味がある。

もちろんこの授業は全学教育の一環であり，決して全員が将来，芸術を専門として研究するわけではない。それでもこの授業は受講した多くの学生にとって意義あるものとなった。

- これから先，学部でプレゼンなどをしなければならない機会も出てくるので，その練習にもなった。
- 何度かあった課題も，文章の書き方や作品の観察の仕方の練習になった。それぞれが好きな作品を選ぶことで，発表が個性的なものにもなりえた。この授業の中でとどまらず，これから先にも生かされる貴重な経験だった。

と，論文指導としても一定の成果を上げることができた。

おおむねこのギャラリートーク方式は，冒頭述べた全学教育の理念とよく合致するものと評価できる。しかし問題点がないわけではない。

第一に，美術館の所蔵する作品の資料はきわめて貴重であり，それこそ学芸員の長年にわたる研究の成果に他ならないが，学生がそれを安易に利用することで，ともすれば「調査」の根幹の部分が疎かになりかねない。実際，作品の解説をしようとしても不明の部分は数限りなくあり，だからこそ地道な調査研究が必要なわけだが，短期間の授業では，あたかも正解があらかじめ用意されているかのような錯覚に陥ってしまいがちである。そのため，資料のほとんどない作品を選択してしまうと，何をどのように調査すれば良いのか，全くお手上げ状態になってしまう。現状で，何が明らかになっていて，何がまだ解明されていないのか，その上でどの方向へ研究を進めてゆくべきなのか，という研究の基本的態度を身につけるまでには至らなかった。

　第二に，美術館の年間スケジュールで常設展は6月上旬に展示替えされることが多く，ギャラリートークもそれまでに終了するために，日程的に学期半ばまでが大変忙しい。受講生数から2回に分けてギャラリートークを実施したので，授業中にリハーサルができない場合は北村の研究室で別途，個別に行ったりもした。逆にこの山場ともいえるギャラリートークを終えると，学期後半は，美術館のこと，展覧会のことなどをテーマにした講義や見学になるが，どうしても気が抜けてしまう感が否めなかった。

　こうして10年間，近代美術館を教室にした講義が続いた。

6　2013年度のシラバスの全面的改訂：美術館という現場

　10年の間に，大学の教育体制も様変わりして，履修登録単位数の上限が設定されたり，総合入試になって，希望の学部へ移行するためGPAの数値がいっそう重視されたりするようになった。受講生はずっと上限30人だが，ほぼ20人以下で推移している。

　近代美術館側にも，連携の窓口となる組織の改編や人事異動があり，業務の引き継ぎや毎年の年間スケジュールに合わせ，シラバスの内容を協議・調整しなければならない。そこで，これまでギャラリートークの資料提供や美術館の業務調整を担当していた学芸員の異動を契機に，学芸副館長以下，担

当学芸員と協議の上，シラバスの内容を大きく変更した（付録 2–2b）。

　連携授業とはいえ，授業すべてを美術館で実施するため学芸員の負担が大きくなっていることを考慮して，美術館での授業をほぼ半分に減らし，講義題目を「美術館という現場」に変更し，美術館で学ぶこと自体に意味があるのではなく，美術や美術館についてその実態を理解するという目的を明確にした。すなわち，①美術館という組織がどのような理念のもとに，どのような仕組みで成り立っているのか，②美術作品を鑑賞し，それを人に伝えるためには，何をどのように見て，どのように記述すればよいのか，③一つの展覧会を実現するためにはどれくらいの時間をかけて，どのような業務を担わなければならないのか，の三点を学習の目標として掲げ，それぞれ 15 回の三分の一に相当する授業計画にした。具体的には，美術館の収蔵庫を見学したり，作品を見るための基本的方法論を講義した上で，論文指導の一環として作品記述の課題を与え，現在開催中の展覧会の，企画から実現までのさまざまな問題点を明らかにした。常に大学での講義と美術館での現状とが往還することを心がけながら，最終的に芸術と私たちの生活との関連性，芸術をサポートすることの重要性，そして「美術館という現場」がこの現代社会の中で担っている機能性を理解できることが到達目標である。

　その結果，15 回の講義は，以前に増して有機的に展開できるようになった。論文指導科目として，学生の負担は必ずしも軽くはないが，受講生はみな熱意を持って参加している。幸いにもシラバスの改定以後の 2013 年度，2014 年度と，この授業によって北村は学生の授業アンケートに基づくエクセレントティーチャーに選出された。その授業アンケートに寄せられたいくつかのコメントを紹介したい。

- 美術館を内側から見るという貴重な体験をさせてもらい，さらに一つの芸術作品を徹底して鑑賞する力を養うということで，自分の視野を広げることができた。
- 美術館の裏側や展覧会を企画すること，作品との向き合い方などを広く学べた。楽しみ方も変わり充実していた。
- 美術が，世界の様々なことに影響されていることを知り，知識が広がった。

・講義内容がとてもよかったです。大学生として，芸術分野に親しまなければという気持ちがあったのですが，この講義を聞いて，自発的に楽しみたいと思えるようになりました。

7　おわりに

　地域と連携した芸術科目は，実をいえば苦肉の策だった。十分な人員も施設も資料もない状態で，どのように芸術教育が可能なのかを考えたとき，ある意味で必然的にそれを学外に求めることになったのである。シラバス作成や実施にあたり，毎年，美術館と協議や調整を重ねなければならないのは繰り返し述べたとおりで，そのようなコーディネイトのことを考えると，この連携授業は一人で15回担当する講義科目よりもはるかに手間がかかる。

　しかし手間をかけた分，学生たちの反応も真摯だった。例えば学生のレポートには，美術館の敷居が低くなりこれから頻繁に展覧会に足を運ぼうと思う，あるいは，美術館業務の裏側を垣間見てただ単に絵の展示だけをしているのが美術館の仕事ではないというのがよくわかった，絵画を単に自分の好き嫌いからだけではなくもっとその歴史性や社会性，また作家の置かれた状況など本質的なところから考えなければならないことが理解できたなど，授業の意図を正確にとらえた記述が数多くみられた。

　受講者は全学教育全体からするとごく一部に過ぎないが，このような科目を数多く配置し，一人でも多くの学生が「美的経験」を深め「アートリテラシー」の何たるかを理解して欲しいと思う。

　　　　（北村　清彦，コアカリキュラムにおける芸術科目の研究会代表2001-03）

参考文献
・森有正全集（1978-1982），筑摩書房

2. PMF，札響と連携した音楽関連科目の展開

　前節で述べているように，北海道大学のコアカリキュラムには地域連携の芸術科目があり，そのうち音楽関連では2002年度から「PMFの響き」(1学期)，2004年度からは「札響と音楽文化」(2学期，初年度のみ「札響とまなぶ：音楽の秘密」) が開講されている。いずれもクラシック音楽入門の要素を一定程度含むが，音楽鑑賞や音楽理論の学習に終始するのではなく，地域連携科目ならではの"生きた音楽文化"に触れる教育プログラムを中心としている（三浦2003）。2015年度で既に10年以上の開講実績を持つ「PMFの響き」及び「札響と音楽文化」について，非常勤講師として携わってきた立場から授業内容などを報告し，地域連携の意義と課題を記したい。

1　国際教育音楽祭と連携した「PMFの響き」

　「PMF」とは，米国の著名な指揮者レナード・バーンスタイン（1918-1990）の提唱で，1989年から札幌を中心に開催されている国際教育音楽祭「パシフィック・ミュージック・フェスティバル Pacific Music Festival」の略称である。創設者バーンスタインは初回PMFの終了直後に亡くなったが，その遺志を継いで札幌市が開催を継続し，2002年からはPMF財団が主催している。PMFは毎年7～8月に開催され，参加音楽家の数や演奏会の数では国内最大規模のクラシック音楽祭に成長し，これまでこの音楽祭で学んだ修了生は世界74カ国・地域から延べ3,200名を超える。年度によって公演数に変動はあるが，多種多様な演奏会が開催され，PMFの運営には市民ボランティアも参画していることから，市民レヴェルでの国際交流イベントの側面も持つ。

　地域連携の芸術科目として，PMFに着目した理由は3点ある。
　第1に，PMFの主要会場である札幌市音楽専用ホール「キタラ」（1997年

開館）は世界屈指とも言われる音響性能を持つ上，市内中心部に位置するため北大からのアクセスが容易である。

　第2に，PMFは教育目的の国際音楽祭であるゆえに演奏曲目が多彩である。オーケストラ演奏，室内楽，声楽，オペラ，現代音楽などのプログラムが含まれ，世界第一級の音楽家の生演奏によりさまざまなジャンルの音楽に触れられる貴重な機会である。

　第3に，PMF組織委員会やボランティア団体など実際の運営に携わる人々の講演から，音楽祭というイベントの成り立ちを多面的に学べる。現代の学問分野としても確立されている「アートマネージメント」の側面から地域の音楽文化の現状認識を深め，ひいては実社会の文化活動のあり方全般を考える契機にもなりうる。

　このように「PMFの響き」は，専ら教室内で音楽鑑賞を行うタイプの音楽教育とは性格が本質的に異なり，実社会の文化・経済・行政活動の枠組みの中で運営されているPMF総体の"響き"を学ぶ点に特色がある。一方，学内の空間とスタッフだけでは授業運営が完結しない地域連携科目の特性ゆえに，講義展開の上で配慮すべき事柄は少なくない。試行錯誤を重ねた結果，講義展開はほぼ固定化されてきた。

　初回のガイダンスでは，①7月にPMFの3つの演奏会を必修として聴くこと，②入場券代金（券種の選択により4,000〜15,000円）は履修者の自己負担であること，③4〜6月は演奏会で聴く曲目及び作曲家，音楽史の学習とPMF関係者3人の講演を行うことを説明し，さらに3，4人ずつの班編成によるグループ学習を取り入れ，作曲家と作品について調べて発表するなどの課題や，学期末には受講者各人にレポートを課すことを告知する。履修希望者が多数の場合は，所属学部のバランスに配慮して選抜する予定だったが，希望者は例年30〜40名程度で推移し，選抜を行ったことはない。この人数は，PMF入場券の確保やホール見学の実施には適正な規模である。

　講義の準備段階でとくに留意した点は，クラシック音楽経験に関して平準化したグループ編成で，予めアンケートで履修者の楽器演奏の経験やクラシック音楽を聴く頻度などを調査し，班編成の参考とした。そのほか，7月

に聴く3つの演奏会の間隔が1週間程度となるよう配慮した。

これまでの受講者の感想文とレポートによると,「PMFの響き」では特に音楽ボランティアの講演に多くを学んだという声が目立つ。音楽分野に限らず,ボランティアを積極的にとらえるようになったという学生も多い。音楽関連科目とはいえ,音楽分野を越えて学習成果に広がりがあるといえよう。また,作曲家や作品について各班で調べた内容が演奏を聴くのに大いに役立ったという率直な感想も多い。概ね受講者の学習姿勢は積極的で,学期末レポートを提出しなかった一部の者を除いて単位を修得している。

2 プロオーケストラと連携した「札響と音楽文化」

「PMFの響き」に2年遅れて始まった「札響と音楽文化」では,札幌交響楽団(札響)というプロオーケストラの活動に目を向けて地域の音楽文化のあり方や,市民生活における音楽の意義を考えることを到達目標とした。

札響は,1961年発足の札幌市民交響楽団を前身とする北海道唯一のプロオーケストラで,札幌を中心に道内各地で演奏会を開いている。道内音楽界の牽引役であり,同時に国内有数の楽団としてその音楽性には定評がある。近年は経営安定化のため,運営体制と演奏活動の改革の一環として音楽教育の拡充を図っているので,北大との連携授業は時宜を得たものであった。

「札響と音楽文化」の核となるのは,受講者が月に1度キタラホールに赴き,総計3回の札響演奏会を聴くことである(演奏会当日にリハーサルを見学する場合もある)。加えて,演奏会までの間に演奏曲目・作曲家の学習を行うほか,札響の楽員が数名ずつ本学の教室を訪れ,試演を含めたワークショップを3回行う。それには楽器の紹介や演奏時のポイントなどクラシック音楽入門の講義から,受講者全員が参加するリズム運動,指揮など体験型の学習,さらにはプロオーケストラの経営に関するレクチャーまでが含まれる。2005年度には札響指揮者の尾高忠明氏自らが指揮者の役割を語る講演も実現した。

このような内容を初回のガイダンスで説明し,入場券代金(4,500〜18,000円)は自己負担であることを説明して券種を選ばせる。「PMFの響き」と同様,

グループ学習を取り入れ，作曲家と作品について調べて発表するなどの課題や，学期末には受講者各人にレポートを課すことを告知する。受講者は例年40〜60名程度である。

「札響と音楽文化」履修者の受講態度は意欲的でほとんどの者が単位を修得している。調べ学習の発表を行う，ホールに生演奏を聴きに行く，札響楽員が大学を訪れるというサイクルが変化に富んでいるため，講義に対する興味と学習意欲が高まっているように見受けられる。入場券代金を受講者の自己負担としている点も学ぶ姿勢を積極的にする一因になっていると思われる。

3 地域連携の意義と課題

PMF，札響いずれとの連携も，北大が所在する札幌市の音楽環境を生かした芸術科目として一定の成果を上げている。音楽ホールや音楽祭を有する街全体がいわば芸術科目のキャンパスとなり，受講者に多様な学習機会を提供するところに連携の意義がある。

しかし，成果と同時に，地域連携科目特有の問題や，音楽関連科目ゆえに注意すべき点もある。そのような課題を3点挙げたい。

第1に，講義展開を立案するとき，PMF組織委員会や札響事務局との連絡・調整をいっそう円滑にする必要がある。当初計画した日程や企画内容が先方の都合で変更になることがあり，これがしばしば講義展開に影響するからである。地域連携科目ゆえの悩みではあるが，先方の提案が建設的な内容変更に結びつく場合もあるので，連絡・調整の労を厭わずに行う必要がある。

第2に，「PMFの響き」と「札響と音楽文化」いずれでも，作曲家や作品など音楽そのものに関する学習と，実社会における音楽祭あるいはオーケストラの運営に関する学習とが混在していて，内容を有機的に統一しがたい点がある。多面的に学べる長所はあるが，履修者が混乱しないよう，プログラムのさらなる整理と工夫が必要である。

第3に，クラシック音楽への馴染み方を「音楽リテラシー」と呼ぶなら，履修者の間の音楽リテラシーの格差は著しく，楽譜を読みこなし複数の楽器

を演奏する者もいれば，クラシック音楽をこの科目で初めて聴く者もいる。当然，授業はこうした格差を前提にして，音楽リテラシーの高い学生の発表では，音楽の知識を持たない聴き手を想定して説明するルールを確立する必要がある。この点は，これまでも授業内で繰り返し指導してきたが，徹底しきれていない。一種のコミュニケーション能力の問題で，毎年新たな受講者を迎えるたびに指導課題となっている。

「PMFの響き」と「札響と音楽文化」の開講に先立ち，筆者は北大で「ショパンとポーランドの詩人たち」（2001），「ショパンの芸術観」（2002～2004）という講義を行った経験もあるが，同じ音楽関連科目でも，地域連携科目の場合には授業運営上，留意すべき点が大きく異なることは上述の通りである。

もとより，コアカリキュラムにおける音楽関連科目は，職業人としての音楽家育成を目指す専門教育とは異なり，ヨーロッパ中世の「自由学芸 artes liberales」の精神を連綿と受け継ぐ教養教育の一環であり，学生の主専攻分野や実学の教育とは別の視点から，自由な知性と感性の多面的な育成を目指す科目である。上記3つの課題は，その十分な育成のために，遅滞なく取り組まれねばならない項目である。

最後に私見を述べれば，現代社会における芸術は人間のあらゆる営為と隣接あるいは融合し，常に人類全体の活動にとって新たな発想や感性の源泉となっていることから，芸術科目こそは教養教育の真価が問われる場といえるだろう。加えて，地域連携という社会性を備えた芸術科目は，大学固有の良質な教養教育を社会参加型へと導き，創造的なリエゾン（大学と社会との連携）の未知の領野を開拓してゆく可能性を秘めている。芸術科目のさらなる拡充が期待される所以である。

（三浦　洋，「芸術と文学」担当非常勤講師 2001-）

参考文献
・三浦洋（2003）音楽祭を利用した芸術教育：「PMFの響き」の理念と実践，高等教育ジャーナル 11，63-72【WEB】

第7章　外国語教育の改革

1　外国語教育の課題

　近年，外国語教育をめぐる状況は，グローバル時代の掛け声とは裏腹に，厳しさを増しつつあり，北海道大学も例外ではない。従来は，習っても実際に使えるようにならないと，教授法が問題にされてきたが，最近はそうした方法論的な内容を超えて，焦点はもっと構造的な問題へと移ってきている。
　一つには，入学してくる学生の外国語基礎力が弱まっているうえに，言語力そのものが低下していることがある。
　二つ目もこれと関係するが，少数の学生は別として，日本の今の内向きの風潮を反映してか，外国語を学ぶモチベーションや外国に対する好奇心・関心そのものが衰えてきている点である。
　そして，大学の法人化以後さらに新たな問題が加わった。それは，大学の運営予算の関係で，これまで教育協力を仰いできた非常勤講師を切り詰めねばならなくなった点である（これについては種々の議論があるが，ここでは措いておく）。これは，北大の外国語教育の責任部局である言語文化部の教員が流用定員の解消計画によって今後減少してゆくことと併せて，人的資源の効率的投下がいっそう求められることを意味する。
　とはいえ，一方ではポジティヴな要素も少なからず見いだされる。外国語のコミュニケーション能力を高めようとする意欲的な学生は各クラスに必ずおり，外国語選択の幅も広がってきている。理系の学生の間では，論文の執筆や国際学会での発表に必要な，高度の外国語（英語）運用能力養成への自覚も深まりつつある。そして特筆すべきは，コンピュータによる自学自習の

システム（CALL［コンピュータ支援言語学習］システム）の開発・導入である。今後はこの CALL が外国語教育の一つの柱となることは間違いない。

　こうした現状を一言で言い表すなら「多様化」である。学生の意欲と能力の多様化と，教育方法の多様化である。それはこれまでのような単一的メニューのカリキュラムでは教育効果が上がらないことを含意している。外国語教育もまた，日本の社会や経済と同じような変化に直面しているのである。

　一方，国際化の時代に，外国語教育の重要性がいっそう高まっていることは，あらためて言うまでもない。北大は「国際性の涵養」を教育理念の一つに掲げており，国際語としての英語の運用能力はもとより，他の外国語によるコミュニケーション能力も，グローバル化と文化の多元化が進行する現代にあっては，従来にも増して必須の条件となっている。それならば，ポイントは，こうした外国語教育の目標を，上述の「多様化」という状況のもとで，どうコンテンツ化し，どうシステム化してゆくかということであろう。今後の外国語教育体制の構築にあたっての原点は，ここにあると言ってよい。

2　2006 年度外国語カリキュラム改革の骨子

　法人化に伴って策定された「北海道大学中期目標・中期計画」（2004）において，外国語科目については，学生の学力の多様化と人的資源の効率的活用を見据えて，以下のように謳われている。

「『外国語科目』では，『読む』，『書く』，『話す』，『聞く』能力のバランスのとれた向上を図るため，CALL（コンピュータ支援言語学習）システムを使用する授業科目の拡充を図るほか，このシステムを使用する科目の必修化・能力別選択必修科目の設定などを実現するとともに，学生に対して語学の自主学習に利用するよう修学指導に努める。」

　また，いわゆる「2006 年問題」に対応すべく，北大では平成 18 年度以降の新教育課程の検討を重ねてきた。「2006 年問題」とは，新しい平成 11 年

告示学習指導要領（1999）のもとで学習した高校生が大学に入学する2006年には，従来の指導要領に比べ学習内容がかなり削減されているため学生の学力の低下が予想され（一方では，高校によってはこれまで通りの学力を維持することも想定される），大学のカリキュラムもそれに合わせて大きな改定が求められることを言う。これは学生の「学力の多様化」がさらに進み，むしろそれが構造化することを意味する。

　外国語のカリキュラム改革は，上述のような全体的な枠組みのもとで検討が始まった。種々の審議を経て，他の教科目の場合と同様に，2006年度からの外国語のカリキュラム策定にあたっては，次の2点を基本方針とすることとなった（大平2004）。

　❶　基礎的学力の育成をはかること
　❷　学生が学力・能力・意欲に応じて段階的にステップアップしてゆく授業プログラムを導入すること

❶については，あえて説明するまでもないだろう。学力の低下・多様化に対応するには，何よりも基礎学力の育成こそが根幹であり出発点となる。
　❷については，入学してくる学生の外国語（英語）の学力が多様化するのなら，当然それに応じたレベル別（習熟度別）のクラス編成が必要となり，英語と，入学後に履修する初習外国語に関しても，各学部学科が求めるレベルまでと，さらにそれ以上とについて，学生自身が学力・能力・意欲に応じて自らレベルを選択して学習してゆける授業体制をつくることが理にかなっていると言える。これは，従来までの言わば「護送船団方式」の画一的なカリキュラムから，個々の能力に見合った属人的カリキュラムへの移行であり，教育システムについて，ある根本的な変革が生まれたと言ってもよい。

　上記❶❷の基本方針を，以下の（A）（B）のように具体化した。
　なお，外国語は従来のように外国語A（基本的に英語），外国語B（英語以外の初習外国語），外国語C（いわゆる第三外国語）の区分はなくなるが，2カ

国語必修は維持されることになった。

(A) コア（基礎）をなす「外国語」
- 対象：英語，ドイツ語，フランス語，ロシア語，中国語（2007年度からスペイン語，韓国語が加わる）
- 授業区分は「外国語科目」（授業科目は「〜語」）とし，90分15回の授業で1単位。クラス人数は原則40人程度
- 英語，初習外国語とも，1年次開講で4単位必修
- 英語および他の外国語でCALL授業を積極的に組み込む。

(B) 発展部分となる「外国語演習」（2007〜の姿）
- 対象：英語，ドイツ語，フランス語，ロシア語，スペイン語，中国語，韓国語，および外国語特別演習（その他の外国語：イタリア語，ポーランド語，チェコ語，ハンガリー語，ギリシャ語，ラテン語，フィンランド語，ブラジルポルトガル語，広東語など）
- 授業区分は「外国語演習」（授業科目名は「〜語演習」）とし，15回の授業で2単位。
- 少人数クラスの特性を生かし教育効果の高い授業を展開する（それゆえ単位数は2倍）。
- レベルは，英語は初級，中級，上級の3段階，初習外国語は入門，基礎，初級，中級，上級の5段階で，各段階の到達レベルの対応関係を明示。
- レベル（段階）別クラスとともに，技能・テーマ別のクラスを拡充し，教養教育・専門教育との連関を重視した多彩な外国語教育を展開する。
- 英語，初習外国語とも各学部は2〜4単位の必修を課すのが望ましい。履修時期は2年次1学期を中心に4年次まで。
- この結果，外国語演習は1〜4年次いつでもどの段階でも履修できる体制となる。大学院生は，必要に応じて段階別に，この外国語演習の授業を履修できる。
- 大学院共通授業科目に，発表能力やディベート能力など高度な外国語運用力を養成する授業を導入する。

・上記（A）から（B）へと継続的に学ばせることにより，低年次から高年次にかけての外国語一貫教育体制をつくる。

以上が，2006年度外国語カリキュラム改革の骨子である。

今後の課題としては，カリキュラム上の種々の工夫（海外の高等教育機関における語学研修の単位認定や，夏季・冬季休暇中のインテンシヴ・コース開設など）が求められるのはもちろん，カリキュラムの多様化と外国語一貫教育体制を実のあるものにするため，言語文化部（2007年度より外国語教育センター）を核として外国語教育の全学的な協働体制を築くことが肝要である。

3　外国語新カリキュラムの要点

英語および初習外国語について，今回の改革の要点を述べる。

(1) 英語

2006年度からの外国語カリキュラムにおける❶基礎的学力の育成と❷学生の学力・能力・意欲に応じた段階的なステップアップという基本方針に加えて，CALL授業の積極的展開という方針も踏まえて，平成18年度教育課程最終報告（2004）および同最終まとめ（2005）の素案をもとに，言語文化部英語教育系で検討して，最終的に以下のような改革案ができた。

その過程で，CALLシステムによる授業については，過密な時間割のなかでの学習時間の確保と，オンライン上の学習の効果を高めるための時間割編成のあり方が検討され，旧来のカリキュラム編成と比較すると自由度の高い時間割構成が可能となった。また，CALL教室導入以来の教授法の研究や，市販教材の限界を補うための教材作成の実績を背景として，オンライン型CALL授業専門の教員チームが編成され，その業務負担にも一定の配慮がされることになった。

◎英語改革案のポイント

❶ ステップアップ方式の導入（各段階について詳細は後述）

基礎(1年次1学期)	応用（1年次2学期）	発展（履修期指定なし＊）
英語 I（発信型）	英語 III（技能別・レベル別選択）	英語演習
英語 II（受信型）	英語 IV（読解）	

＊学部によっては履修が望ましい期の指定あり

❷ レベル別クラスの導入

1年次2学期以降の授業にはレベル別クラスを導入（レベル分けは1学期「英語 II」で行われる TOEFL-ITP の成績に基づく）

(1) 上級者の単位免除：TOEFL-ITP で530点以上の「上級者」には，1年次2学期以降必修英語の単位が認定（免除）される（単位免除者には「英語演習上級」クラスの履修を推奨し，さらに高度な学力を修得する環境を提供する）。

英語 III・IV は「応用」と位置づけられ，1年次2学期に展開される必修の科目である。

(2) 英語 III

総合基礎, Reading, Writing, Listening, Speaking, CALL の6コース。

学生は，各担当教員の授業要項（シラバス）を参考に，履修希望を提出し，それに基づいてクラス編成を行う。

総合基礎は，1学期の TOEFL-ITP420点以下の学生向けの初級クラス。

(3) 英語 IV

初級クラス：TOEFL-ITP420点以下の学生向け

中級クラス：その他の学生向け

(4) 英語演習

「発展」と位置づけられる必修または選択必修（一部の学部では選択）の科目である。初級，中級，上級の3レベルからなる。多くの学部で2年次1学期が，履修が望ましい期として指定されているが，学部生は原則としてどの

期でも履修可能である（ただし，1年次1学期は要件を充たした学生のみ「上級」の履修が認められる）。したがって，それぞれのクラスには，そのクラスのテーマに興味を持つ学生が，学部・学年を横断して参加する。また，院生，教職員が履修する場合もある。学生は各担当教員の授業要項（シラバス）を参考に，履修希望を提出し，それをもとにクラス編成を行う。

◎科目ごとの詳細
英語Ⅰ・Ⅱは，北大生に必要とされる英語による発信能力の基礎を養うことを目的とし，2学期以降の応用・発展授業への準備と性格づけられる。

(1) 英語Ⅰ
授業内容は，①英語の発音，リズム，イントネーションの基礎，②パラグラフライティングの基礎，③暗唱（音読），プレゼンテーションなど口頭発表の基礎などが考えられる。クラスは原則として学部ごとに編成される。

(2) 英語Ⅱ
オンライン型CALL授業である。学生はオンラインで課題をこなし，学期末近くに受験するTOEFL-ITP試験により成績評価が行われる。教員の専門チームによって運営される。

(3) 英語Ⅲ
1学期で養われた基礎力の上に，さまざまな応用力を養うことを目指す。学生は以下の6コースからレベルと興味にあわせて，授業要項（シラバス）に基づき希望するクラスを選択する。
　① 総合基礎：英語の基礎力が不十分と思われる学生向けの基礎力養成のクラス（1クラス40名程度）
　② Reading：読解力を伸ばしたい学生向け（40名程度）
　③ Writing：作文力を伸ばしたい学生向け（25名程度）
　④ Listening：聴解力を伸ばしたい学生向け（35名程度）

⑤　Speaking：口頭による表現力を伸ばしたい学生向け（35名程度）
⑥　CALL：CALL授業により，主に読解力，聴解力を伸ばしたい学生向け（50名程度）

(4)　英語IV
　1学期で養われた基礎力の上に，読解力の一層の向上を目指す。速読により内容把握能力を伸ばし，内容の濃い英語の文章を深いレベルで理解し，さらにその要旨をまとめる力をつけることを目的とする。クラスは初級と中級に分けて，原則として学部ごとに編成される。（1クラス40名程度）

(5)　英語演習
　英語I〜IVで養われた英語力をもとに，英語を学術研究のツールとして使えるようになることを目標とする。授業内容は，各レベル（初級, 中級, 上級）にあわせて，資料のまとめ，討論，発表という研究に必要な運用能力を総合的に鍛えるものから，文章の内容を正確に理解して日本語あるいは英語でまとめる読解訓練を重視したものまで，さまざまな選択肢が用意される。担当教員はシラバスに授業のテーマを明記し，学生はそれを参考に選択希望を提出する。（1クラスは原則20人程度）

⑵　**初習外国語**
　◎初習外国語改革の全般的なポイント
　①　初習外国語については，2カ国語必修（英語＋もう一つの初習外国語）が今後も維持された意義をまず再確認したい。これは「国際性の涵養」という本学の理念からみて当然である上に，北大が外国語教育において，英語一辺倒ではなく多言語主義を方針とすることを意味している。また，現在の多元的な文化状況にあって，外国語履修と併せて，異文化理解教育の多様な展開が必要と確認された意義も大きい。
　②　今回の外国語カリキュラム改革の要諦は，外国語履修を基礎のコア部分（外国語科目）と発展部分（外国語演習）に分け，これを学部そして学生自

身が有機的に組み合わせることで，初年次から大学院までの外国語一貫教育体制が確立したことにある。この体制が実を上げるためには，外国語演習の授業内容が多様かつ高度に展開されることが必須条件となる。

③　初習外国語の選択幅を広げる（多様化を進める）ため，これまで「外国語演習」としてのみ開講されていたスペイン語，朝鮮語（韓国語に改称）を，2007年度から第二外国語（外国語科目）として開講する。また，外国語演習のメニューをさらに広げ，2006年度から外国語特別演習として，ブラジルポルトガル語，広東語，フィンランド語などを開講する。

④　カリキュラム改革と併せて，人的資源の効率的運用を推進する必要があり，2007年度より1年次2学期にオンライン教材（CD-ROMほか）による自学自習オンデマンド型授業を試行し，週2コマのうち1コマをこの授業に充てる（学習管理，成績管理はもう一方の授業担当者が行なう）。将来は，英語と同様にCALL授業の本格的展開を目指す。

⑤　教育内容と成績評価の標準化は，カリキュラム全体の質を維持する上からも，公平さを保つ上からも非常に重要である。各初習外国語はすでに統一テストを導入し，評価基準の統一化も図ってきた（ナロックほか2001）。今後はこれをさらに実質化し，各初習外国語において，統一教科書の導入も視野に入れつつ，教材の標準化を進める。

◎科目ごとの内容
(A) コア（基礎）をなす「外国語」
(1) 外国語I
初歩的な外国語を理解し，聞き，話し，読み，書くことができる。発音と文字に始まり，動詞の現在形，平叙文，否定文，疑問文などの初歩的な文法事項を学び，自己紹介したり，好みを言ったり，日常生活について基本的な表現などを行なう。

授業終了時に独検4級，仏検5級，中検準4級等に合格できるレベルの能力を到達目標とする。

(2) 外国語 II

　基礎的な外国語を理解し，平易な外国語を聞き，話し，読み，書くことができる。さまざまな時制，代名詞や関係詞の用法，比較構文などの基礎的な文法事項を学び，過去の出来事やこれからの計画について語る，値段を尋ねる，注文する，情報を求めるなどの場合に必要な表現を身につけ，日常的な状況での簡単な言語活動を行なう。

　授業終了時に独検 3 級，仏検 4 級，中検 4 級等に合格できるレベルの能力を到達目標とする。

(3) 外国語 III（文学部，法学部のみで，2006 年度のみ実施）（略）

(B) 発展部分となる「外国語演習」

　日本人あるいは外国人教員による，口頭表現，発音と聴解，文法，読解，作文，検定試験向けなど技能別授業や，人文・社会・自然科学テキスト，映画・オペラの台本の読解などテーマ別授業

　レベルは 5 段階とし，内容・到達目標は以下の通り。

❶入門：コア部分の外国語 I に相当する。

❷基礎：コア部分の外国語 II に相当する。

❸初級：辞書を用いて平易な新聞・雑誌記事，物語等を読み，自分の考えや意見を口頭で述べたり，文章に書いたりできる。

❹中級：日常生活で必要な外国語を理解し，基本的な文献の読解力を身につける。

❺上級：高度な内容の文も含め，社会生活に必要な外国語を理解し，自分の意見を表現できる。

　　（大平　具彦，教務委員会教育戦略推進 WG 教育課程専門部会座長 2003-05・

　　　　　　　　　　　　　　　　　　　　　　　　　　　　野坂　政司）

参考文献

・H. ナロック編著, 江口豊ほか著(2001) ドイツ語統一試験の導入:成績評価の「公平性」と「透明性」，教育内容のグローバル化をめざして，北海道大学言語文化部

第8章　自然科学教育の刷新

1. 新しい自然科学教育の展開
―――コース別履修制度と総合自然科学実験

　大学教育の実質化，グローバル化，理科離れなどが一度に問題化し，大きく変遷しつつある今日，大学教育に求められるのは，時代や社会の変化に応じた科学教育の今日化であろう。その際，学生に対するきめ細かな対処や，教員個人の教授法の改善努力も大事だが，大学としての組織的な取組がもっとも重要である。

　北海道大学では，平成11年告示学習指導要領（1999）による高校教育を受けた学生が大学に入学する2006年に，理科の履修歴や基礎学力の多様化に対応した新教育課程を開始した。高校での教育項目の削減に伴って，高校教育との有機的な接続に配慮した，大学教育側の対応・修正が大きな課題となり，教科書も作り直す必要が生じた。特に大きな影響を受ける初年次の自然科学基礎教育について検討を重ね，学生の能力とニーズに合わせて，総合自然科学実験を導入し，理系基礎科目の履修制度を大幅に刷新した（細川ほか 2007b）。

　現在，高校では理科は4科目から2科目を選択して学習するが，そのような選択的学習は必ずしも大学の理科教育と整合せず，むしろ大きなミスマッチが生じている。初年次の早い段階で学生の多様な学力を専門教育に必要なレベルに高めることが急務である。

　同時に，学士課程全体の教育効果を高めるために，学部専門教育との接続

の改善も必須であることが意識された。

　初年次教育の問題点は多岐わたるが，授業担当教員の立場で感じる点は，次のとおりである。

　①大学の大衆化，学力の多様化とともに露になった学力レベルの凸凹は，以前なら学生自身の学力の問題で済んだが，いまや学生個人の問題ではなく，大学のシステムとしてカリキュラムの整備，修学指導などを要する問題となっている。

　②学生が興味を持つ授業，興味が持てる授業をするように，教員個人に努力を強いるだけでなく，組織として共有できる教授法や評価法の開発が重要である。

　特に問題なのは，理系基礎科目の中でも積み上げ式の色彩が強い物理学と数学である。そのため，北大が長い歴史の中で一貫して培ってきた4つの基本理念（フロンティア精神，国際性の涵養，全人教育，実学の重視）に基づき，自然科学基礎教育を，高校教育及び，学部専門教育との接続を重視して抜本的に刷新することが，新世紀を迎える北大に課された使命であった。

1　自然科学教育改革の基本構想

(1)　これまでの経緯

　初年次の自然科学教育のあり方については，これまでも議論を重ねてきた。1995年には，教養教育・基礎教育・専門教育を有機的に結びつけた効果的な学部一貫教育の確立を目指して，全学教育がはじまった。2001年に教養教育にコアカリキュラムを導入したのにつづいて，基礎教育と専門教育の接続を重視した新しい理系基礎教育の創出を目指して研究・開発・試行を重ね，全学教務委員会の教育戦略推進WG・教育課程専門部会が平成18年度教育課程中間報告（2004）で，①コース別履修制度と，②互換性科目の導入，及び③リメディアル教育の強化を提言した（大平2004）。

　同中間報告では，学部一貫教育体制の下で，教育課程に関する基本方針として，全学教育では「コアカリキュラムの精神に則り，バランスのとれた教

育課程の編成に努める」，学部専門教育では「教養科目，及び，基礎科目との接続を深め，体系的な学部一貫教育の実施に努める」とされた。

また，第一期中期目標・中期計画（2004）では「基礎科目では，入学してくる学生の学力の多様化に対応するため，中等教育以下の新学習指導要領に対応した教育課程を編成し，数学，物理学，化学，生物学，地学について科目毎に『コース別履修制度』を実施する。学部専門教育における理系基礎科目は，学部の枠を越えた互換性科目（異なる学部で展開されている共通の内容を持つ科目）の単位共通化や，これらを全学教育におけるコース別履修制度と接続させる」ことを目標に掲げた。

しかし，中学・高校の教育課程の変遷に精通してはいない一般教員の理解を得るには多くの時間を要し，さらに教養部廃止をはじめとする教育環境の大変化の中でも教育改革は必ずしも十全には進んでおらず，一歩一歩着実な努力が重要であった。このような事情は多くの大学に共通する課題だろう。

(2) 全人教育とコアカリキュラムの精神に密着した自然科学教育

札幌農学校以来「自然に学ぶ」をモットーに体験型の教育を重視してきた本学の伝統と，コアカリキュラムの精神に則り，平成18年度新教育課程では，それまでの理系基礎実験を一部総合化し，社会的問題との関係にも注目させることを目指した①新たな「総合自然科学実験」及び，高校理科の学習履歴と専門教育でのニーズに応じた②理系基礎科目の「コース別履修制度」からなる，新しい自然科学教育システムを導入した（平成18年度教育課程最終報告 2004，同最終まとめ 2005）。

多くの大学と同様，理念とは別に，現実問題として実施体制をどうするかは難しい課題である。北大では新制大学発足時から「北大方式」と呼ばれる全学協力による初年次教育システムを採用しているが，大きな改革に向けて全学の合意を得るには時間がかかる。特に実験教育の改革には，人手も経費もかかるため困難も多い。幸い，2年間を費やした全学的な議論により協力体制の合意が得られ，新教育システムをスタートすることができた。

北大の理工系8学部（理・医・歯・薬・工・農・獣医・水産学部）に共通の

初年次自然科学基礎教育の実施には，大きな利点と固有の困難が共存する。1995年にはじまった全学教育では，旧教養課程以来の教育内容を見直し，「全人教育」の伝統を受け継ぐリベラルアーツを中心とした「純粋の教養教育」と，「実学」を重視した専門教育に直結する「理系基礎教育」を厳密に区別し，理工系学部では数学と理科の基礎教育を重視する方針で改善を図った。

　多様な専門を目指す初年次学生に，共通の基準による徹底した基礎教育を行うことは，総合大学の大きな強みとなるが，高校理科の履修歴と学力の多様化が過度に進んだ結果，機械的なクラス分けによる一律の基礎教育には，種々のアンケート調査や授業評価でも，学生から多くの不満が寄せられるようになった。2000年から高校での物理学，生物学未履修者を対象にしたリメディアル教育を開始したが，通常科目との位置付けの整理が不十分だったため，高校理科科目の履修履歴の変化に対応した理系基礎教育の抜本的再編が緊急の課題となっていた。

　近年，医療，食物生産などの分野における事故の多発，ものつくりなどの実体験の乏しさなど，わが国の科学技術基盤への危惧を呼び起こす事例がたびたびニュースとなっている。一昔前まで日本の科学素養を支えてきたのは中学・高校の理科教育であったが，中学・高校における理科離れの傾向が止まらず，また科学技術が高度化したこともあって，大学教育に対する期待が増大している。高校では，大学入試に過度に適応した教育の影響もあって，手を汚す科学実験はほとんど行われなくなっている。特に有名進学校ほどその傾向が強い。

　北大では，一般教育演習（フレッシュマンセミナー）の中で，フィールド体験型の野外実習，工学的創成実験，「もの作り実習：アンプを作ろう」（佐藤ほか2007）など，さまざまな新しい体験型授業の試みを行なっているが，それらに加えて，理工系の初年次学生約1,850人全員を対象とする総合自然科学実験を整備した。

　新たな先端科学を切り開くには，座学だけでなく，手足を動かす現実の感覚や体験，失敗経験が大事である。新しい総合自然科学実験は，自然現象や身の回りの科学現象に広く興味を持たせ，現代化したテーマにより大学の理

科教育へ動機づけを行い，大学教育の早い段階で基本的な科学素養を身につけさせる試みである。

また，複雑化した現代社会では，科学技術の専門家にも生産者の視点だけではなく，環境・安全などの問題について良識ある市民の視点も求められる。こうした社会的要請に応えるためにも，本学の全人教育の伝統とコアカリキュラムの精神に密着した総合的な実験教育の展開がきわめて重要である。

2　新しい総合自然科学実験と理系基礎科目のコース別履修制度

北大の新しい自然科学教育のポイントは次の2点に要約される。

❶　総合自然科学実験では，身の回りの自然・科学現象に広く興味を持たせ，大学の自然科学教育への導入・動機づけを行い，環境・災害・エネルギー・共生型社会などの社会的問題との関係にも配慮し，理工系学生に共通して求められる実験に関わる基礎的素養を身につけさせる。

❷　理系基礎科目では，学生の学力と専門教育のニーズに応じた「専門系」と「準専門系」のコース別履修制度を導入する。教育内容の標準化・新しい教育ツールの利用・TA（Teaching Assistant）・TF（Teaching Fellow：高度TA）の活用などにより，基礎学力を向上させる。

それぞれの取組の課題は，以下のとおりである。

❶　総合自然科学実験の新理念

これまでの基礎実験の目的は講義の補完と専門の基礎的な実験スキルの修得にあったため，ともすれば物理学，化学，生物学，地学という専門分化，タコ壺化が促された。

新しい総合自然科学実験は，物理学，化学，生物学，地学の一部テーマを総合し，狭い専門性に閉じこもりがちな学生・教員の意識を広く開放し，自然科学が本来持っている総合性・社会性を実感させる試みで，専門教育に先

立ち，初年次自然科学教育において実体験を通して学生の意識転換を図る点で大きな意義を持つ。

また，従来の基礎実験と基礎科目の講義及び専門教育との関係を逆転して，新たな発想に立ち，初年次に講義と並行して行う実験体験を通して，自然現象や身の回りの科学現象に広く興味を持たせ，自然科学教育への動機づけを行い，また先端科学の概念を把握させる試みである。総合自然科学実験は，講義が主（先），実験が従（後）という関係を逆転し，講義ではまだ扱っていないテーマや学際的テーマも取り入れる点でも，独創的な試みである。

❷ 理系基礎科目のコース別履修制度

理系基礎科目の改革は，①専門系（将来その科目を専門とする分野を専攻する学生対象）及び②準専門系（将来その科目を専門とするわけではない分野を専攻する学生対象）のコース別履修制度，③互換性科目の導入を柱とする新しい試みである。特に②準専門系コースでは，米国カリフォルニア大学バークリー校の入門化学の授業などを参考に，(1)現代的ニーズに対応したビジュアルでわかりやすい教科書, (2)パワーポイントなどによる新教材（図，動画）, (3)ウェブサイトによる予習・復習支援システムという三位一体の新手法を取り入れた斬新な理科基礎教育システムの構築を目指した。

具体的な課題として，全学の協力のもとに，以下の諸点を進めた。

① 総合的テーマを加えた新たな総合自然科学実験

講義の補完や専門の実験スキルの習得という従来の自然科学実験の位置づけについて発想を転換し，入学初年次に観察・実験の実体験を通して自然現象への興味を培い，理科学習の動機づけや先端的科学概念の把握を図るという新たな視点に立ち，全学協力体制による本格的総合自然科学実験の構築を目指して，3年間かけて実験施設を大幅に刷新し，段階的に新たな総合的実験テーマを開発・実施した。

新たに開発したテーマ例は，(1)医・生物系からの要望によるオシロスコープによる心音測定（物理），(2)いま問題となっている放射線実験とその確率

的取扱い（物理），(3)高校の化学教科書で紹介されている燃料電池の実験（物理），(4)身近な医薬品の化学合成実験（化学），(5)香水など天然かおり物質の化学合成（化学），(6)実生活で目にするイカの解剖（生物），(7)環境汚染に敏感な小生物珪藻を通した環境問題（生物），(8)アパートの近くで採取した環境水の水質分析（地学）などである（自然科学実験アンケート調査 2008，自然科学実験報告書 2009）。

②ビジュアルでわかりやすい各科目の教科書

現代的ニーズに対応し，先端科学と関連した内容，学生にわかりやすい表現や説明法，概念の把握が容易なビジュアルな図の採用などの工夫をした教科書（物理学3種，生物，地学）を作成した。

③　パワーポイントなどを利用した新教材

図表や動画などの新教材を講義担当者に提供して，講義内容の標準化と教育水準の確保，積み重ねによる教材と技量の蓄積，新たな教育内容を開発する時間の確保を図った。

④　ウェブサイトによる予習・復習支援システム

講義内容をウェブサイトに公開することにより，学生の予習・復習を支援するとともに，理系基礎教育の大学間連携・地域連携の促進，及び社会に対する教育の質の保証を図った。各教員の対応のほか，高等教育推進機構に設置した学習支援室（アカデミック・サポートセンター，2015年度よりラーニングサポート部門）で対応している（本書第11章参照）。

⑤　講義・実験を支援する TA，TF による教育補助と研修システム

国立大学法人への移行に伴い，人件費抑制の観点から非常勤講師採用数の削減が必要となったため，優秀な大学院学生を TA，TF として採用し，多様な学力レベルの学生に手のかかる教育補助を行うことにした。大学院生が自身の教育キャリアの一環として，理系基礎教育に参加することで，高等教

育の理念・目的・方法を理解するとともに，ともすれば不足しがちなコミュニケーション能力・判断力などを養うことが期待される．外国の大学では大学院教育での単位化，卒業要件にもなっている（本書第 10 章参照）．

3　新しい自然科学教育の効果と意味

　学生の学力の多様化に対応した新たな総合自然科学実験と，理系基礎教育システムの刷新は，学士課程全体における，効果的で効率的な，一貫した教育システム確立の第一歩となる．

　総合自然科学実験により自然及び自然科学に対する感動と興味を呼び起こし，社会・環境問題への関心を高め，コース別履修制度により理系基礎教育と高校教育及び専門教育との接続の改善を図ることは，専門教育への動機づけの強化，専門教育に必要な基礎学力とスキルの向上に大きな効果がある．

　広い科学基盤を持つ理工系各学部の協力により，理系基礎教育が全学共通の教育として展開されることは，教育内容・テーマの幅を広げ，また自然科学が狭い専門領域で完結するものではなく，相互に深く関連する複雑な体系をなすことを実感させる点で，学生に対しても，教員に対しても大きな教育効果がある．

　理系基礎教育の内容をウェブサイトを通して広く社会に公開することは，地域及び大学間の連携にも貢献する．高価な設備を人数分揃えるにはたいへん資金がかかるが，北大では余裕のある曜日に近隣医系大学や高校教員に実験室を開放する試みも行った（中野ほか 2009，小野寺ほか 2010）．このように本学の教育内容を広く社会にアピールすることは，高校生あるいは社会人の本学への理解と協力の拡大に貢献し，本学が社会に対して教育の質を保証し説明責任を果たす一つの手段ともなる．

　理系基礎教育と専門教育の接続は，旧教養部時代から多くの問題を抱えており，高校教育の反復，専門教育との重複などの問題も指摘されてきた．この問題は一朝一夕には解決できないが，コアカリキュラムの精神に則った基礎教育と専門教育の総合的設計により，限られた人員と授業時間で効果的で

効率的な自然科学教育を実施し、さらには一貫性のある学士課程教育の確立につながることを期待している。

今回の自然科学教育改革のもう1つの目的に、大学における科学リテラシー教育の強化がある。これまで国民の科学的素養を担ってきた高校物理が崩壊し、大学で物理を履修しなければ国民の9割が中学理科レベルの素養にとどまり、「交流」や「電力量」さえ知らないことになる。科学技術の分野を専門としない学生にも、自然科学の基礎知識と、それに基づく広い視野からの判断力を養う機会を提供し、理工系・文系を問わず、北大として、大学生にふさわしい科学的素養を保証する必要がある。北大では文系学生のための自然科学実験も実施し、毎年20名ほどが受講している（池田ほか2008）。

インターネットを用いた授業公開（OpenCourseWare）も魅力的な試みである。マサチューセッツ工科大学（MIT）などで始まり、日本からのアクセス件数は世界第8位にのぼる。本学でも、さらなるグローバル化に対応したオンライン教育システムの構築が望まれる（北海道大学オープンコースウェア）。

もう一つは、大学が積極的に高校と連携して教育に携わることの重要性である。高校における理系基礎教育が充実すれば、そのメリットは大学だけでなく、社会、とりわけ経済界にとっても大きい。専門の研究者だけでなく、科学リテラシーを備えた、グローバル化時代を担う人材の育成は避けては通れない課題である。

理系基礎教育及び自然科学実験の改革は、多くの総合大学に共通の課題である。本学の試みは、教養教育・基礎教育・専門教育にそれぞれコアカリキュラムを導入し、科学教育における現代的ニーズに応える人材育成を目指す点で、他の大学でも応用できる一つのモデルになるものと期待される。

（小野寺　彰，全学教育委員会小委員会委員長 2006-10）

参考文献

- 細川敏幸,小野寺彰(2007b)時評 "2006年問題" に対応した大学教育を考える:新しい自然科学教育への取組みとその効果,化学 62(7),15-18
- 佐藤久志,小野寺彰ほか(2007)大学初年次フレッシュマン・セミナーとしての物作り実習,物理教育 55(1),73-76【WEB】
- 池田昌隆,小野寺彰ほか(2008)文系学生のための基礎自然科学実験の試み(実験室),大学の物理教育 14(1),42-44【WEB検索:大学の物理教育】
- 北海道大学全学教育自然科学実験アンケート調査(2008),北海道大学 自然科学実験連絡会議・高等教育機能開発総合センター全学教育部編[自然科学実験アンケート調査]
- 北海道大学全学教育自然科学実験報告書(2009),北海道大学 自然科学実験連絡会議・高等教育機能開発総合センター全学教育部編[自然科学実験報告書]
- 中野善明,小野寺彰ほか(2009)大学間連携による初心者のための物理学実験,応用物理教育 33(2),63-68
- 小野寺彰ほか(2010)話題提供 大学間連携による自然科学実験の実施と科学リテラシー育成の試み,東北・北海道地区大学一般教育研究会研究集録 60,100-103

新芽が萌えるころのエルムの森。右奥は総合博物館

2. 次世代型インテグレート科学授業の開発

1　準専門系科目の開発で明らかになった課題

　日本の高校・大学における理系科目の履修傾向は大学入試に強く影響されている。例えば，高校生の物理離れは大学入試で「考えさせる問題」を重視する物理を選択するのはリスクが高いと考えているためという説が有力である。

　北大のように，せっかく準専門系コースを用意しても，高校で未履修の科目を大学で選択するのはリスクが高く，単位の取得が至上命令の大学生は履修を敬遠する傾向がある。その結果，大学入試で選択した特定の理系分野についてはある意味で過剰な知識を持っているが，それ以外の分野では中学校レベルの知識しか持たない学生が多くみられる。こうして，自然科学全体について整合性のある理解を持つ機会がないまま，科学技術については知識の幅も興味の幅も狭い大学卒業生が大量に生み出される。また，せっかく高校で履修した特定の科目の内容についても，日常生活との関係が希薄で，社会的な意味について考察する機会が少ないため，やがて忘れ去られてしまう。日本の成人の科学への興味と科学リテラシーのレベルが他の先進諸国と比べて，また発展途上国と比べても，極端に低いという調査結果は，大学入試への過剰な適応と無関係ではない。

　このような履修上の欠点を解決する1つの方法は，物・化・生・地のそれぞれのディシプリンについて，現代的な意味や日常生活に結びつけた幅の広い準専門系科目を提供することである。

　2004年に水産学部の学生230人を対象に始まった「基礎物理学Ⅰ」のパイロット授業は，物理に基礎を置いた準専門系科目の典型といえる。「高校で履修してこなくても学べる一方，大学で物理を専攻している学生にとっても新しい発見があるはずで，自分に不足している部分を補える」という趣旨を掲げた野心的な試みで，演示実験やe-ラーニングを導入し，討論を行わ

せるアクティブラーニング型の授業だった。開講期間は1年間，授業は週1回1時間半で，前期に力学および振動と波動，後期には熱力学，電磁気学，量子力学の講義を行った（鈴木ほか 2005a，同 2005b）。

　しかし，日本の標準的な時間割では，講義時間がアメリカの標準の半分以下で，演習のための時間も取れないため，コンテンツはアメリカの標準的な入門物理学や初等物理学には遠く及ばない。例えば，近年アメリカの大学生に絶大な人気のある R.A.Muller の「将来の大統領のための物理学・技術」（2013）は，現代社会に必要な物理的概念を厳選し，それぞれについて具体的な応用問題を数多く例示して受講者を十分に納得させる内容になっている。しかし，同じやり方をしようにも日本の大学では使える時間が絶対的に足りない。「基礎物理学Ⅰ」のプロジェクトは当時としては先駆的な内容を持っていたが，担当者は改めて日本の学士課程プログラムの構造的な壁を感じることになった。

　もう1つの方向は，大学レベルの科学リテラシーとして準専門系科目をとらえることである。科学リテラシー運動は，1989年に米国科学振興協会（AAAS）が「すべてのアメリカ人のための科学」（Science for All Americans）という報告書を出してから国をあげての取組となり，さらに 2000 年前後に発展途上国における科学教育の普及活動に結びついて新しい局面を迎えた。OECD の教育アセスメントと評価プログラム，いわゆる PISA はこの流れにある。PISA が示した科学的な知識および概念の標準には物理や化学などの科目（subject または field）はなく，各ディシプリンは統合（インテグレート）されている。アメリカの大学教育改革の流れでは，大学の入門科学は K-12 教育（小学校から高校まで）の仕上げとされ，インテグレート科学（Integrated Science）のコースが全米に急速に普及している。2000 年代には 200 を超える大学や短大で開講され，受講者は毎年 10 万人を超えている。

　日本の大学では偏差値主義の影響などから，高校との接続に実効性のあるインテグレート科学への取組は遅れている。しかし，たとえば放射性廃棄物の問題では，放射性崩壊（物理），放射性物質の化学的性質（化学），生物への影響（生物学），保存する場所（地球科学）などが関係し，これら全体をバ

ランス良く学んでおかないと偏った判断をしてしまうことになるだろう。そもそも理系のディシプリンは初期の近代大学における自然哲学から順次発生・消滅を繰り返して形成されたダイナミックで可塑性のあるもので，現在の形になったのもそれほど古いことではない。インテグレート科学の教育は，学問そのものの発展過程からみても，社会のトレンドからみても必然である。

2 大規模授業のアクティブラーニング化

　講義形式の授業は，必要な知識を効率的に伝えられる点で優れているが，近年の研究では，講義で実際に学生に伝えられる情報量は驚くほど少ないことがわかってきた。報告によれば，平均的な学生は，❶講義の40％の時間は教員の話を聞いていない，❷最初の10分間では70％を記憶しているが，最後の10分間では20％しか記憶していない，❸ある専門の例では，コース終了後4カ月後の知識の量では，同じ授業を受けなかった学生に比べてわずか8％しか差がなかったという（Meyers & Jones 1993）。一方，自ら疑問を持ち，質問し，体を動かして主体的に取り組んだ課題は，記憶の定着率が高いことが明らかになっている。こうして，従来の講義形式からアクティブラーニングへの転換が加速されている。

　アクティブラーニング化が成功するかどうかは，大規模授業でこれをどう実現するかにかかっている。学生参加型で議論などを取り入れた少人数の授業は，「ゼミ形式」としてずいぶん前から実践されているから，「古典的アクティブラーニング」と呼んで区別した方が良い。古典的アクティブラーニングは少人数クラスを増加させ，普及すればするほど教員に負担がかかるようになる。国際的にみても，日本の大学教員は国公私立を問わず教育負担が大きいことが知られており，その負担の多くはゼミ形式に近い少人数クラスであることが，統計調査でも明らかにされている。

　教育関係の学協会などでの研究発表には，新しい試みによりパフォーマンスやアウトカムが向上したという事例報告がよくあるが，それを実施する教員の側に多くの労力が伴う場合が少なくない。しかし，多くの労力をかけれ

ばパフォーマンスが向上するのはいわば当然で，教育改善とはいえない。一般に，教員の負担を増やす教育法は普及しないので，大規模授業でのアクティブラーニングでは，初期の授業開発に費やす努力は別としても，少人数授業に比べて，学生一人当たりの教員の負担を格段に軽減する必要がある。鈴木はこの点を意識して，準専門系科目の1つとして「統合（インテグレート）科学」の授業を開発した。

3 「インテグレート科学」の展開

鈴木はアメリカのカリフォルニア大学バークリー校で参観した入門化学の授業に触発されて，2003年からクイズ形式の授業を始めたほか，MITのTEAL（Technology Enabled Active Learning）の成果を参考に，CGを用いた動画によって物理現象を説明するプロジェクトを始め，さまざまなコンテンツを作成してきた（鈴木ほか2006a，同2006b，同2007，鈴木2009a）。2007年度からは日本で初めてクリッカーによるクイズを導入した授業を開始した（鈴木2008，鈴木ほか2008）。

この流れの延長で，2009年度より北大のコアカリキュラムで，文系・理系の区別なく履修できる前半・後半で完結するインテグレート科学の授業として，科学・技術の世界「ゼロから始める『科学力』養成講座」を開始した（鈴木2009b，同2010a）。

物理・化学・生物学・地球科学の各分野で国際的に定評のある教科書を参考に，全部で29章39回分の統合的な教科書を書き下ろした。テキストはAdobe InDesignで制作し，pdfファイルでコースマネジメントシステム（LMS）を通して学生に提供した。

前半は「科学とは何か」から始まり，物理学の基礎的概念，量子論から原子の成り立ち，分子間力へと進む。最後の分子間力の理解により日常生活に現れる物質の大半の性質が理解できる。

後半のテーマは進化で，宇宙の発生，星の進化，太陽系，そして地球上の進化へと進む。全体のハイライトである生命進化は前半の知識と有機的につ

ながっており，全体として整合性のあるストーリーとなっている。また，問題の性質上，社会科学と自然科学のつながりが求められる部分もある。

最初の年の履修者は，前期の受講生 128 人のうち文系は 40 人，後期は 138 人のうち理系・文系がほぼ同数だった。成績判定は，理系と文系では，高校における履修履歴により有意の差が出る可能性があるため，学生にあらかじめ宣言した上で，別々の評価基準により行った。

授業では毎回，授業に関連した 4 択式のクイズを作り，日本に初めて導入されたクリッカーを使って答えさせ，授業の双方向性を確保した。自習のため毎回平均 20 題ほどの選択式の小テストを 3 回まで挑戦可能として課した。

当初は自習システムとクリッカーによる講義を組み合わせただけの授業だったが，2012 年度からセンター研究部の支援でアクティブラーニング化をはかり，講義は 1 時間以内とし，残りの 30 分でグループ討論と 2, 3 のグループの要約の発表を行うようにした（鈴木 2014）。グループ討論の内容は小レポートとして LMS にアップロードし，支援教員と TA を含めて採点チームを作り担当教員間で調整してからオンラインで評価とコメントを受講生に通知した。レポートは 2013 年までは毎回提出させたが，その後，学生と教員・TA の負担を考慮して 2 回に 1 度とした。

4　まとめと今後の方向

コアカリキュラムでは，理系基礎科目の構成が 1 つのポイントで，中でも高校における履修を前提としない科目である準専門系科目の開発が重要である。準専門系科目で総合性を確保するには，それぞれのディシプリンの幅を広げる方法と，物・化・生・地を融合させるインテグレート科学の方法の 2 つがある。後者は大学における科学リテラシー教育に相当するもので，高大接続の有力なツールとなり得る。これを単なるディシプリンの寄せ集めで作ると既存のオムニバス形式の総合科目と変わらなくなるので，複数の専門領域の密接な協力のもとに，個性を持ったリーダーが一定の方針をもって再構成し，できれば 1 ～ 2 人の講師が授業を担当するのが望ましい。

北大のコアカリキュラムにおけるインテグレート科学の授業は，このようなガイドラインに沿って開発されたユニークな取組である。インテグレート科学は，専門家が揃った研究大学のみならず，人的資源に限りがある小中規模の大学でも開講できる点で，教養教育における1つのデフォルト・スタンダードとなるだろう。

（鈴木　久男，高等教育推進機構副機構長・総合教育部長 2013–・小笠原　正明）

参考文献

- Meyers, Chet & Jones, Thomas B.（1993）Promoting active learning: strategies for the college classroom, Jossey-Bass
- 鈴木久男ほか（2005a）大学初等物理教育の変革とeラーニングシステムの活用，高等教育ジャーナル 13，15–20【WEB】
- 鈴木久男ほか（2005b）大学における理科教育のグローバル化とeラーニング，高等教育ジャーナル 13，21–28【WEB】
- 鈴木久男ほか（2006a）動画入り物理教科書の制作，高等教育ジャーナル 14，83–88【WEB】
- 鈴木久男ほか（2006b）初等物理教育における能動的学習システムの構築，高等教育ジャーナル 14，89–97【WEB】
- 鈴木久男ほか（2007）ストリーミングサービスを用いた動画配信による授業公開の手法（短報），高等教育ジャーナル，15，191–196【WEB】
- 鈴木久男（2008）授業応答システム"クリッカー"（シンポジウム 理系学士課程教育の充実方策），大学教育学会誌 30（1），41–47
- 鈴木久男ほか（2008）授業応答システム"クリッカー"による能動的学習授業：北大物理教育での1年間の実践報告，高等教育ジャーナル 16，1–17【WEB】
- 鈴木久男（2009a）可視化する物理：これがゲーム制作ソフトの威力なのか？（特集 グラフィックでわかる物理：イメージから広がる直観的理解），数理科学（サイエンス社）47（1），14–20
- 鈴木久男（2009b）大学における統合的科学コースのすすめ（シンポジウム 科学技術リテラシー教育と『学士力』の育成），大学教育学会誌 31（1），94–99
- 鈴木久男（2010a）大学生に必要なサイエンス教育とは何か？，名古屋高等教育研究 10，59–76【WEB】
- Muller, R. A.（2013）Study guide for Physics and technology for future presidents, Cram101
- 鈴木久男（2014）大規模授業でのアクティブ・ラーニングとICTの活用（特集

アクティブ・ラーニングの実質化に向けて),大学教育と情報 2014 年度 (2), 15 -20【WEB 検索：大学教育と情報】

旧図書館。左側は農学部の一部

第3編
総合入試制度と新しい教育支援システム

　北海道大学では，長い議論の末，2011年度から「総合入試」（大くくり入試）制度を導入し，初年次はすべての学生が，高等教育機能開発総合センターを改組してつくられた，高等教育推進機構の総合教育部に所属して，理系・文系共通のカリキュラムで全学教育を受けるようになった。

　現在の全学教育＝総合教育は，旧教養部の教育と比べて，はるかに進化した教育プログラムになっている。コアカリキュラム（2001〜）と平成18年度新教育課程（2006〜）の導入により，少人数，学生中心，主題・課題中心，体験重視，対話的・双方向型，アクティブラーニング型の教育が普及し，高校教育・専門教育との接続が改善され，単位の実質化の取組により学生の学習態度が向上した（本書第2編参照）。

　また，多彩な学習支援と進路相談・指導のシステムと，先進的な教育研修および教育評価のシステムが活動している。さらに，2014年にはICTを利用した教育資源の開発と支援を目的としたオープンエデュケーションセンター，2015年には大学院生を対象とした国際的な人材育成を目指す新渡戸スクールと，教職員の研修支援と学生の学習支援を目的とした高等教育研修センターが開設された。

　本編では，総合入試・総合教育の開始と，それを支える北大の新しい学生・教員支援システムの活動を紹介する。

第9章 入学者選抜制度の改革

1. 学士課程の変容と入学者選抜のあり方
―― 「大くくり入試」導入の背景と経過

1 「入試改革」の課題

　北海道大学の理念と使命の実現が，学士課程教育の成否にかかっていることはいうまでもないが，それは学士課程における大学の教育努力のみならず，高等学校の教育課程が大学の学士課程教育に断絶なく連続することを前提とする。そのため，大学は学士課程の変容とともに，入学者選抜の適切なあり方を絶えず追求しなければならない。

　本稿は，大学の機能分化が提唱され，日本型の高校と大学の接続（高大接続）が転換期を迎えているときに，北大が取り組んだ入学者選抜改革の基本的性格を明らかにすることを目的とするが，まずはじめに日本型の高大接続の特殊性について述べ，本稿の目的に関わる問題意識を明らかにしたい。

　大学の学士課程が入学者選抜を通じて高校までの学校教育に接続するのはごく当たり前と思われるかもしれないが，この接続はそう容易ではない。

　顧みれば，ヨーロッパに歴史上初めて生まれた学校は大学であり，中等教育学校がそれにつづき，初等教育の制度化ははるかに遅れたからである。またそれぞれの学校種は必ずしも接続を前提とせず，欧米各国は近代学校制度の整備にあたって，ナポレオン学制をはじめ大きな改革を必要とした。

　わが国でも，1872年の「学制」は小学校から大学にいたる学校を体系的

に制度化しようとしたが，異なる学校種間の接続は容易ではなかった。何よりも，高等教育機関が入学に際して要求する「上から」の教育水準と，義務教育から始まって「下から」積み重ねられた教育の達成水準の接続は，容易には実現できなかったからである（佐々木 2012, 202-204；先﨑 2013）。

　高校と大学の接続（高大接続）は，「教育上の接続」を基礎とし，その上に入学希望者から選抜して大学が入学許可を与える「選抜上の接続」が位置する（先﨑 2010, 佐々木 2011, 同 2012, 高校段階の学力研究 2010 など）。このため，欧州では一般的にナショナル・カリキュラムが定められるとともに，中等教育達成水準を確保する高等学校卒業資格試験と大学入学資格試験を兼ねた資格試験──フランスのバカロレア，ドイツのアビトゥア，イギリスの GCE-A レベルなどにみられる試験──が実施され，アメリカでは資格試験ではないが接続に必要な教育上の達成度を測るテスト専門機関による試験──SAT や ACT──が設けられている。そして，特殊な場合を除いて個別の大学が「選抜上の接続」のための入学試験を課すことは無い。

　日本では種々の制約もあり，戦前の旧制高校・大学予科と旧制中学の接続の経緯を継承して，学校教育法で高等学校卒業資格が大学入学資格を与え，またナショナル・カリキュラムともいうべき高等学校学習指導要領があるにもかかわらず，高校までの教育の達成度を把握する資格試験や共通試験を欠き，学力達成度の把握は大学入試に依存してきた。

　しかし，大学が選抜のために行う学力入試は，あくまでも「選抜上の接続」の装置でしかない。それは①募集定員を上回る受験者を落とすための「落第試験」であり，②そのために受験者の成績を序列化するための「集団準拠型試験 norm-referenced test」であって，達成度を測る「目標準拠型試験 criterion-referenced test」ではない。しかも，③高校段階での学習の成果をみるのではなく，大学の募集単位つまり専門教育に対応した試験であり，④それも個別大学ごとに異なる範囲と水準で出題がなされる試験であって，高校での「高度な普通教育」の基礎的な教科科目の達成度を把握するという教育接続の目的に沿うものでは決してない。それにもかかわらず，個別の大学が行う学力入試──大学入試センター試験もその枠組みの中でなされている

——が，大学への進学に必要な教育の達成度を把握するための「教育上の接続」装置ともなってきたところに，日本型ともいうべきわが国高大接続形態の特徴がある。

このような接続形態の中で学士課程教育と高等学校教育課程とはいかにして教育上の接続を実現できるか。これは中教審「将来像答申」(2005) が，大学が多様化する中でカリキュラム・ポリシー（教育課程），ディプロマ・ポリシー（出口管理）とアドミッション・ポリシー（入学者受け入れ方針）の明示を求めていることとも関係して[1]，大学が解決すべき課題と意識されてきた。大学が適切なアドミッション・ポリシー，カリキュラム・ポリシー，ディプロマ・ポリシーをもって学士課程教育を構築することは当然と考えられるかもしれないが，アドミッション・ポリシーとカリキュラム・ポリシーの関係，つまり入学者選抜と学士課程教育をつなげるのにはいくつか困難が存在し，その解決は容易でない。これが本稿の目的の背景にある問題意識である。

2　高等学校までの教育達成度と学士課程教育

入学者選抜と学士課程教育をつなげる際の問題の一半は，適切なアドミッション・ポリシーとカリキュラム・ポリシーの統合が「学士課程教育が入学者選抜を規定する」という論理に拠っているのに対し，現実には「入学者選抜，したがって高等学校教育課程が学士課程教育を規定する」という側面があることによる。その理由には，1985年の臨時教育審議会（臨教審）第一次答申から始まる非学力選抜（AO入試，推薦入学）の拡大，私立大学の少数科目入試普及など全国的な入試制度のあり方も関わり，また1992年度入試をピークとした18歳人口の減少と大学収容力の急増などもあるが，こと国立大学，それも世界的研究・教育拠点として機能すべき大学にとって，日本型高大接続の機能には，2点で問題が生じているからである。

第1の問題は，高等学校教育課程の変容である。大学は選抜のための学力試験を高校の教育課程の範囲内に限らざるをえない。「教育上の接続」に必要な学力把握を大学入試が担うという日本型高大接続が曲がりなりにも機能

するには，ナショナル・カリキュラムとしての学習指導要領が高等教育への接続を可能とする内容を備えることが前提となる。しかし，高校への進学率が90％を超え，高校が「国民的教育機関」となり，また臨教審第一次答申（1985）が普通教育と個性重視の教育を対立させ後者を重視したことから，度重なる高等学校学習指導要領の改訂が，学修総単位数の削減と選択の幅の拡大，結果として学習範囲の削減をもたらす方向でなされてきた。この方向性は，学校教育法の大学入学資格規定にもかかわらず，学士課程への教育接続の観点を欠いて，文部省（文部科学省）初等中等教育局において検討された所産ともいえた。ナショナル・カリキュラムは教育上の高大接続装置としての機能を欠くに至ったのである。

平成11年告示高校学習指導要領（1999）に対して日本学術会議物理学研究連絡委員会が示した「物理教育・理科教育の現状と提言」（2000）は，単位数の削減と選択の幅の拡大がもたらした状況をよく示している。それは，理科の必修単位数が1960年告示学習指導要領では12単位だったが，1970年告示では6単位，1999年告示では4単位まで縮減された結果，教科書採択冊数から推定した履修率（1989年告示指導要領に基づく理科のⅠBとⅡを合わせた教科書採択率）が低下し，高校1年から学ぶ化学でさえⅡを含めて17％，物理では12％となったと指摘したのである[2]。

同じ問題は，あまり意識されていないが他の教科・科目でも確実に生じている。文系でも世界史か日本史のいずれかしか学習しない学生が支配的となり，国語についても明治期どころか戦後まもなくの著作でさえ「死語」に満たされていると感じたり「これは古文だ」と思ったりする学生も少なくない。

なお，共通一次学力試験の導入以後の総点主義への批判（臨教審第一次答申1985）とも関連して，大学入試センター試験における「ア・ラ・カルト方式」の導入と入学者選抜における出題教科・科目の削減が高校生の履修科目選択行動に少なからぬ影響を与えたことも看過しえない。その結果，1989年告示の学習指導要領に従う高校の理科教育では，1年で化学を履修させ，2年で生物と物理を選択させるといった方式が高校で支配的となり，科目選択が進路決定を左右する事態を生み出したのである。

このような学習範囲の縮減が学士課程教育を大きく制約することは疑いえない。融合・学際・複合といった領域が先端的学術を担ってきている段階ではなおさらである。化学，応用化学，薬学といった分野で物理学や生物学はむしろより重要となっている。人文・社会科学でも，経済学，社会学，心理学に限らず種々の専門領域で数学の利用は普遍的となっているが，1989年の指導要領改訂では数学Ⅱ・数学Bという文系志望の高校生が学習する範囲の数学から線形代数が除かれ，1999年の改訂では微分・積分の学習範囲が削減された。このような状況では，大学が「学士課程教育が入学者選抜を規定する」という当たり前のことを実現するのは困難となる。たとえば，理系の学部が出題科目に物理を，また経済学部が数学Ⅲ・数学Cを指定した場合，潜在的能力・資質をもつ高校生をあらかじめ排除することになるばかりか，こうした出題を嫌う傾向が受験者の間で支配的となり志願者の学力レベルの低下が生じかねないからである。入試形態の変遷はまことに「悪貨が良貨を駆逐する」という「グレシャムの法則」に似る。

　第2の問題は，高等教育進学率の上昇や文化の変容など，広く生じた社会的変化に加えて，さらに学問の高度化と専門化が作用して，高校生の進路選択に問題が生じていることである。資格に関わる進路選択を別にすれば，現在の高校生に「どのような学問を選ぶのか」への回答を求めるのはいささか無理といわざるをえない。大学で専門といわれる多くの領域は高校生が接する教科・科目からいよいよ遠く，多くの高校生は，よくて不完全な学部や学科のイメージしかもちえない。そこで，高校生は一般に高校で履修した科目，偏差値，さらに大学入試センター試験の結果などにしたがって進路選択を行っている。これでは，適切な進路選択は到底実現できず，大学には入ったが自分の思い描く勉学と現実にズレがあるという問題が生じる。

　北大教育改革室は，2004年に「入学者選抜の現状と今後の対応に関するタスク・フォース」を設置して，高校生，進路指導教員，父母，在学生を対象に，募集形態に関するアンケート調査を行った。この調査は，タスク・フォースに所属する，センター入学者選抜企画研究部の鈴木誠教授を中心になされ，類似の調査はこれまで全国的にも例が無いだけに，注目に値する。その結果

では，医・歯・獣医学部といった職業資格に関わる学部を除いて，学部を越える「大くくり」の入試形態を望む声が多くみられた（募集形態に関する基本調査 2005）。この調査から，高校生や受験生が確かな学問的志望動機をもって進路選択を行っているとはいえないという結論を導くことができる。「高校生が適切な進路選択を行っている」という前提で入学者選抜制度を設計することの脆さ，危うさが明らかになったのである。

学士課程や修士課程のディプロマ・ポリシーでは，社会的要請もあって，これまで以上に「質保証」が求められるのに対して，高校までの教育が，大学の「出口」から規定される学士課程に十分な知的・精神的準備を提供しえていないことは，以上から明らかであろう。「世界的研究・教育拠点」や「世界最高水準の研究・教育の実施」という大学の使命に対応する学士課程教育は，学生の受け入れの段階から大きな制約を受けているのである。

3　学士課程の変容

問題のもう一半は，そもそも今日の学士課程が社会の変化，学問の変容，後期中等教育の変化など，学士課程を規定する諸要因に対応していない側面を有することに拠っている。

1991 年の大学審議会答申と大学設置基準の大綱化から驚くべき速度と規模で「教養部」は解体され，多くの大学で「学部一貫教育」が導入された。その背景に「教養部問題」を解決したいという大学内部の意志が働いたことはいうまでもない。ことに「大学院重点化」を課題とする大学ではなおさら強くそうした意志が働いた。早期に専門諸領域の研究に触れ，大学院と学士課程教育を密接に接続しようという志向が生まれたからである。

北大も 1995 年度から「学部一貫教育」の導入に踏み切り，学生募集単位も学部を基本とすることとなった。無論，リベラル・アーツを重視する大学の意志に基づき「全学支援方式」を継承して全学教育コアカリキュラムが設計され，募集単位設定でも学科を単位とする方向は避けるなどの努力はされたが，ひとたび振り子が「学部縦割り」の入学者選抜と教育に向かって振れ

たことは確かである。北大では,東大と並んで過去に「大縦割り」「中縦割り」で学生を募集し,「文類・理類」あるいは「文Ⅰ・Ⅱ・Ⅲ系,理Ⅰ・Ⅱ・Ⅲ系」など学部を越えた「大くくり」の学生編成で,2年前期終了時に学部に移行する制度を採用していただけに,この変化は大きなものだった。

「学部一貫教育」の導入がその意図に反して多くの問題を抱えざるをえないことは,高校教育との関係ではすでに触れた。また,それが特に学問の変化との関係で大きな問題をもたらしていることも,言及したところからうかがい知ることができよう。だが,問題はそれにとどまらない。

大学がユニヴァーサル段階に到達するのと同時に,学問自体は高度化・細分化の方向でも変化してきた。この結果,過去にそうであった教育と研究を一体とした「フンボルト型大学」における学士課程教育は,一部の専攻や分野を除いて困難になってきた(将来像答申 2005, 60-66［補論2］我が国高等教育のこれまでの歩み)。大学院重点化構想はそうした変化への対応でもあった。

そのような学問と大学の変化の中にあっても,大学全体として教育と研究の一体を求めることは依然必要であり,また学生には権威化された通説を受容するよりも自ら真理を求める態度が依然望まれることも変わりはない。しかし,教員が自らの研究成果を教授する形での教育は学士課程から修士課程に移行せざるをえず,「学部」の「自立性」「完結性」は弱まり,学士課程における教育は高度の研究成果それ自体の教授よりも,それに接近するための基礎を教授することに傾斜してきた。

だが,そのような試みは,学生を教養教育から引き離す作用も併せもつ。ある学部の学生が,所属する学部の専門に関係する講義や演習ばかりを全学教育科目から選択する傾向はそのことを象徴する。そのような傾向は,履修条件を変えても学生に内在する。

この傾向は,第1に,高校での学習範囲の狭さとあいまって,狭い専門的知識しかもたない「専門家」を育成することを意味する。これでは社会において求められる「知識人」あるいは「ジェネラリスト」としての力能を欠くことになる。文系も例外ではない。たとえば実定法ばかり勉強して司法試験や公務員試験に合格しても,現代社会への広い問題意識をもちえない人材は,

現代社会の要請に応えることができるだろうか。学問が高度化し細分化すればするほど，早期からの専門教育への傾斜は知的成熟を妨げるのである。

　第2に，学問が融合・学際・複合諸領域に向かうとき，幅広くかつまた深い教養の獲得は研究者の育成に本質的な重要性をもつようになる。理系の学生が哲学，歴史，政治，経済，文学などの素養を欠き，文系の学生が物理，化学，生物，地学，数学などの素養を欠くならば，また化学専攻の学生が物理の素養を，経済学や政治学専攻の学生が哲学や社会学，心理学の素養を欠くとすれば，新しい問題領域を形成し，それに挑むことは著しく困難となる。筆者の専門の経済学では，それが「サイエンス」として他の社会科学から独立した19世紀から化学や物理学の方法や成果を吸収してきたが，現代では哲学，歴史学，社会学，政治学，法制史学はもちろん，心理学，認知科学，生物学，地球科学などと関係した研究が先端研究においては求められている。換言すれば，専門に特化した教育は「二流の専門家」しか生み出せなくなるのである。大学院重点化に伴って学士課程教育の変容が生じ，それがまた教養教育と幅広い総合的な基礎教育の必要性を生み出していることは明らかといえる。そしてまた，このことは，現代の研究・教育拠点大学では，高校生が広く「普通教育」を受ける必要性とともに，それを前提とする教育課程，学生編成，入学者選抜の構築という課題が生まれていることを意味する。

　では，以上みた学士課程教育と入学者選抜の関係に生じた制約に，北大はどのように対応してきたのであろうか。

4　北大における学士課程改革と入学者選抜制度改革

　北大は，これまで述べたような諸問題に対して，学士課程教育改革と入学者選抜制度の両面から解決を模索してきた。学士課程教育改革については，2006年度に教育課程を全面的改訂し，文系基礎科目や理系基礎科目におけるスコープ・シークエンスの導入，学部3年次以降での教養科目の履修可能な実行教育課程の定着などを推進した。

　入学者選抜制度については，全国の大学に先駆けて2004年に前期日程・

後期日程試験・AO入試等に係る包括的アドミッション・ポリシーを公表し，2006年度入学者選抜から前期日程試験では大学入試センター試験に対し個別学力試験の比重を高め，選抜にあたって論理的思考力を重視するなどの制度改革を行い，適切な出題・採点を実現するための組織的措置も講じてきた。

だがこのような改革も，上にみた諸問題に抜本的に対応するにはほど遠いものであった。何よりも「学部縦割り」での入学者選抜と教育課程に手をつけることなく制約を克服することは困難だったのである。しかし，いったん「学部縦割り」が制度化され，かつての「文類・理類」「文Ⅰ・Ⅱ・Ⅲ系，理Ⅰ・Ⅱ・Ⅲ系」の経験をもつ教員が少なくなり，初年次教育を含めた学部教育が学部教授会の意向に左右される状態で，この問題に着手することには相当の困難が存在した。

そこで，北大は教育改革室の下で学部を越える「大くくり」の学生編成・募集単位導入の検討を開始し，その成果は「平成19年度以降の学生編成について」(2004)，「学士課程教育の新たな段階をめざして」(2005)，「『大くくり』の学生編成・募集単位の具体化にあたって」(2006) という3つのワーキング・グループ報告に結実したのである。

これらの報告で継続的に検討されたのは，上記の諸問題に対応すべく，学生募集単位を，学部を越えた「大くくり」，つまりかつて北大が実施していた「文類・理類」に似た枠組みを基本とし，入学した学生には学士課程初年次において教養教育と総合的な基礎教育を行い，それにしたがって学部への進学を選択させる構想であった。そのような入学者選抜における募集形態の変更と学生編成の改革によって，①高大接続の問題の一部，わけても高校生の進路選択に課された制約を解決するとともに，②平成18年度以降の新教育課程をより生かして教養教育と総合的基礎教育とを充実させることが企図されたのである。

これら3つの報告に対する学部ごとの検討結果は2006年3月までに集約され，その後，全学的な検討を経て学士課程と入学者選抜制度を新たに総合的に改革する具体案が策定された。無論，道のりは平坦ではなく，改革の進展にはなお時間を要し，文系は一部の学部の消極性もあって総合入試の規模

は当初案よりも縮小されたが，理・工・農・薬学部など理系学部がこぞって前期日程の募集を総合入試に集中する決断を行ったことから（それだけ理系の学士課程教育は高大接続と「学部縦割り」から来る制約を深刻に受けとめていたといえる），改革は確実に実現に向かった。

その結果，意見集約から5年後の2011年度入試から，前期日程で総入学定員約2,500名の内，文系4学部で100名，理系では理・工・農・薬学部の前期日程全定員を含む1,000名強の定員を「大くくり」で入学者選抜を実施し，「総合教育部」における一般教育・基礎教育を経た後に学部所属を決定することになったのである。無論，大学の中には学士課程教育と修士課程教育の接続の観点から早期の専門教育実施を望む声もあり，改革は未だ不十分かもしれないが，それでも改革は確実に端緒についたといえよう。

5　高大接続の一大転換

最後に，これまでの改革と深く関係する，教育再生実行会議第四次提言（2013.10.31）以後の日本型高大接続改革について簡単に触れておこう。

日本型高大接続は1990年代後半から急速に劣化し，機能不全に向かった。教育上の接続に必要な学力把握を「学力入試」に依存した旧来の接続形態は，受験競争の緩和とともに大学入試の選抜機能が失われ，臨教審第一次答申（1985）以後の，非学力選抜（AO, 推薦入試）や少数科目入試などの拡大によって，学力把握自体を十分に行わない選抜形態の普及をもたらしたのである。

そのような状況に対して，国立大学協会総会は「平成22年度以降の国立大学の入学者選抜制度」（2007）を採択し，教育上の高大接続を実現する新たな仕組みとして「達成度テスト」を導入する必要性を提起した（国立大学協会2007, 同入試委員会2007）。

それを受けて中教審「学士課程答申」（2008）が「高大接続テスト」の研究を提言し，その後2年間にわたり筆者が研究代表を務めた「高大接続テストの協議研究」が行われ，「高等学校段階の学力を客観的に把握・活用できる新たな仕組みに関する調査研究」報告書（2010）が提出された。

この構想は直ちに実現はしなかったが，教育再生実行会議第四次提言（2013）の「達成度テスト」にも一部反映され，紆余曲折を経て，2014年11月までに中教審高大接続特別部会で高校教育達成度を測るテストおよび大学の入学者選抜のための新たな記述・論述式共通試験の導入と学習指導要領の抜本改訂を展望した，高大接続に関わる「教育改革」（「入試改革」ではない）が検討された。もしこれが実現するなら「教育接続」に必要な学力把握を個別大学の学力入試に依存してきた日本型高大接続は大きく転換することになろう。なお，中教審高大接続特別部会では，高校段階で文系，理系を固定化した教育への反省も議論されており，「大くくり入試」の意義を強調した学士課程答申と合わせて注目すべきであろう。

このような日本型高大接続転換の試みは，これまで北大が行ってきた改革と齟齬せず，そうした転換は，むしろ，集団準拠のセンター試験と個別試験の成績によって志望大学を決めてきた，これまでの高校生の進路選択を大きく変え，「大くくり」入試と総合教育の意味を普遍的なものにする可能性もあるだろう。今後の高大接続改革の動向を注視したい。

（佐々木　隆生，国立大学協会第2常置委員会・入試委員会専門委員 2003-11）

注

1 将来像答申は，大学の機能分化に関して，①世界的研究・教育拠点，②高度専門職業人養成，③幅広い職業人養成，④総合的教養教育，⑤特定の専門分野（芸術，体育等）の教育・研究，⑥地域の生涯学習機会の拠点，⑦社会貢献機能（地域貢献，産学官連携，国際交流等）をあげ（13-15ページ），国立大学に関しては，「国の高等教育政策を直接に体現する」という側面から，(1)世界最高水準の研究・教育の実施，(2)計画的な人材養成等への対応，(3)大規模基礎研究や先導的・実験的な教育・研究の実施，(4)社会・経済的な観点からの需要は必ずしも多くはないが政策的に重要な学問分野の継承・発展，(5)全国的な高等教育の機会均等の確保等について「政策的に重要な役割をになうことが求められる」としている（41ページ）。

2 平成17年度大学入試センター試験では，高校卒業予定者約120万人，志願者数569,950人のうち化学ⅠBの受験者は209,839人（36％），生物ⅠBは176,849人（31％），物理ⅠBは140,528人（27％）だった。

参考文献

- 臨時教育審議会第一次答申（1985），文部時報1299
- 物理教育・理科教育の現状と提言（2000.6.26），日本学術会議物理学研究連絡委員会【WEB】
- 平成19年度以降の学生編成について（2004），北海道大学教務委員会・教育戦略推進ワーキング・グループ［WG］学生編成専門部会
- 募集形態に関する基本調査（2005），北海道大学教育改革室・入学者選抜の現状と今後の対応に関するタスク・フォース
- 学士課程教育の新たな段階をめざして（2005），北海道大学教育改革室・平成20年度以降の学生編成及び募集単位検討WG
- 「大くくり」の学生編成・募集単位の具体化にあたって（2006），北海道大学教育改革室・「大くくり」の学生編成・募集単位検討WG
- 一般社団法人国立大学協会（2007.11.5）平成22年度以降の国立大学の入学者選抜制度：国立大学協会の基本方針【WEB検索：国立大学協会】
- 一般社団法人国立大学協会 入試委員会（2007.11.5）報告「平成22年度以降の国立大学の入学者選抜制度：国立大学協会の基本方針」について【WEB検索：国立大学協会】
- 先﨑卓歩（2010）高大接続政策の変遷，年報公共政策学（北海道大学）4，59-89【WEB】
- 「高等学校段階の学力を客観的に把握・活用できる新たな仕組みに関する調査研究」報告書（2010），北海道大学［高校段階の学力研究］【WEB】
- 佐々木隆生（2011）日本型高大接続の転換点：「高大接続テスト（仮称）」の協議・研究をめぐって，年報公共政策学5，81-114【WEB】
- 佐々木隆生（2012）大学入試の終焉：高大接続テストによる再生，北海道大学出版会
- 先﨑卓歩（2013）学校間接続政策の前期形成過程：「教育接続」政策の諸相とダイナミクス，年報公共政策学7，155-209（明治期の日本の接続政策の形成過程について先駆的労作）【WEB】
- 教育再生実行会議（2013.10.31）高等学校教育と大学教育との接続・大学入学者選抜の在り方について：第四次提言【WEB】

2.「大くくり入試」導入の意義とその影響

1 「大くくり入試」導入の経緯

　北海道大学は2011年度から「総合入試」，いわゆる「大くくり入試」を導入した。入試における募集単位を「文系総合」「理系総合」とし，入学1年後に志望と成績によって学部・学科等の所属を決めるしくみである。

　北大では，学部の枠をこえた「文類」「理類」という募集単位（このほかに，水産類，医学進学課程，歯学進学課程があった）での入試制度が約30年つづいたが，1979年から共通一次テストの導入に合わせて，文類と理類がそれぞれ3つの系に細分化され，1995年には教養部の廃止を機に学部等を募集単位の基本とする入試制度に再編された。

　ところが，大学審議会答申「大学入試の改善について」（2000）や，北海道大学未来戦略検討WG最終報告「新世紀における北海道大学像」（2001）で，学内外から「大くくり」入試と学生編成の導入が提起されたのを契機に，2000年頃からふたたび「大くくり」の入試や学生編成をめぐる議論が浮上してきた。これ以降「大くくり入試」や学生編成の問題が学内の各種委員会で検討され，約10年に及ぶ議論の末「総合入試」の導入が決定された。

2 「大くくり」の募集単位による入試のねらい

　総合入試は，第1に，学生にとって，入学後に学部・学科の選択を行うことが大きな意義をもつと考えて，導入された。受験生の動向をみると，全体として受験競争が緩和されているのに，偏差値重視の学部・学科選択がつづいている。特定の学部や学科等にこだわらず，入れる大学，入れる学部・学科等を優先させる受験生が少なくない。逆に，学部や学科等にこだわって受験しても，大学における勉学の内容をふまえた選択にならず，入学後に勉

学への意欲を低下させる者もいて，それが留年や退学につながる場合もある。その背景には，学問の融合化により同じ専門分野が複数の学部に存在する一方，学問の細分化により同じ学部に多様で異質な専門分野が存在する現実を，入学前に理解するのは困難だという事情もある。総合入試の導入は，受験生の未成熟な学部・学科選択と入学後の勉学のミスマッチによる学習意欲の低下や留年，退学の増大への対策になると考えられたのである。

総合入試導入の第2の理由は，特色ある入試形態によって幅広い地域から多様な学生を確保しようという点にある。わが国の18歳人口と大学志願者数は1992年をピークに減少しはじめ，本学でも前期日程の志願倍率は2007年度から3倍を下回るようになった。募集単位別にみても，2007〜2010年度の間，23の募集単位のうち半数を超える(13〜15)募集単位で3倍を下回っていた。地域別では，道外とりわけ関東地区（なかでも東京）や関西地区の志願者が確実に減っていた。

主要大学と同日程でほぼ同じやり方で入試をすれば，受験生は学部・学科等別の偏差値ランクに応じた志願行動をとり，同程度のランクなら近距離の大学を選択しがちになる。総合入試の導入は，道内外の優秀な学生の確保をめざして，他大学との差異化を打ち出す意味もあった。

第3に，総合入試の導入は，入学後の勉学や学部・学科選択をより効果的で有意義なものとするため，共通カリキュラムを基本とした初年次教育の構築と一体で進められた。新しい入試制度は，入学後の「学士課程教育」の構築と連動させることにより，大きな意義を発揮すると考えられたのである。総合入試の導入にともない，初年次教育を文系・理系ごとの共通カリキュラムを基本とし，教養教育（コアカリキュラム）と総合的基礎教育の充実により，学士課程教育のさらなる発展をはかったのである。

3　北大の「総合入試」制度の概要

総合入試は前期日程のみで，すべての学部が参加している。文系総合の定員は100名で，文系の前期日程の残りの定員は学部別入試である。理系総合

の定員は1,027名で，理・工・農・薬学部が前期日程の全定員，医・歯・獣医・水産学部が定員の一部を割り当てた。その結果，文系では前・後期合わせた全募集定員の16%，理系では55%の学生を総合入試の枠で受け入れている。

入学後1年間は，入試形態にかかわらずすべての学生が新設された総合教育部に属し，文系と理系それぞれの共通カリキュラムを基本に，教養科目と基礎科目を履修する。

高等教育推進機構には，学部・学科選択にむけた進路選択支援と学習支援のために，アカデミック・サポートセンター（2015年度からラーニングサポート室と改称）を設置し，博士号をもつ特定専門職員が進路や履修の相談，講義外での学習サポート，学習スキル・セミナーなどを行っている。そのほか，学部・学科選択の参考のために，北大で行われている学問と研究を分野やキーワードごとに整理したアカデミック・マップを作成し，教育経験豊かな教員がアカデミック・アドバイザーとして配置されている（本書第11章参照）。

総合入試入学者の学部・学科移行は，1年後，本人の志望と1年次の成績にもとづき，3回の振り分けによって行われる。第1次振り分けでは原則として各学部・学科等の定員の80%の移行先を決め，理系から文系，文系から理系への移行も一定の人数制限を設けて認めている。第2次振り分けは第1次で決まらなかった学生を対象とし，文系，理系ごとに残りの定員へ振り分ける。それでも決まらない学生は補充振り分けの対象となる。振り分けに当たっては志望調査を行い，その結果を公表した上で，志望登録が行われる。

4　「総合入試」導入の影響

総合入試導入から4年の間に，入試や入学後の学生の動向に変化がみえてきた。

第1に，道外からの志願者の増加により入試倍率が上昇した。文系総合は3.3〜4.6と高い倍率を維持し，理系総合も2.8〜3.1倍と堅調に推移している。そのため，学部別入試も含めた前期日程の志願者数が総合入試導入前を上回り，倍率も1年を除いて，3倍以上になっている。

一般入試の志願者・合格者・入学者の道外比率が毎年上昇し，2014 年度には志願者，2016 年度には合格者・入学者の道外比率が 60％を超えた。総合入試枠は学部別入試枠を上回る道外比率で，総合入試が道外からの志願者・合格者の増加をもたらしている。

　第 2 に，総合入試の導入後，学生の学習意欲が高まっている。総合入試導入前（2007 〜 2010），学期ごとの GPA は 2.28 〜 2.32 で推移していたが，導入後は 2.35 〜 2.39 に上昇している。

　また，アカデミック・サポートセンターの利用者が年々増加し，2014 年度には学習サポートの利用者が延べ 3,343 人，進路・修学相談の利用者が延べ 752 人となっている。ちなみに，同センターの利用者の約 7 割は総合入試入学者である。

　ただし，検討すべき課題もいくつか生じている。①一部の学生に，自らの興味関心よりも学部・学科移行点を過度に優先する履修行動が生まれている。②人気のない学部・学科がある程度固定化しつつある。これらの問題点については，総合入試制度の積極面を生かしつつ，可能な限り改善するよう，検討している。

（小内　透，アドミッションセンター副センター長 2007–13）

参考文献
・大学審議会（2000.11.22）大学入試の改善について：答申【WEB】
・脇田稔（2010.10）総合入試の導入にあたって，ニュースレター 84，1-4【WEB】

第10章　進化する教育研修

1. ファカルティ・デベロップメント（FD）の進化

　北海道大学におけるファカルティ・デベロップメント（FD）の発展は，大学設置基準の大綱化にともなう北大の教育改革の多様な動きと重層的に関連している。筆者はそこに多面的に深く係わってきたので，多層的視点から，「北大方式」と呼ばれるようになったFDの成り立ちとその進化について述べる（阿部 2002）。

1　学部一貫教育体制への準備

　北大方式のFDは，1992年に医学部が実施した2泊3日のワークショップが原型である。

　1991年に大学設置基準が大綱化され，北大も教養部廃止の方向を決め，各学部は教養教育と専門教育を一つにした学部一貫教育体制を検討することになり，医学部でも一般教育といくつかの医学専門教育コースにわたる6年一貫教育カリキュラムを検討することになった。最終学期は卒業試験・国家試験の準備期間とするため，それまで2年だった一般教育期間を1年半にすることになり，筆者は一般教育を検討する専門委員会のまとめ役となった。

　6年一貫教育カリキュラムを検討するにあたって，医学部教員と学部学生に数回アンケートをとり，新カリキュラム作成の論拠を探った。委員会を毎

週開き，1991年9月に原案を提出した。医学部は理系であるのは当然だが，人間教育が重要という意味で文系的な面もあるとし，教養教育を重視した。他の学部では意見がまとまらないなか，1年早い動きであった。

2 医学部ワークショップのスタート

　カリキュラム改訂の検討が進むなか，筆者は改訂の方向づけとなる大学教育の基本的論拠が不明確だと感じていたので，1991年12月に5泊6日の第18回医学教育ワークショップに参加した。このワークショップは米国の医学教育研修に参加した教員たちが開始して，私立大学や新設大学の教員を中心に継続されていたが，旧帝大系の国立大学からの参加はほとんどなかった。

　筆者にとって，これは大学教育の基本を知る大きなインパクトとなったが，あまりにもアメリカ直輸入型で，用語まで横文字の略語を多用し，日本の一般の大学教員には受け入れにくいと感じたので，研修から帰って，内外の関連文献を読みあさり，自分の考えも入れて，日本の大学でも受け入れられやすい形に手直しした。そして，医学部カリキュラムの全面改革には，カリキュラム設計の合意を形成するため，同様のワークショップを実施する必要があると学部長に訴え，1992年8月の開催が決まった。

　4月に準備をはじめ，教育に熱心な若手教員5名を指名して2週に1度ずつ研究会を開き，開催日が近づくと分刻みのシナリオとタスクフォースマニュアルを作成しリハーサルも行って本番を迎えた。参加者は，教授会決定で各講座の担当授業に責任をもてる者を各講座1名以上とし，学部長をリーダーに40名を集めて実施された。タスクフォースは研究会の6名が担当した。

　なお，医学部の各科目の授業内容は，担当教員に属するというよりは，担当講座の教員なら誰でも提供できる基本をおさえており，講座に属するという認識が伝統的にあった。これは，後に他の領域に先がけて医学教育のコアカリキュラムが全国レベルでまとめられ，全国の大学で採用されるベースとなった。また，各講座の担当授業の責任者1名以上の参加で学部のカリキュラム全体が動いていった背景でもあった。授業科目は組織に属するという認

識は，医学部では暗黙の了解事項である。

このワークショップは，旧帝大系の医学部では最初で，北大医学部の教育改革の一大エポックとなった。5 グループに分かれた研修の成果は，学生中心の構造化，シラバスの統一，学生参加型授業，ユニークな e-learning などとして医学部新カリキュラムに生かされた。

また，このワークショップ参加者 3 名で 1993 年から教養部の一般教育演習に学生参加型授業「ことばと医学」を提供し，これが北大の学生参加型授業のモデルとなった（阿部 1998，同 2000，阿部ほか 1998b；1999b）。

その後，北大の授業をモデルに，学生主体型授業が全国で発展し（小田ほか 2010），最近は初等中等教育でも同様の教育法がアクティブ・ラーニングとして重視されている（中教審 2015）。

3 　全学教育の設計と高等教育機能開発総合センターの設立

教養部廃止後も全学で共通教育体制を確保するため，1992 年 7 月に一般教育等実施体制検討委員会が組織され，その下の教育課程専門委員会が一般教育のあり方を「純化された教養教育」と捉え直し，教養科目に分野別科目を設定して多様な授業を展開できるようにし，全学共通教育という名称を「全学教育」と改めて，全学教育科目の基本カリキュラムができあがった。各学部・系別の実行教育課程表案が出揃い，1995 年 4 月の開始に向けて時間割編成に入ったとき，委員であった筆者は，各学部が全学教育を共通で担当するには，大学全体でシラバスのフォーマットを統一する必要があるといって具体案を提出した。医学部のほか，工・薬・歯学部が，これを参考に学部のシラバスを改訂した。

全学教育の実施組織として高等教育機能開発総合センターが設立され，教育学部の附属産業教育計画研究施設の定員を資源として「生涯学習計画研究部」に専任教員を配置することになったが，在学生の全学教育のための組織に，社会人教育中心の研究部だけでは不釣り合いなので，大学の授業法や教育のあり方を研究する「高等教育開発研究部」も置くことになった。医学部

で実施した FD ではすでに，大学の教育を実践的に研究する専門家を置く必要性が議論されていたからである．

4 点検評価委員会の活動：学生による授業評価

　北大は，文部省の指針にしたがい，1991 年 12 月に点検評価委員会を発足させ，その下の専門委員会で教員の教育・研究・管理運営業績の自己点検，自己評価の検討をはじめた．筆者は教育評価専門委員の一人となり，すでに医学部で教育研修（ワークショップ，のちの FD）を成功させた経験から，評価を行うには組織として評価基準を共有するための研修が必要だと主張した．他の学部では研修など思いもよらないという意見が大勢だったが，FD の基盤となる教育基準の必要性は認められ，各学部の教育理念・目標がどのように表現されているかを調査することになった．同時にさまざまな教育の点検評価項目についてまとめ，それぞれの目標を明確にする作業をはじめた．これは教員が FD で身につけるべき内容の整理ともなった．

　1993 年には「学生による授業評価」を，各学部で数科目を選んで試行した．委員のなかには態度の良くない学生の評価は信頼できないという意見があり，学生の授業態度は出席率で測ることにしたが，受講態度の良くない学生と良い学生の評価に差はなかったので 1994 年に授業評価の本実施となった．

　これは❶学生自身の自己評価，❷学生による教員の授業評価，❸教育環境の評価からなり，同時に授業に対する教員アンケートも行った．学生の自己評価は，教員を評価する前に自分を評価して襟を正してほしいという意図があった．結論は，学生は学習意欲はあるが，授業には積極的でない，と出た．

　大学として組織的に取り組んだ「学生による授業評価」は，全国の大学では，東海大学と並んで北大が最初だった．教員の反応を考慮して「授業アンケート」と呼ぶことにした（学生による授業アンケート結果 1999 ～）．こうして FD の必要性が明確になったが，全学的にはまだ受け入れられる状況になかったので，筆者は点検評価委員会を通じて全学 FD の準備をつづけた．

5　研究部の活動：FD・教育業績評価・成績評価の標準化

　1995 年に高等教育機能開発総合センターができ，全学教育がはじまった。
　点検評価委員会は，授業評価に対する教員の意識やレスポンス，授業のあり方について調査し，教員と学生に同じ質問をして意識のズレを探った。教育に係る研修（FD）についての質問では，開催したら FD に参加する教員が半数弱，参加しない者が 16%，残りはどちらでもないという回答だった。医学部ですでに，仕方なしに参加したが，終わりには良かったという評価を得ていたので，全学 FD を実施しても受け入れられるとの感触を得た。
　筆者は，1995 年にセンター高等教育開発研究部の研究員になり，1996 年には研究部長に指名された。先行の広島大学，東京大学，筑波大学，京都大学の同様の研究センターとは異なり，研究部の専任教員，小笠原正明，西森敏之，細川敏幸の 3 名はすべて理系の出身だったので，この研究部は北大が求める現実的課題の解決に資する実践研究を特徴とすることを確認した。そして，北大の実状と海外の事例を参考に，できるだけ一般化できる内容の「北海道大学における教育業績の評価法」を点検評価委員会に提案し，ここから教育・研究・管理運営・社会貢献を統合した教員の総合評価の方向づけがなされた（阿部ほか 1997b，阿部 2003）。
　この年はまだ教育業績評価を含む総合評価は実現できなかったので，前年度の調査（全学教育科目レビュー 1997）で出た意見から「同じ科目でも教員により成績評価がバラバラなことへの不満」を取り上げた。学業成績評価についての教員学生アンケート調査（1997）の結果，①同一科目の成績評価が教員によりバラバラで，②教員と学生の意識にズレがあり，③教育業績評価が必要という意見があることがわかり，改善の方向として，❶ FD および❷教育業績評価の実施と❸学生への成績評価の意味の周知が打ち出された。これは地元の新聞にもとりあげられ注目された。おりしも，文科省はこの年，大学設置基準に「大学は，当該大学の授業の内容及び方法の改善を図るための組織的な研修及び研究を実施するものとする」と加えて，大学における FDの義務化を打ち出した。

6　北大方式 FD の開始

　1998 年に点検評価委員会では総合評価（研究者総覧）のフォーマットを作成し，筆者はその年に新設された総長補佐の一人として，総長が先導してFD を実施してほしいと訴えたが，総長から即答は得られなかった。教員の反発を予想したようだ。そこで 5 名の総長補佐会で検討し，北大の現状では，教育に力を入れているといえる状況をつくる必要があり，そのためには教員が大学の教育について共通理解をもつ必要があり，「FD の実施には北大の生き残りがかかっている」と総長に再度訴え，総長のリーダーシップでようやく全学 FD の実施が決まった。

　こうして北大の FD は，1992 年に筆者が点検評価委員会で FD の必要性を訴えてから 6 年をへて，委員会でさまざまな視点から FD に関連する点検評価結果を報告し，研究部の活動を通じて実施へ向けて戦略を積み重ねた末，ようやく実現することになった。

　FD 実施の決定後は，高等教育研究委員会で細部を検討し，総長の出席できる 11 月末に市内から離れた真駒内の札幌青少年会館で 1 泊 2 日の開催と決まった。部局長の参加するセンター運営委員会で 2 回紹介し，副学長から各部局長へ参加者の推薦を依頼し，リーダーとなる高等教育開発研究部長から内容を説明し，各部局 2, 3 人の参加が得られた。全学 FD の実施はセンターニュースを通じて全国に紹介され，道外からも 2 人加わって参加者は 39 人となった。その後，参加者への挨拶，内容説明，教育をめぐる課題と参加意識についてのアンケート調査，参加の心得（全員バスに乗車，集合場所・時間，普段着の参加，洗面道具）の周知などにより参加意識を高めた（阿部 1998.10, 阿部ほか 1998.12）。

　この FD はワークショップ形式で，参加者を各 7 人ほどの 5 グループに分け，各グループにタスクフォースが 1 人ずつつく。研究部教員を中心に 5 人のタスクフォースがグループ作業のガイドのほか，要所要所で FD の内容に関するミニレクチャーを担当する。研究部教員はこの形式のワークショップは初めてだったので，4 回の事前勉強会を行った。内容は大テーマ・各グ

ループ課題・実施までのスケジュールの決定，ワークショップ各部の詳細な内容の検討・分担と理解，最後は分単位のマニュアル（約100ページ）の作成，タスクフォースによる進行リハーサルなどである．

マニュアルは参加者に開放し，各部局に持ち帰ってFDを実施することを期待した．大テーマ・グループ課題は毎年変わるが，教育の基本を身につけるための資料は小さな手直しで済み，マニュアル化できる．内容はそれまでに同様のFDを5回実施してきた筆者の経験をもとに，一般の大学教員にも受け入れられやすい内容や用語とした．

大学は社会が必要とする学生の学びのために存在し，そのために大学の設立理念・目標があり，学部・学科が存在する．学部・学科の理念・目標達成のために授業科目があり，カリキュラムが構築され，教員組織がある．各科目の学習目標は学生中心に表現され，ワークショップ型FDでは，科目の学習目標を中心にグループ作業をする．目標の表現は，1956年にBloomが提唱しその後さらに改善された「ブルームの目標分類学 Bloom's Taxonomy」を基本とする．行動目標は学生を主語にして，観察可能な動詞で表現され，これが教育の現場では最も実用的で，参加者に大きなインパクトを与え，教員の意識改革が促される．目標が適切に表現されれば，学ぶ方法・過程からなる方略や，成績評価法も決まってくる．全学FDでも，科目設計の原理として，目標設定とその表現を学ぶことからはじめる．

FDは講演型が多いが，講演型は教員中心の知識伝授講義に似て，参加者の意識改革と授業改善には結びつきにくい．北大のFDは，意識改革には参加型のワークショップが必然という考えから，進行はタスクフォースによるミニレクチャーを交えたグループ作業と発表・討論に特化し，それ自体が参加型授業で，学内スタッフのみで実施するのが特徴である．

このFDは指導者研修でもあり，各学部からの参加者には，その学部で教育改善に指導的な立場の人物を含むよう依頼して，ここで学んだ教員の一部は，学部に帰ってただちにシラバスを改訂しFDを実施するなど，効果を発揮した．そのような組織的な改革行動はとらなくても，自分の担当の講義の授業改善を行う教員は少なくなかった．

参加者の意識は，当初は積極的参加よりは，学部の教務委員だから，学部長に指名されたからなど，消極的参加がほとんどだったが，終了時にはほとんど全員が参加してよかったと感想を述べ，意識改革は明白だった。普段話さない異分野の教員と意見交換できたことも好評だった。

7 北大方式FDの全国への普及

北大のFDは「センターニュース」「IDE」「文部時報」「大学資料」などで紹介され，FDの具体策を求める多くの大学に注目され，1999年には筆者をはじめ研究部の教員は約20大学のFDに招かれ，北大の教育改革の経験やFDの方法，授業法などを紹介した。2000年には「高等教育ジャーナル」に「北海道大学FDマニュアル」（阿部ほか2000）を公開し，さらに多くの大学から招かれた。

ワークショップ型FDの指導には，まずメールのやりとりで相手大学にタスクフォースとなる数名を用意してもらい，その大学の実状にあったテーマを決め，進行もその大学のスタッフでできるように事前指導し，筆者が一人で出かけて，前日にリハーサル，当日はディレクター役を演じ，指導をうけた大学が自力で同様のFDを実施できるよう配慮した。こうして鹿児島大学，愛媛大学，一橋大学，岡山大学医学部，秋田大学工学資源学部，東北大学，弘前大学などのワークショップ型FDを立ち上げ，長崎大学，東京医科歯科大学には最初の合宿FDに招かれた。その後，北海道医療大学，北海道薬科大学，釧路短期大学でも同様のFDを立ち上げた。北大のFDマニュアルは多くの大学に利用され，山形大学などはこの方式で合宿ワークショップ型FDを立ち上げた。こうした招待講演・指導は10年で100大学を超えた。

北大のFDには常に他大学から数人の参加があり，第3回FDには北大から34人，外部から愛媛大学をはじめ5大学の教員11人が参加した。NHKの記者による合宿FDの密着取材もあり，筆者の学生参加型授業も取材され，NHKのテレビ番組で「北大方式」として全国に紹介された。このころから本学のFD，教養教育のコアカリキュラム，授業評価，学生参加型授業，大

学外の地域・フィールド連携型授業などが「北大方式」として紹介され，外部のFD参加者は10年で60人を超えた。北大は全国の大学のFDを先導し，北大方式FDを全国に普及したのである。

8 次世代FDの開発

そのほか，1998年から，高等教育研究部は総長・副学長・部局長が北大の学問を語る特別講義「北海道大学の人と学問」を，生涯学習研究部は堀北海道知事をはじめ社会の各分野で活躍する北大卒業生が経験を語る特別講義「大学と社会」を立ち上げた。

さらに，研究部は1年生向けに研究林，牧場，練習船などを活用した4泊5日の合宿研修（フレシュマンセミナー）を開発した（阿部2010）。これにはいつも関係教員10名以上が参加し，学生参加型授業を体験し，学生の反応をみて授業に対する意識改革が進み，これが一種のFDとなった。

FDワークショップは，毎年その年度にふさわしいメインテーマを選んで，継続された。

また，大学院生は将来の大学教育を担う人材であり，ティーチング・アシスタント（TA）は大学院生の教育体験であると考え，1998年3月から「全学教育TA研修会」を実施した（TA研修会開催される1998.4）。

さらに，1995年から開催していた新任教官歓迎説明会を，1998年からは初任者研修FD「新任教官研修会」と改称して定着させ（新任教官研修会開催される1998.6），2007年からは新任教員研修会と教育ワークショップを統合して新任教員中心のワークショップを年に2回開催することになった。

2008年には，北大方式FD10年の経験を踏まえ，次の10年の教員研修のあり方をさぐる「次世代FD研究会」を立ち上げ，さまざまな試行の末，2011年12月に全国初の中堅教員FD「教育改善マネジメントFD」を開催した（次世代FDの研究報告書2011）。

今日，急速な社会の変化により大学教育は多様な課題をかかえ，教育改善に教員全員参加の組織的取組が求められている。FDが組織的に推進されて

も，多くの教員は互いにフリーな立場で，大学・学部全体の教育改善を進める組織力には結びつきにくい。教員個々が自らの課題として組織的取組に参加する意識は希薄である。教育改善はその大学の存亡にかかわることもあり，今や大学も企業のような組織的運営が求められ，そこに大学の将来がかかっている。教員は大学の一員として，所属する大学の管理運営に参加し改善行動ができる必要がある。とくに中堅教員は，大学の組織的管理運営・マネジメントに中心的に貢献する責任がある。

中堅教員対象の「教育改善マネジメントFD」では，主にドラッカーの組織におけるマネジメントの基本と原則を中心モデルにして（ドラッカー2001），組織として大学が成果をあげるために，マネジメントに関わる教員の責任と役割を学ぶ。2日間のワークショップで，大学の教育改善にかかわる目標管理の概念を知り，課題発見，目標管理・課題解決への組織的目標設定，チームによる目標達成への行動計画・役割分担，担当教員の役割目標と行動計画・役割期待，行動の実践，成果確認と評価などを順に学ぶ（山田邦雅ほか2012）。

以上，北大方式のFDによる教育改善の成立とその進化を，筆者の多層的視点から紹介した。

（阿部　和厚，高等教育開発研究部長1996-2000）

参考文献
- 阿部和厚（1998）教育の生産性とその評価：学生参加型授業からみて，高等教育ジャーナル3，138-142【WEB】
- 阿部和厚ほか（1998b；1999b）大学における学生参加型授業の開発，高等教育ジャーナル4，45-65；6，156-168【WEB】
- 阿部和厚ほか（2000）北海道大学FDマニュアル，高等教育ジャーナル7，29-125【WEB】
- 阿部和厚（2000）学生アンケートによる授業改善の提案，とくに講義の改善と学生参加型授業，高等教育ジャーナル8，16-30【WEB】
- ドラッカー，P.F.（2001）マネジメント：基本と原則（上田惇生編），ダイヤモンド社：Drucker, P. F.（1974）Management: tasks, responsibilities, practices, Harper & Row
- 阿部和厚（2002）平成の北海道大学教育改革：個人としての関わり，高等教育ジャー

ナル 10, 1-19【WEB】
・小田隆次ほか（2010）学生主体型授業の冒険，ナカニシヤ出版
・阿部和厚（2010）医学部で学生主体型授業を実践する；ディベートから北海道の豊かな自然へ；医療大学の学生主体型授業からメディカルカフェへ，学生主体型授業の冒険，151-198
・「次世代 FD の研究」報告書（2011），北海道大学高等教育推進機構【WEB ＊】
・山田邦雅ほか（2012）中堅層教員を対象とした新しい FD ワークショップ報告：2011 年度北海道大学教育改善マネジメント・ワークショップ，高等教育ジャーナル 19，77-92【WEB】
・中央教育審議会（2015.1.29）初等中等教育における教育課程の基準等の在り方について：諮問【WEB】

2. ティーチング・アシスタント（TA）制度の発展
―― TA 制度から TF 制度へ

　北海道大学では，全学教育において多数の TA を採用して授業改善に活用するとともに，1998 年から大規模な「全学教育 TA 研修会」を開催して TA のスキル向上に努めてきた。

　1992 年に文部省が定めた「ティーチング・アシスタント（TA）実施要領」では，TA の仕事の範囲は「実験・実習・演習等」に限られているが，北大の全学教育ではより広く大人数講義などでも採用できる。また文部省の実施要領は TA 制度の目的に「学部教育におけるきめ細かい指導の実現」「将来教員・研究者になるためのトレーニングの機会の提供」「手当支給により，大学院学生の処遇の改善の一助」などを挙げているが，本学では大学院生が「将来教員になるためのトレーニング」という点を重視している。

　TA の財源は，各学部の協力で全学的に確保し，法人化以前から文部科学省の補助額を大きく上回り，現在では全学教育だけでも毎年のべ 1,300 人もの TA を採用している。これは国内では最も充実した内容で，本学の TA に寄せる大きな期待の証左である。

ここではまず，北大のTA制度の歴史，現状と課題を紹介し，つぎに「TAの単位化」，PFF（Preparing Future Faculty）授業，ティーチング・フェロー（TF）制度など，最近の新たな動きと将来への展望を述べる。

1 北大のTA制度の概観

(1) TAの任用

本学の全学教育TAの任用は「全学教育科目ティーチング・アシスタントの選考等に関する要項」（付録3-1）に沿って行われる。教員がTAを任用するには，当該学生の指導能力を考慮し，責任部局長の許可を得て，全学教育部長に申請する。9月末の担当科目の申請のあと，12月にTA任用の申請を受け付け，全学教育委員会で必要性や予算などを考慮して採否を判定し，高等教育推進機構学務委員会で2月中に決定する。

(2) TA研修会の目的

上記「要項」の第8条に基づき，TA予定者は，少なくとも一回は研修を受けなければならない。TA研修会の目的は以下の5項目で，研修内容はこれに対応している。

❶ 大学教育の基礎を理解する。
❷ 全学教育の趣旨（目的，意義，全体的位置づけ）を理解する。
❸ 専門教育に還元できない基礎的な教育技術，心構え，教育理論について理解する。
❹ 担当する科目の内容と教授法を理解する。
❺ TA相互の交流をはかる。

(3) TA研修会の企画と運営（小笠原ほか 2006b，細川ほか 2015.9）

TA研修会は，毎年4月の入学式直前に実施する。研修会の企画・運営は，これまでは高等教育研究部の教員が中心となってきたが，2015年度からは高等教育研修センターが中核を担い，講演者，パネル討論のパネラー，午後

のセッションの指導者，事務職員など，多くの協力を得て実施している。

　北大のTA研修会は1日の企画だが，米国では多くの大学で1週間程度かけており，進んだ大学では1学期にわたる講義を設けている。研修内容の充実と期間の延長は本学の今後の課題である。

　研修は午前と午後のおよそ6時間かけて行われる。

　①午前の3つの講演では，(1)大学教育の基礎，(2)全学教育の意義と内容，(3)TAの心得が語られる。

　(1)　大学教育の基礎では，教員向けのFDワークショップと同じ内容を示す——教育の目的にしたがってシラバスの内容や目標が決定され，講義は教育の契約書であるシラバスに準拠して進められる。シラバスで表現された学習目標を達成したかどうかは，成績評価で試される。

　(2)　全学教育の意義と内容では，コアカリキュラムの概略を紹介するとともに，総合入試ならびにそれに伴う学部移行実施のしくみと意義を伝える。

　(3)　TAの心得では，講義補助のTAを例にとり講義の準備から講義中，講義後に期待されるTAの役割と避けるべき行為を解説する。

　②パネル討論では，TAの経験者や，TAを採用した教員が経験を語る。毎年，経験者の話は示唆に富む。たとえば，複数の教員が担当する実験では，教員によって指示・指導の内容が違うことがある。極端な場合，実験の手技さえ異なり，仕事の内容や作業量も教員によって大きく異なることもあるようだ。このような疑問にパネリスト教員が答える。

　③午後の分科会は14の科目別で，企画運営は各担当教員（科目責任者）に任され，多くの場合ケーススタディが行われる。

　たとえば講義科目の分科会では，最初に留意点と，大人数講義室のAV機器の操作方法を30分程度で説明したあと，10名程度のグループに分かれ，「いつも遅れてくる学生がいる」「実験中に他クラスの学生が来て話をしている」「実験はまじめにするがレポートを書けない学生がいる」「実験器具で手をけがした学生がいる」などグループ別のテーマで1時間議論し，それぞれの場合にTAはどう振る舞うか結論を出し，さらに1時間で発表会を行い，講義

担当者の役割を確認しながら，グループ学習の手法を学ぶ．

2　TA 研修会発展の歴史

【第1期】当初，全学教育の TA は自然科学実験に数十名が採用される程度だった．そのころから科目ごとの業務のオリエンテーションは行われていたが，全員を対象にした TA 研修会は，1998 年に初めて実施された．

この年，研究部では教育研修の柱として❶TA 研修会（3.23），❷新任教員研修会（6.4），❸FD ワークショップ（11.27-28）の 3 種類の研修を開始した（センターニュース 17, 18, 20, 21）．なかでも大学院生と新任教員の教育研修は，将来の大学運営の要となる，大学教員養成のための重要な企画である．

当時，全学教育の TA はのべ 200 名前後，研修会の受講者数は 50 名程度で，午前中は全般的なミニ講義とパネルディスカッション，午後は講義と実験の 2 グループでグループ学習を行った．

ある年，自由討論で「これと同じ研修をぜひ私の先生にもして欲しい」という意見が出た．TA の業務内容，勤務時間などに関して共通の取り決めが無く，TA は一種の奨学金だから何もしなくて良いという教員もいれば，授業以外にも多くの時間にわたる仕事を TA に求める教員もいたのである．この問題は TA マニュアルを全教員に配布して，次第に解消してきた．初任者研修会や FD ワークショップも教員の意識改革に効果があったようである．

【第2期】2002 年度からは，TA 任用の範囲が広がり，自然科学実験のほか，語学や情報学の実習，一般教育演習や大人数講義でも認められ，TA 採用者はのべ 400 名，研修会修了者は 140 名に達した．午後の分科会は講義，語学，情報学，一般教育演習，実験の 5 グループに増え，科目ごとにきめ細かな指導を行った．

このころから，教員も TA もこの制度の意義と教育責任を自覚しはじめた．たとえば，500 人の大教室で出欠の確認を兼ねた回答用紙を配布していた TA は，自発的に遅刻や不正をなくすための工夫をして，学習環境の向上に努めるようになった（堂河内 2003.4，全学教育 TA マニュアル 2011）．

2004年度からは水産学部（函館）でも独自のTA研修会がはじまった。ここでは，最初の研修会で出た学生の要望に応えて，担当教員も同席するようになった（栗原ほか2004）。

研修の資料も充実し，特に午後の科目別分科会の資料が増えて，TAマニュアルは100ページを超えた。このマニュアルは全教員に配布し，ホームページにも掲載している（全学教育TAマニュアル2006-2015，小笠原ほか2006b）。

【第3期】2015年度には，全学教育TAの採用者数はのべ1,300名を超え，午後の分科会の数も14に増え，180名超が1日の研修会を修了した。責任部局の理・工・文の大学院生のかなりの割合がTAを経験するようになり，ますます充実した研修が求められている。ただし，研究と仕事のバランスからは，採用可能者数の上限に近づいているようにもみえる。

3　TAの単位化

ここではTA制度の発展として「TAの単位化」について述べる。

(1)　定義および目的

「TAの単位化」とは，大学院生TAの実務または研修またはその両方について，それを履修単位として認定する正規の授業科目を大学院の教育課程に設けることである。その教育上の目的は，つぎのようにまとめられる。

①　修士課程では，表現力やコミュニケーション能力など，その専門分野におけるリーダーとして活躍が期待される高度専門職業人として必要な指導力を涵養する。

②　博士後期課程では，大学教員養成プログラムとして機能し，教育を担う者としての自覚や意識の涵養と学生に対する教育方法を学ばせることにより，確かな教育能力と研究能力を兼ね備えた大学教員の養成を図る。

この実務と研修を単位認定し，できれば課程修了要件に算入可能とすることにより，社会や大学院生にTAの仕事の教育的意義を明示するとともに，非常勤講師採用数の抑制に応じて今後も採用増が見込まれるTAの質，授業

の質を維持して社会的責任を果たし，TAを活用した授業改善や教育改革にも役立てる．

(2) 経緯

中教審「大学院教育答申」（2005）では「高度専門職業人の養成に必要な教育」および「大学教員の養成に必要な教育」として，関連の能力を磨く体系的な教育課程が求められている．また「平成18年度教育課程最終まとめ」（2005）や「北海道大学における今後のFDの在り方について」（2006）には，「TAの単位化」を具体化する北大の方針が明記されている．

これらを背景に，教育改革室が「『TAの単位化』の基本的な考え方」（2005）をまとめた．他大学でもTA研修の部分を単位化した制度は過去にあったが，北大の方針はTAの実務自体も単位化の対象とする点が特徴である．

(3) 実施に当たっての基本方針

北大は「TAの単位化」を積極的に具体化することを基本方針とし，大学院共通授業科目または各研究科等の専門教育科目として以下のような教育プログラムを設けることができるものとする．

❶ 受講対象者：学生がTAに採用されているか否かによらずに受講可能とする．ただし，受講者数の適切な上限設定と履修調整は可とする．この要件には2つの意味がある．①TAに採用されていなくても受講できることは，採用されたTAだけを対象とする「TA研修」とは明確に異なる「授業」としての基本要件である．②TAに採用されていても受講できることは，この科目に限っては「TAの勤務時間中には授業を受けられない」という原則の例外とすることを意味する．

❷ 科目名は，「○○学教育特論」（仮称）などとする．TAの実務の内容を難易度に応じて分類し，対応する科目を「○○学教育特論Ⅰ・Ⅱ」などとグレードに分けることもできる．

❸ 教育内容：つぎのような，講義，実習，演習（のすべて又は一部）を組み合わせた内容とする．

講義：高等教育機能開発総合センター（現 高等教育推進機構）での TA 研修やこの科目独自の講義など
実習：特定の科目を対象とした TA の実務
演習：TA 実習における指導についての定期的な討論・打合せ，および報告文書の作成

❹　単位数：講義，実習，演習の時間数に応じた適切な単位数を設定する。できれば課程修了要件に算入可能とする。

❺　成績評価：実習での指導教員による観察，演習での参加態度や報告文書の内容，講義の総まとめとして期末に提出させる授業改善案等に関するレポート等により，教員としての意識の在り方，教育方法の修得，教育の実践能力，および教育分野における独創性を総合的に評価する。

❻　報酬：実習は無給とする。ただし，大学が TA として採用している者は，その実務と本科目の実習部分を時間的に重ねることができるものとし，その報酬を返還する必要はない。

　この科目の単位修得者は一定の質の教育能力をもつと北大が保証したことになる。将来は他大学と連携し，この科目の単位を教員採用の際に教育歴として相互に認定し，研究能力に加えて確かな教育能力をもつ教員を採用できる体制の整備も考えられる。また，たとえば社会人教員についても，質・量ともにこの科目の基準に相当する教育能力の保証を求め，必要なら博士後期課程においてこの科目だけでも履修できる教育体制も考えられよう。

　なお，2006 年度からは，全学教育科目「情報学」における TA の単位化が大学院共通授業科目として実現し，その検証結果から必要な整備を行い，2007 年度から受講対象者を拡大した。水産科学院でもほぼ同時期から，同様の試みが行われている。

4　PFF によるさらなる学習

　教育に関する学習は 1 日だけの TA 研修では不十分なので，米国同様に

2単位のPFF (Preparing Future Faculty) 授業として,①外国人教師による1週間の集中講義と,②細川らによる1学期間の日本語版大学院共通授業を2010年から開始した。

① 集中講義:カリフォルニア大学バークリー校・院生講師 (GSI) 教育支援センター長リンダ・フォンヘーネ博士と大学院生研究支援部長サブリナ・ソラッコ氏を招き,教育の基礎と論文執筆の方法を学ぶ。約300ページの英文テキストを使い英語で講義を行うため受講生にはTOEFL-ITP500点以上が期待される。30名程度の受講生に6名のチューターをつけ,グループ学習を基本とし,2016年3月までに6回実施した。受講生のほぼ半数は留学生で,講義への評価は高い。帰国後,自分の大学で教員となる者が多く,そこですぐに使えるからである(表1,安藤ほか2012a,同2012b,河内2012)。

表1 英語版PFF授業の内容

ティーチング	ライティング
(1) ティーチングの基礎	(1) アカデミック・ライティングの基礎
(2) 授業のシラバスと学習目標の設計	(2) 学会発表申し込み
(3) 評価基準の作成と活用	(3) 国際学会誌への論文投稿
(4) 大人数授業の運営方法	(4) 論文要旨執筆方法
(5) 職務規定と教育倫理	(5) 論文の推敲・校閲

② 大学院共通授業(日本語版PFF):ここでも,学習の中心はFDと同じくシラバスの書き方だが,あわせてアクティブ・ラーニングや,e-ラーニングシステム (LMS) の使い方を学び,シラバス作成に組み込んでいく。またクリッカーの使い方を学び,10分程度の模擬授業を行い,マイクロティーチングを経験する。論文の書き方では,研究者倫理とともに自分の専門分野をわかりやすく説明する方法を学ぶ(表2)。

全体で,教育と研究,両方の基礎を学べて,受講者の評判は良い。教員選考の際にこの授業の受講が評価された例もある。

表 2 日本語版 PFF 授業の内容

(1) e-ラーニング入門
(2) シラバスの書き方
(3) アクティブ・ラーニング入門
(4) クリッカー入門，クリッカーを使った授業の発表
(5) 模擬授業の発表，マイクロティーチング
(6) 論文，申請書の書き方，ポートフォリオ入門
(7) 実験・モデルの導入
(8) 板書の方法，パワーポイントの使い方，話し方

5 ティーチング・フェロー（TF）制度

北大では米国の先行例にならって，通常の TA よりも高度な業務を行う上級 TA の制度化も検討してきた。

大学院生 TA，授業担当教員，受講生の学部学生にアンケート調査を行い，TA の仕事の現状と課題を調査したところ，米国ほどではないが，本学の TA はかなり多様な仕事に従事しており，実験・実習の一部を任されている例もあることがわかった（安藤 2007.3a，宇田川 2007，山田邦雅ほか 2010a，同 2010b）。たとえば，全学教育科目「情報学」では 2006 年度以来，通常の TA を統括する上級 TA を配置しチームとして活動している。理学部物理学科では 2010 年度から，学部専門科目の演習の指導を院生講師（GSI）に任せる制度を試行している（小野寺 2010.12，鈴木 2011.3）。

これらの先行事例をふまえて，北大では TA 制度の教育的側面を重視し，その教育と業務をさらに拡張するティーチング・フェロー（TF）制度を，2015 年度から導入した。TA の経験があり，TF 研修などで一定の教育を受けた博士課程の学生を TF として採用し，定型化した外国語科目・外国語演習，体育学（実技），実験・実習などで，以下のような業務の担当を可能にした（付録 3-2 参照）。

❶ 授業時間中の実験・実習等の指導
❷ 授業設計・授業開発の補佐
❸ レポートの作成指導

❹ TA 管理業務
❺ 試験（記述式以外のもの）の採点業務
❻ 教材の配布業務等 TA 業務の一部

　TF には，TA 研修と同様に1日の TF 研修を行い，業務時間を授業の準備を含めて最大2倍まで認め，給与単価を RA に次ぐ値に引き上げた．この制度は大学院教育の一環と位置づけられ，TF に学士課程の授業を担う機会を与えることにより，ティーチングの技能と経験を高め，将来の大学教員のみならず，幅広い分野で指導的役割を果たす人材の養成を目的としている（細川敏幸 2015.4）．

6　TA 制度の今後

　TA 制度が本格的に導入されてから20年余りの間に，日本の大学の教育改革は大きく前進したが，全学的な TA 研修はほとんどの大学で緒についたばかりである．企業や大学で求められる，各分野の指導的専門家を育てるための教育者養成の第1段階が TA 研修であるから，研修の重要性は日増しに強く認識されるであろう．本学で進めている「TA の単位化」や「TF 制度」が全国に広まり，多くの修了者が社会で活躍することを期待したい．

（栗原　正仁，総長室・教育改革室員 2005-2007・細川　敏幸，高等教育研修セ
　　　　　ンター FD 部門長・ラーニングサポート部門長 2015-）

参考文献
- 堂河内寛（2003.4）私の TA（Teaching Assistant）体験談，センターニュース 47, 9-10【WEB】
- 栗原秀幸ほか（2004）北海道大学水産学部専門科目実験・実習における TA の権限：TA と教官の合同ワークショップから，高等教育ジャーナル 12, 11-22【WEB】
- 中央教育審議会（2005.9.5）新時代の大学院教育：国際的に魅力ある大学院教育の構築に向けて：答申［大学院教育答申］【WEB】
- 「TA の単位化」の基本的な考え方：平成17年度第7回教育改革室会議資料 2-1

（2005.11.2）
- 北海道大学における今後のFDの在り方について（2006），高等教育開発研究委員会，平成18年度教育改革資料集2007，47-52【WEB＊】
- 小笠原正明，西森敏之，瀬名波栄潤編（2006b）TA（ティーチングアシスタント）実践ガイドブック，玉川大学出版部
- 安藤厚編（2007.3a）北海道大学全学教育TAアンケート調査報告書，北大高機能センター【WEB＊】
- 宇田川拓雄（2007）TAよ，大志を抱け：北大TAアンケート調査結果の分析と考察，高等教育ジャーナル15，113-131【WEB】
- 山田邦雅ほか（2010a）北海道大学におけるTAを評価したアンケート調査の分析，高等教育ジャーナル17，37-44【WEB】
- 山田邦雅ほか（2010b）北海道大学専門科目担当TAに関するアンケート調査の分析，高等教育ジャーナル17，45-62【WEB】
- 小野寺彰（2010.12）院生講師（ティーチングフェロー）制度の導入に向けて：TA制度の拡充による大学教育の実質化，ニュースレター85，6-8【WEB】
- 鈴木久男（2011.3）理学院におけるGSI制度の意義，ニュースレター86，8-9【WEB】
- 安藤厚ほか編著（2012a）プロフェッショナル・ディベロップメント：大学教員・TA研修の国際比較，北海道大学出版会；英語版：International Symposium on Professional Development in Higher Education（2010），Center for Research and Development in Higher Education, Hokkaido University【WEB＊】
- 安藤厚ほか編（2012b）カリフォルニア大学バークリー校の講師による「大学院生のための大学教員養成（PFF）講座：ティーチングとライティングの基礎」（2009，2010，2011年度）評価報告書，北海道大学高等教育推進機構【WEB＊】
- 河内真美（2012）北海道大学「大学院生のための大学教員養成講座」報告，高等教育ジャーナル19，65-76【WEB】
- 細川敏幸（2015.4）平成26年度「北海道大学TF研修会」を開催，ニュースレター102，11-12【WEB】
- 細川敏幸ほか（2015.9）2015年度のTA研修会開催される，ニュースレター103，3-7【WEB】

第11章　新しい教育支援システムの整備

1. 全学教育とともに発展した北図書館

　北海道大学附属図書館には，本館，北図書館，それにいくつかの部局図書室があるが，このうち北図書館は，全学教育と深く結びついて発展してきた。その発展の歴史と現状をまとめてみたい。

1　北図書館の歴史

　現在の北図書館が附属図書館教養分館として竣工したのは，1969年のことである。1963年から教養部内に置かれていた教養部図書室を受け継いだものだが，独立した3階建ての建物の完成は画期的なできごとだった（1977年に増築されて4階建てになった）。「教養部の要望に応えて，学習図書館として計画されたもの」という初代分館長の言葉が残っている。何気ない言葉だが，現在に至るまで北図書館にはこの役割の意識が強く継承されていることを思うと，意義深いものを感じる。
　1995年，教養部が廃止されて高等教育機能開発総合センターが設置されたのを受けて，教養分館も北分館へと名称変更し，この年にはじまった全学教育の学習支援に向けて，従来以上に積極的に取り組むことになった。
　2000年に情報教育館が完成し，渡り廊下によって北分館が高機能センターE棟と直結したことによって，北分館は全学教育を受ける学生にとって利便

性を増した。同年の分館4階の全面改修(グループ学習室の拡充)と,マルチメディア公開利用室の開設(情報教育館2階)も,利用者の要望に応えたので,北分館入館者数は急増した(北大百二十五年史:通説編2003, 1297-1301)。これ以後も入館者数の増加傾向は続き,2003年度には本館の入館者数を上回った。北館で改修工事が行われた2005年度と2007年度を除いて,北館の方が入館者数が多い状況は現在まで続いている。

こうして大きく成長した北分館は,2009年4月に再度改称して「北図書館」となった。本館と共に北大の附属図書館の役割を積極的に果たしている実情に合わせて分館の名を返上したのである。

この後,2009～2012年度に実施された大がかりな附属図書館本館再生事業によって,本館における学習環境が格段に向上した。2014年度に行われた外部評価では,学習環境に関して本館と北館の格差が著しいことが,委員から指摘されたほどである。北図書館は利用者が増大した結果,需要の高まりに対応しきれず,試験期間以外でも閲覧席の不足が目立つようになった。また狭隘化や老朽化のため,スペースの配置などについても,学内で教育学習支援の機関として十分に役割を果たしたいという図書館の姿勢を反映させるのが難しくなってきたため,2014年度に北図書館増築が実現し,新棟が竣工した。その詳細については後述する。

2 北図書館の現状

北図書館の利用者は学部学生,特に初年次学生が多いのが特徴である。入館者の85%前後が学部学生で,そのうちの半分近く,すなわち全体の4割ほどが初年次学生である。したがって,本書全体のテーマである北大の教養教育に関する取り組みは,北図書館に大きな影響を与えてきた。

一例を挙げると,2005年度のGPA制度と「秀」評価の導入,2006年度の履修登録単位数の上限設定の導入は,2006年度の北図書館入館者数の急増に直接つながった。上限設定は,学生の主体的な学習を促し,十分な学習時間を確保することによって,単位の実質化を目指したものだが,この制度

によって授業の空き時間が増えた学生は，それを利用した学習の場所として，身近にある北図書館を選択したのであろう。試験期間中だけでなく，授業期間中の平日にもかなりの利用者が訪れる現象は，この頃から顕著になった。2013年度に実施した附属図書館自己点検・評価の際に行った利用者アンケートからも，学生が図書館を学習の場ととらえていることが読み取れる。

　こうした変化に対して北図書館は，本館と連携しつつ，できる限り迅速に，きめ細かく対応してきた。開館日を例に挙げると，1998年10月に土・日曜開館を開始，2002年4月には祝日開館も始めた。現在の休館日は年末年始，センター試験，大学祭，全学停電の日だけで，開館日に関しては最大限努力してきたといえる。開館時間については，2004年12月に土・日曜・祝日の閉館時間を17時から19時にしたのを皮切りに，その後，土・日曜の開館時間を30分早め，平日の開館時間を1時間早めるなど，何段階かに分けて開館時間を延長してきた。北図書館入館者数の増加は，図書館のこうした努力によるところも大きかったと思われる。

　蔵書に関しては，シラバス指定図書や英語多読図書，「本は脳を育てる」（北大教員による新入生への推薦図書）など，授業と密接に関係した図書をそろえて，充実を図ってきた。北図書館の年間貸出冊数の上位を占めるのは，総合理系の初年次学生が利用する生物学や化学の教科書，TOEIC問題集など，全学教育と直接関連する図書が多いが，それらの利用高頻度図書については，同一本を5冊以上用意する仕組みを整えてきた。

　また，学生ができるだけ多くの資料を利用できるよう，2008年度に開架図書の貸出冊数の上限を5冊から8冊に引き上げた結果，北図書館の貸出冊数は，2007年度の約94,600冊から2008年度は127,000冊，2009年度は177,000冊と大幅に伸びた。その後，2011年度の約188,400冊をピークとして，17万冊台が続いている。貸出冊数は，以前は本館の方が北館を上回っていたが，2008〜2009年度の北館の急激な伸びの結果，両館の貸出冊数はほぼ同数になり，本館の大規模な改修工事中は北館の方が多かった。工事を終えた本館ではV字型の回復がはじまっているが，北館も努力を怠らず，総合教育部生の高い学習意欲に応える蔵書構成と利便性の増大に努めたい。

以上，紹介したデータは，北図書館の取り組みが，利用者の要望にそったものであったことの証明と思われる。

ELMS端末の利用度が全学でもっとも高いことも，北図書館の特色として付け加えておきたい。この実績によって，2012年にELMS端末は36台から78台へと拡充された。

例年4月に北図書館で実施する新入生向け図書館利用ガイダンスの参加者は，2010年には129人だったが，総合入試実施の2011年に415人にはねあがり，その後大体400人台で推移している。総合教育部の学生の図書館への関心は非常に高い。全学教育システムの改革は，GPAの上昇や学生の自主的学習の促進に役立ったが，これには北図書館も相応の貢献をしてきたといえよう。

3　望まれる新棟（西棟）の活用

2015年4月に北図書館の新棟がオープンした。中央通りに面した既存棟を東棟と呼び，北大生協側の新棟は西棟と呼ばれる。今回の増築によって，建物面積は従来の5,044㎡に1,555㎡が加わり，閲覧席は562席から843席に増加した。西棟は，改修後の本館と同様に，階によって利用条件が異なっている。2階はグループ学習が可能なアクティブラーニングフロア，3階は新渡戸エリアや語学自習室があり，多読教材や語学教材，留学生用図書を配置してあるグローバルフロア，そして4階が静かに集中して勉強できるサイレントフロアである。無線LANアクセスポイントが増設され，書庫を除く館内全域で利用可能になった。

2015年度には，全学教育科目を対象として「授業必読図書リザーブ制度」の試行も行う。必読図書に指定された本は，複数冊そろえて館内貸出専用とされるので，多くの学生が利用できることになる。北図書館はアクティブラーニングに対応して多彩な学習空間を提供するとともに，図書の利用度を高めるための方策や，各種講習会の実施についても積極的に取り組んでいきたいと考えている。西棟のスペースが特色に応じて活用され，既存の東棟を含む

北図書館全体がさらに全学教育の発展と結びついて，より多く，よりよく利用されることを大いに期待している。

（望月　恒子，附属図書館副館長・北図書館長 2011-）

参考文献
・望月恒子（2012.1）北図書館の現状と全学教育, ニュースレター89, 1-3【WEB】
・新棟オープン特集：北図書館パーフェクトガイド（2015.7），楡蔭153【WEB】

2. アカデミック・サポートセンターの開設と発展

1　開設の経緯

　2011年度に導入された総合入試制度では，新入生は所属する学部学科を決めないで入学し，1年後に各人の志望と成績によって移行先が決定される。しかしながら学問分野の分化・融合は著しく,学科やコース名も昔とは異なって多様化しており，数多くの進学先から，実際に自分の学びたい分野を的確に選択するのは難しい。学生のために，進路選択支援の情報提供や，助言・相談窓口などの支援体制の整備が必須である。

　そのため制度設計の当初から，従来から配置されているクラス担任のほかに，1年生の進路相談役としてアカデミック・アドバイザー教員の配置が計画されていた。その後，教育研究高度化のための支援体制整備事業の予算により組織化された体制として，2009年10月にアカデミック・サポートセンター（以下ASC）の前身であるアカデミック・サポート推進室が設置された。

　推進室には，進路選択支援業務にアドバイザー教員を補佐する❶アカデミック・アドバイザー補佐（後にアカデミック・ナビゲーターと改称）2名，学生への学修支援業務に❷アカデミック・インストラクター2名，総合入試

制度の下での学生の学修成果，移行先志向，移行満足度等のデータ収集・分析業務に❸アカデミック・アナリスト2名，計6名の専任スタッフ（特定専門職員）が配置された。スタッフは，北大内の学部学科事情になじみがあり，できるだけ学生に近い目線で相談業務にあたれること，および博士課程修了生のキャリアパスの一助となることも想定して，北大出身で博士号取得者という条件で公募し，2009年度末までに6名が揃い，同時に全体を統括する推進室長（兼任教員）がおかれた。以上の体制によって2009年度下半期より，進路選択支援補助としてのアカデミック・マップ（後述）作成，および旧制度入学生に向けての学習サポート等から業務を開始した（川端ほか2009.12）。

　総合入試導入に向けた新たな体制作りが本格化した2010年10月には，高等教育機能開発総合センターの改組によって新設された高等教育推進機構内に新たに教育支援部がおかれ，その下に推進室を発展させた組織としてASCが正式に発足した。

　総合入試1期生を迎えた2011年4月には，それまでの空き室の間借りからE棟2階北図書館寄りの現在地に移転し専用オフィスと学習サポート室を開設した。同時に文系・理系・医系の3名の経験豊かな年輩教員がアカデミック・アドバイザー（兼任）に就任した。またASCの組織とは別にすべての移行先学部内に学部相談員（学部内教員）をおき，当該学部内の情報提供や学部内に限定された進路相談に応じてもらう体制も構築され，常にASCと緊密に連絡を取り合いながら効率的な進路相談ができるようになった。

　その後2013年4月には予算事情により全体の業務見直しと効率化を目指して専任のスタッフが4名に減員され，進路選択支援業務，学修支援業務，データ解析業務の3機能を有機的に融合分担することになった。2015年にはASCは「ラーニングサポート室」と改称され，高等教育研修センターのラーニングサポート部門として活動することになった。

2　主要業務の展開と現状

　つぎに，ASCの進路選択支援と学修支援業務について述べる。

進路選択支援としての「自由相談窓口」は総合入試学生が入学した2011年4月から業務を開始した。開始早々，毎日大勢の学生が相談に訪れ，スタッフ総出で対応に大わらわだったが，これは新学期開始時の履修システム，時間割作成等に関する技術的な相談がほとんどで，4月下旬の履修登録期間の終了とともに沈静化した。その後は日に数人が種々の相談に訪れる程度だが，延べ相談人数（メール等を含む）は2011年度446人，2012年度582人，2013年度536人，2014年度752人と着実に増えている。

このように純粋な進路選択に関する相談件数はそれほど多くない。これは年2回の学部学科紹介，総合科目「学問の世界」（2011〜2014），各学部での個別ガイダンス，アカデミック・マップ等による学部学科の情報提供が十分に機能しているためと思われる。相談内容もアカデミック・ナビゲーターを中心としたスタッフによる回答と，必要に応じて各学部相談員に依頼することでほとんどカバーできており，当初想定された，広い視野が必要なアカデミック・アドバイザーへの相談件数は年に十数人程度にとどまる。

総合入試学生のための進路選択支援資料となる「アカデミック・マップ」は，学問領域を28テーマ84分類（初版時）に分けて関連する学科を配した見取り図と，学部学科ごとに選定したキーワード一覧からなる小冊子である。昨今の学問領域の多様化・融合化により，学部・学科の名称だけでは実際の教育・研究内容がイメージしにくくなっている。たとえば，薬に関する勉強なら薬学部しかないと短絡するのではなく，理・工・農・水産など複数の学部で類似の研究がなされていることを知れば学科選択の幅が広がり，不本意な学科移行を少しでも減らせると期待される。このマップは毎年内容体裁を改めて作成され，新入生へ配付するほか，入試相談会等で説明資料にも使われている。他にこれに類するものが皆無なこともあり，他大学や高校教員などの進路指導の参考等にも利用されて高い評価を受け，学外配付数は年間約700部に上る。web上には検索に便利なオンライン版も公開されており，年間10,000件以上のアクセスがある（北海道大学アカデミック・マップ，岡墻2011）。

学修支援業務の大きな柱である，大学院生のチューターとASCスタッフ

がサポート室で学生の授業関連の質問を受け付ける「学習サポート」は，総合入試に先立つ2010年1月からの試行を経て同年4月より正式に開始した。単に解法を提示するのではなくヒントを与えて自力で学ぶ力を養うという，あくまでも授業を補完するシステムを目指している。初年度は知名度が低かったにもかかわらず年間延べ585人の利用があった。2年目の2011年4月からは総合教育の開始とともに現在の学習サポート室に移転して地の利がよくなったことと，総合入試学生の勉学意欲の高さから，2011年度の年間利用者数は延べ2,228人と前年比380％の大きな伸びを示し，その後も2012年度2,577人，2013年度2,798人，2014年度3,343人と着実に増えている。

指導にあたるチューターは，ASCスタッフの関連研究室への声かけや，授業科目責任者への推薦依頼等により募集し，TAと同等の研修を受けて勤務している。利用科目は数学，物理，化学が中心で，授業担当教員に積極的な利用を呼びかけてもらう一方で，多く寄せられる質問内容を教員へフィードバックするなど，授業改善につなげる努力もしている。特に試験前は利用者が増えるため，通常は午後のみの開室時間を午前中から夕方以降まで延長し，チューターを増員している。利用学生の満足度は97％を超え，リピーター率も高く，十二分に役割を果たしているといえよう。

自由訪問型の学習サポートとは別に，特定のテーマ（ノートの取り方，レポートの書き方など通常の授業では教わらない学習スキル）を設定した時間限定の「スタディ・スキルセミナー」を2010年度より開始し，物理，英語等の科目別セミナーも2013年度から始めた。1年生は履修科目が多く時間割がタイトなこと，また共通する空きコマがほとんどないことから開催時間の設定が難しく，当初は参加人数もそれほど多くなかったが，同じメニューを週に複数回行う，昼休みや18時以降にも開催するなどの工夫により，利用者数は年間延べ800人程度にまで増えている。

3　今後の課題

総合入試制度開始とともにまずは順調に滑り出したASCだが，現在4名

のスタッフはいずれも任期付きで，発足当初の 6 名はすでにすべて入れ替わっている。北大の教育・研究はきわめて広範にわたり，全学教育や学科移行のシステムは複雑で，それらに精通して学生に誤りなく対応するのは慣れないとなかなか大変である。相談事例の整理類型化，ノウハウの蓄積，諸データの分析等による一層の業務の効率化が求められている。

　一方で，進路相談や学習サポートを経験した学生が高学年に進み，学部専門科目に関する質問や大学院進学相談なども増えている。国際化推進に伴って増加している留学生も含め，初年次生以外の学生への対応も検討課題である。今後はこのような多様化する学生ニーズに的確に対応できる継続的な体制構築が求められる。

　　　　（川端　潤，アカデミック・サポート推進室長／同センター長 2009-14）

参考文献
- 川端潤ほか（2009.12）アカデミック・サポート推進室が発足，センターニュース 81，8-9【WEB】
- ラーニングサポート室 - 北海道大学（2010～）【WEB】
- 岡墻裕剛（2011）北海道大学アカデミック・マップの構築と公開，じんもんこん 2011 論文集（情報処理学会），313-320【WEB】
- 北海道大学アカデミック・マップ（2011～）【WEB】

3. 新渡戸カレッジの活動——国際化の推進

「大学の国際化」は、いまやわが国の大学改革の重点項目として、各大学に対応が求められている。

本学では2026年の創基150年に向けた改革戦略「北海道大学近未来戦略150」（2014.3）にもとづき、スーパーグローバル大学創成支援事業「Hokkaidoユニバーサルキャンパス・イニシアチブ」（HUCI）（2014.9～）において、1つのガバナンス強化プラン（包括傘）、4つの教育改革プラン（縦柱）、4つのシステム改革プラン（横軸）を一体的かつ集中的に実施する「1-4-4改革プラン」を中心に全学的な改革を進めるなかで、「世界の課題解決に貢献する北海道大学へ」という目標を立て、専門的知識に裏づけられた総合的判断力と高い見識、異文化理解能力と国際的コミュニケーション能力をもち、国際社会の発展に寄与する指導的・中核的な人材の育成を目指している。

ここでは、その先駆けとなった「新渡戸カレッジ」創設の背景と活動内容を紹介する。

1　北海道大学における国際化の取組

グローバル化が急速に進行する現代社会では、多文化共生がこれまで以上に必要となっている。特に若い世代が外国語によるコミュニケーション能力と、異文化を理解し尊重する素養を身につけることは極めて重要である。国際共通言語としての英語によるコミュニケーション能力はもとより、さまざまな民族、文化、宗教等が混在する状況で、相互理解、協調協力、共存共生の精神のもとにさまざまな課題を解決できる人材が求められている。

北大が掲げる「国際性の涵養」という教育理念も、国際社会に貢献できるこのような人材の育成によって達成される。

本学の国際化は、2010年度に国際本部が設置されて加速された。2011年

度には，グローバル化推進のためのタスクフォースが設置され，学部学生を対象に海外留学等を通じてグローバル人材を育成する❶新渡戸カレッジ構想，留学生対象の新たな（英語で入学できる）学士プログラム❷現代日本学プログラム構想，および英語による授業の増強や日本人学生と留学生との交流の制度的保証などによりキャンパスの国際化を推進する❸バイリンガル・キャンパス構想，という3つの基本構想が確認された。

❶新渡戸カレッジは，文部科学省の「グローバル人材育成推進事業」に採択され，2013年4月に開校して活動を開始している。❷現代日本学プログラムも2015年度から留学生を受入れはじめた。この2つの国際化プログラムを有機的に結びつけて「日本人学生の海外派遣」と「留学生の受け入れ」の双方を活発化させ，着実に国際化を進めることにより❸バイリンガル・キャンパスの実現を目指している。

2　新渡戸カレッジ創設の背景

　新渡戸カレッジは，本学の前身，札幌農学校第2期卒業生の新渡戸稲造にちなんで命名された。

　本学では「新渡戸稲造の精神」として，①深い倫理性に基づいた品位ある自律的な個人の育成，日本人としての自覚をもちつつ偏狭な排外主義に陥らない②国際精神の涵養，互いに国籍の区別を設けないで親しく交わる③国際的教育の組織，という3つの思想に着目している。経済活動等の急速なグローバル化が進行し，人や物や情報が瞬く間に世界を駆け巡る現代こそ「新渡戸稲造の精神」が重要性を増している。

　本学では「新渡戸稲造の精神」を21世紀の課題と捉え，その具現化を目指して新渡戸カレッジを創設した。新渡戸カレッジは学部・学科の枠を越えた新たな教育システムであり，専門教育を重視しつつ，世界の共通言語である英語を駆使し，さまざまな文化的・社会的背景をもつ人々と円滑にコミュニケーションをとれるスキルを生かして，異なる文明・国・社会との架け橋となる人材の輩出を目指している。

3　新渡戸カリキュラムの特色

　新渡戸カレッジの特色は，全12学部から選抜された約200名の学生が共に学ぶ共通カリキュラム（以下，新渡戸カリキュラム）にあり，学部・学科の垣根を越えた学習環境を提供するという意味で"カレッジ"と呼んでいる。

　この理念のもと，新渡戸カリキュラムでは以下の5つの能力をもつ人材の育成を目指して，カレッジ生に独自の授業（以下，《 》内は科目名）を提供している。

　❶グローバルなコミュニケーションツールとしての英語力の育成のために，原則として1セメスター以上の《海外留学》（交流協定大学との交換留学）を義務づけている（学部・学科によって，長期留学が不可能な場合は複数の短期留学でこれに代える）。この留学制度を支援するため，少人数クラスの《留学支援英語》と，さまざまなテーマで《英語による授業》を提供している。《留学支援英語》は，学期ごとのプレースメント・テストにより英語能力レベルに応じたクラス分けを行い，1クラス20人以下の少人数クラスで，英語を母語とする教員による会話とライティングを中心とした実践的な英語の授業を実施している。

　❷チームワーク力・リーダーシップ力：《フィールド型演習》は，さまざまな主題をもつ少人数クラスの体験型演習で，学外での野外演習を通じてチームワークの重要性を学び，リーダーシップやリスクマネージメントのなんたるかを体験できる。例えば，練習船による洋上訓練や牧場における畜産実習，厳冬期の雪上実習などでは，受け身の姿勢が目立つ昨今の学生がうって変わって積極的になることが，これまでの実績で確認されている。

　❸多文化状況の中での課題解決力：《多文化交流科目》は，カレッジ生と留学生が協働して問題解決にあたる少人数クラスの授業で，異文化・多文化状況について理解を促し，外国人留学生と日本人学生との協働学習により，多様な背景をもつ人々とともに課題を解決するスキルの修得を目指す。

　❹世界の中での日本人としての自覚と，❺グローバル社会でのキャリア形成力：新渡戸稲造をグローバル人材のロールモデルとして，《新渡戸学》で

彼の生い立ち，思想等を深く学びカレッジ生としての意識を高め，日本人としての自覚やキャリア形成をはかり，《ボランティア》や《インターンシップ》科目により実社会や就業体験に基づく学習意欲の向上と高い職業意識の育成を目指している。

　上記の科目とならんで，新渡戸カレッジの特色の一つに，本学同窓会組織に支えられた「新渡戸カレッジ・フェロー」制度がある。フェローは，グローバル人材のロールモデルとして，海外で活躍した経験をもつ本学卒業生から選ばれ，1学年あたり10人のフェローを担任に委嘱し，フェローによる講演会・合宿等を通して指導し，カレッジ生のよき理解者，助言者，教育者として，カレッジ生の自律的な成長を見守り支えている。フェローの教育力はきわめて高く，これまで家族や教員以外の大人とはあまり親しく接したことのないカレッジ生にとって新鮮な刺激となる。フェローとの対話を通して，カレッジ生は実社会を意識し，自身のキャリアパス形成を促す良い機会が得られる。このようなフェローを介した実社会との連携を通じて，座学とは異なる，同窓生とともに創りあげる柔軟な教育システムの確立を目指している。

4　教育プログラムとしての質保証

　新渡戸カレッジでは，約2,500名の入学者の中から，TOEFL-iBT61点以上相当を条件として学生を選抜し仮入校させて，プログラム参加時点でのカレッジ生の英語能力を担保し，その後，最初の学期の学習状況や提出されたレポートを厳密に評価して正式入校者を決定する仕組みによって，英語能力だけでなく，学修意欲や「高い志」を示す学生を継続的に受け入れている。カレッジへの入校は入学初年次だけでなく，2年次からの編入も可能で，通算して1学年200名のカレッジ生を毎年受け入れている。

　卒業時には新渡戸カレッジ修了証を授与する。修了要件は，新渡戸カリキュラム15単位の取得，学業成績（GPA）上位50％以内，かつ英語能力TOEFL-iBT80点以上という基準を満たすことである。さらに修了者には，学業成績や修得した能力に応じて3段階の称号が与えられる。

このように入校ならびに修了時の能力評価制度により，グローバル人材としての厳密な質保証を行う。

　新渡戸カレッジは，本学の国際化加速の先駆けとして2013年度に発足し，英語能力・スキルや幅広い知識の修得だけではなく，品位ある自律的な個人の確立，それぞれの文化的・社会的背景に根ざしたアイデンティティの確立，さらに国際性やリーダーシップの育成を目指している。

　新渡戸カリキュラムは，総合大学としての本学の強みを生かした学部横断型の教育プログラムであり，国際通用性をもつスペシャリスト集団の育成を目指している。将来的には，カレッジの修了生とスタッフ・学生を結ぶ情報・人の循環を構築し，大学と国際社会・産業界の好循環をもたらす新たな仕組みに発展させたいと考えている。

　新渡戸カレッジに代表される本学の国際化の試みは緒についたばかりだが，日本の大学のありようを大きく変えようとする試みでもある。「国際化」は日本の大学に改革を促す起爆剤となるかもしれない。

　　　　　　　　　　　　　（山口　淳二，新渡戸カレッジ副校長 2014−）

参考文献
・本堂武夫（2013.1)「新渡戸カレッジ」の設立について，ニュースレター93，1-3【WEB】
・現代日本学プログラム - 北海道大学【WEB】
・北海道大学近未来戦略150【WEB】
・Hokkaido ユニバーサルキャンパス・イニシアチブ HUCI【WEB】

4. 教育評価システムの構築
―― 授業アンケートと IR ネットワーク

　近年，中教審「学士課程答申」(2008) などで，学士課程教育の「質保証」システムの確立のために，自己点検・評価など PDCA サイクルは機能しているか，内部質保証体制は確立しているか，情報公開など説明責任は履行されているかなどの観点から，教育評価システムの構築が課題とされている。ここでは，北海道大学の教育改革に役立っている「授業アンケート」や，IR ネットワークなど，教育評価システムの構築へ向けた取組を紹介する。

1　授業アンケートと教育業績評価

　北海道大学では，1992 年に点検評価委員会が設置され，学生による授業評価アンケートを 1993 年に試行，1994 年に本実施した。このアンケートは❶学生の自己評価，❷学生による授業評価，❸教育環境の評価からなり，同時に授業に対する教員アンケートも行った。1995 年には「学生の授業評価に対する教員のレスポンス」をアンケート調査し，学生による授業評価は授業改善に有効であり，2〜3 年に 1 度は実施すべきであるという教員の意見が集約された。

　1996 年には教員の教育業績の評価法を提案し（阿部ほか 1997b，阿部 2003，小笠原ほか 2003），1997 年には「学業成績評価について」のアンケート調査を行い，教育に関わる FD と，教育業績評価とを実施する方向性が打ち出され，1998 年から教育の要素や基準について学ぶ全学 FD がはじまった。

　教育業績評価の実現に向けてさらに内容を検討し，1999 年から教員の自己申告による研究・教育・管理運営と社会貢献の総合評価（研究者総覧）がはじまり，以後毎年実施されている。

　学生による「授業アンケート」も内容を見直して継続され，2011 年度までは点検評価委員会により，それ以降は部局ごとに毎学期実施され，結果は

WEBサイトに公表されている（1999～）。同じサイトで全学教育科目対象の調査結果も確認できる。

表1に2011年度のアンケート項目を示す。2012年度からは部局ごとに質問項目を検討し変更している。たとえば，全学教育では，教養科目（コアカリキュラム）の一部で，①コミュニケーション能力，②人間や社会の多様性の理解，③創造的な思考能力と建設的な批判的能力，④社会的責任と普遍的な倫理観など，コアカリキュラムの目標である4つの汎用的能力の学習成果に関する追加設問の調査を試行している。

表1：授業アンケート項目一覧（2011年度）

1　シラバスは，授業の目標，内容，評価方法を明快に示していた。5, 4, 3, 2, 1（以下番号省略）
2　授業はシラバスにそって行われていた。
3　授業で要求される作業量（レポート，課題，予習・復習など）は適切であった。
4　授業内容の難易度は適切であった。A，B，C，D，E（「極めて難しい，難しい，適切，やさしい，極めてやさしい」の順）
5　教員の説明はわかりやすかった。
6　教員の熱意が伝わってきた。
7　教員の話し方は聞き取りやすかった。
8　教員は効果的に学生の参加（発言，自主的学習，作業など）を促した。
9　教員は学生の質問・発言等に適切に対応した。
10　黒板，教科書，プリントやＡＶ機器等の使われ方が効果的であった。
11　この授業の自分の出席率は（　）％程度であった。（ほぼ「100, 80, 60, 40, 20％」の順）
12　質問，発言，調査，自習などにより，自分はこの授業に積極的に参加した。
13　この授業1回（90分）のための予習・復習に費やした時間は平均（　）であった。A，B，C，D，E（「4時間以上，3時間，2時間，1時間，30分以下」の順）
14　私はシラバスの到達目標を達成できた。
15　授業により知的に刺激され，さらに深く勉強したくなった。
16　授業は全体として満足できるものであった。

自由記述欄
・この授業で良かったと思う点について書いてください。
・この授業で改善した方が良いと思う点について書いてください。
・その他，気づいたことがありましたら書いてください。

2　IRネットワーク

　IR（Institutional Research：機関研究）とは，財務，施設，教員，在学生，卒業生等に関する，❶自学のデータの収集・蓄積，特に❷教育機能についての調査分析，および❸大学経営の基礎となる情報・分析結果の提供などの活動を意味する。

　教育の効果測定には，①通常の授業で行われる，学習成果を直接に評価する直接評価と，②学生調査で行われる，学生の学習行動，生活行動，自己認識，大学教育への満足度など，学習成果にいたるまでの過程を評価する間接評価との，2種類の調査がある。

　米国では，UCLAの高等教育研究所（HER）が開発したCIRP（Cooperative Institutional Research Program）と，インディアナ大学のNSSE（National Survey of Student Engagement）の2つの学生調査グループ（それぞれ500～700校が参加）が形成され，1960年代からデータを蓄積してきた。データは参加校にフィードバックされ，各校のIR部門が独自に分析する。参加校が多いため，米国の大学の平均像と，その中での自学の位置を確かめられることが，このIR活動の利点である。

　その一方で，高等教育の質保証への社会的要求の高まりから，教育改善に向けた教学評価体制の構築が目標とされてきた。

　北大では古くから，4年ごとに全学の学生・大学院生の4分の1ほどを抽出して，学生生活実態調査が実施されてきたが，その目的は学生生活の調査が中心で，学習時間の調査なども含むとはいえ，現在のIRが目的とする教育成果の間接評価とは違っている。学生生活実態調査は，最近では2014年に実施された（学生生活実態調査報告書 2010；2014）。

　高等教育開発研究部では，2005年度にコアカリキュラム導入1期生に当たる4年生を対象にコアカリキュラムの成果に関するアンケート調査を行った（小笠原ほか2006a，小笠原ほか2007）。

　また，平成18年度教育改革の成果の検証のため，新入生の平均履修単位数，科目ごとの履修者数と1クラスの平均履修者数，図書館利用者数，GPAと

TOEFL-ITP 試験の成績，授業出席率と自習時間，各部局の授業担当状況・非常勤講師採用数などの調査を続けてきた（細川ほか 2007a，安藤 2007.2；2007.3b；2010，平成 18 年度新教育課程中間評価報告書 2010，付録 3）。

2011 年の総合入試開始以降はアカデミック・サポートセンター（現ラーニングサポート室）が毎年学生アンケートを行い，総合入試入学者と学部別入試入学者の学習状況を比較調査している。

同志社大学が中心となって 2004 年から継続している，UCLA の学生調査 CIRP を翻案した大規模な日本版大学生調査研究プログラム（Japanese Cooperative Institutional Research Program: JCIRP）[1] に北大経済学部が参加したこともある。

そうした流れの中で，2009 年，文部科学省の大学教育充実のための戦略的大学連携支援プログラム事業に「相互評価に基づく学士課程教育質保証システムの創出：国公私立 4 大学 IR ネットワーク」(2009 ～ 2011 年度，代表校：同志社大学）が選定された。さらにそれを発展させた「教学評価体制（IR ネットワーク）による学士課程教育の質保証」(2012 ～ 2016 年度，代表校：北海道大学）が文部科学省大学間連携共同教育推進事業に採択され，北大では IR ネットワーク推進室を設置し事業を進めている。

これらの事業では，1・3 年生を対象に❶基本属性，❷学習状況，❸英語学習状況，❹大学生活や教育環境の評価・意識の 4 領域を調査し，多くの分析結果が得られた。たとえば他大学との比較では，北大生の方が自習時間の長いことが示された（細川ほか 2011，同 2012，安藤ほか 2013，徳井ほか 2015）。

また，2014 年度からはコンピテンシー（高い成果を上げる人の行動特性）を中心としたアンケート項目による卒業生調査や企業調査も行っている（IR ネットワーク報告書 2014）。

さらに，大学間連携事業と同じコンピュータシステムを利用して，独立組織である大学 IR コンソーシアムによる調査も展開されており，2015 年 12 月現在，全国から 40 校がコンソーシアムに参加している。

日本の IR の課題は，IR 組織を大学の機構に有機的に組み込み，その調査結果を次の教育改革に生かすことである。そこで北大では，毎年の報告書を

公開するとともに，教育改革室および役員会に結果を要約した短いレターを提出している。また，各学部に卒業生調査の結果を報告するときに，学部における調査結果の活用方法などを担当者から聞き取り，その後の調査に役立てている。さらに，全学FDでも分析結果を紹介し，教育の課題と北大の長所を伝えている。IR活動のさらなる発展が期待される。

（細川　敏幸，IRネットワーク推進室長2013-）

注

1 科学研究費補助金による研究プロジェクト（研究代表者：山田礼子）として開発・展開されてきた大学生調査（山田礼子2009，同2011）。上級生用の「大学生調査 JCIRP College Student Survey: JCSS」（2004年試行，2005，2007，2009，2010，2012年に実施，のべ142校，累計約28,000人が参加），「新入生調査 JCIRP Freshman Survey: JFS」（2008，2009，2011，2013年に実施，のべ334校，累計約54,000人が参加），「短大生調査 JCIRP Junior College Student Survey: JJCSS」（2008～2013年に毎年実施，のべ162校，累計約44,000人が参加）から成る。2014年以降，新入生調査と大学生調査は有限責任事業組合ジェイ・サープ研究会，短大生調査は一般財団法人短期大学基準協会に引き継がれた（ジェイ・サープ2014～）。

参考文献

- 小笠原正明ほか（2003）大学教員の教育業績をどのようにして評価するか？，高等教育ジャーナル11，149-161【WEB】
- 山田礼子編著（2009）大学教育を科学する：学生の教育評価の国際比較，東信堂
- 相互評価に基づく学士課程教育質保証システムの創出：国公私立4大学IRネットワーク（2009～2011）【WEB】
- 学生生活実態調査報告書（2010年版；2014年版），北海道大学学務部学生支援課【WEB】
- 山田礼子(2011)大規模継続学生調査の可能性と課題,大学論集42, 245-263【WEB検索：大学論集】
- 細川敏幸，宮本淳ほか（2011）「1年生調査2009年」北海道大学を中心とした比較分析報告書：相互評価に基づく学士課程教育質保証システムの創出：国公私立4大学IRネットワーク，北海道大学高等教育推進機構【WEB＊】
- 細川敏幸，宮本淳ほか（2012）「1年生調査2010年」北海道大学を中心とした相互評価のための比較分析報告書：相互評価に基づく学士課程教育質保証システム

の創出:国公私立4大学IRネットワーク，北海道大学高等教育推進機構【WEB＊】
- 教学評価体制（IRネットワーク）による学士課程教育の質保証（2012～2016）【WEB】
- 大学IRコンソーシアム（2012～）【WEB】
- 安藤厚ほか（2013）連携5大学「一年生・上級生調査2011年」の北海道大学を中心とした比較分析:報告:教学評価IRネットワーク推進のために，高等教育ジャーナル20-1（オンライン特別号），1-104【WEB】
- ジェイ・サープ:学生調査プロジェクト（JSAAP）（2014～）【WEB検索:ジェイ・サープ】
- 徳井美智代，宮本淳ほか（2015）過去3年間の学生調査から見える北大生の特徴:2014年IRプロジェクト活動報告，高等教育ジャーナル22，67-73【WEB】
- IRネットワーク報告書2014:平成24年度採択文部科学省大学間連携共同教育推進事業「教学評価体制（IRネットワーク）による学士課程教育の質保証」（2015）北海道大学高等教育推進機構【WEB】

農学部玄関のアプローチから長方形の前庭（スクアドロン）を見る

第4編
結び

　1990〜2000年代の北海道大学の教養教育を中心とした教育改革の拠点であった高等教育機能開発総合センターは，学部の枠を越えた総合入試制度が実現したときその役割を終えた。常に全学的視点から教育をとらえる北海道大学の中長期の戦略に沿って，センターは初年次学生が籍を置く高等教育推進機構に改組され，同時に学士課程のみならず大学院課程における高度教養教育やアウトリーチをも含む多様な教育支援の機能を備えるようになった。

　本編の第12章ではセンターから機構への転換の経緯とその機能の概要を説明し，最後の第13章では新制大学の発足時に提起された学士課程と大学院課程の役割分担に関する全学的な議論と，今後の展望について述べる。

第12章　高等教育推進機構の機能と活動
――初年次教育から大学院・市民教育まで

1　高等教育推進機構の設置

　北海道大学は，2010年10月に高等教育機能開発総合センターを発展的に解消し「高等教育推進機構」を設置した。これは総合入試の実施により，翌年4月に文系・理系という大くくり枠で，所属学部を決めずに入学する学生を受け入れる組織が必要になったためで，それと同時に，すべての学生が理系・文系でほぼ同一のカリキュラムで授業を受講するようになり，コアカリキュラムとしての全学教育の性格がより明確になった。

　当初，この機構には次の4つの部が置かれていた――全学教育科目（教養科目と基礎科目）の企画・立案・調整を行う❶全学教育部，初年次学生（学部別入試で入学した学生も含む）の修学指導と学部移行の選考などを行う❷総合教育部，高等教育研究を担う❸高等教育研究部（(1)高等教育開発研究部門，(2)生涯学習計画研究部門，(3)入学者選抜研究部門，(4)科学コミュニケーション教育研究部門からなる）および，初年次学生の学修指導や総合入試入学者の学部選択をさまざまな形で支援するアカデミック・サポートセンターと自然科学実験支援室からなる❹教育支援部である。

　ところが，この数年間に教育改革が急進展し，それに対応する多様な組織が必要となったため，さらに組織を再編し，2015年度には高等教育推進機構は図1の構成となっている。

2　高等教育推進機構の機能と活動

図1に示した各部やセンターの活動をそれぞれの機能に即して概観しよう。

(1) 教育企画機能

北大の全学教育は，大学設置基準の大綱化を受けて教養部が廃止され，高等教育機能開発総合センターと学務部が設置された1995年度以降，いわゆる「責任部局制」によって維持されてきた。①全学教育部は，この制度の下で教養科目と基礎科目に係る教育課程の企画・立案を行うとともに，各年度の開講計画を調整する。本学の全学教育では年間1,800科目ほどの授業が提供され，すべての責任部局・準責任部局がその開講責任を果たしている。また，一般教育演習・総合科目等は全学協力科目として，研究所や研究センターにも開講を依頼し，すべての部局が何らかの授業を全学教育に提供している。

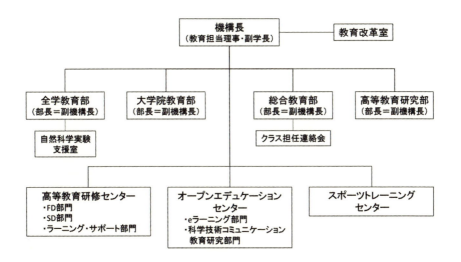

図1：高等教育推進機構の組織構成

教育内容の質に関しても，科目企画責任者と連携して，理系の基礎科目と外国語科目のすべてについて統一教科書の採用あるいは教育コンテンツの統一を図り，教授者が誰であっても均質な内容の授業が行われるようになった。コアカリキュラムの実質化である。

　また，北大では2000年度から大学院共通授業科目が開設され，2010年度からは大学院理工系専門基礎科目も加わり，大学院学生が所属研究科等を越えて受講できる共通授業科目は合わせて200科目以上，受講者は3,000名を超える。2016年度には，これらの科目群は大学院共通授業科目として統合されたが，この大学院における高度教養教育と共通専門基礎教育の企画を担うのが②大学院教育部である。

(2) 教育実践機能

　すでに述べたように，北大では総合入試の導入以来，すべての初年次学生は③総合教育部に所属し，クラス担任・副担任が修学指導を行っている。総合教育部の下にはクラス担任等連絡会をおき，『クラス担任マニュアル』を作成して，すべての学生に均質な指導を行うとともに，学生相談室や障がいを持つ学生のための特別修学支援室などと連携して，個々の学生の求めに応じた支援ができる体制を整えている。

　ちなみに，総合入試枠の割合が多い理系では，学部別入学者と総合入試による入学者が混在するクラス編成を行っている。これは多種多様な友人と知り合う機会を提供する点で，過去の大くくり入試経験者には本学の特徴として高い評価を得ている。

(3) 教育研究機能

　④高等教育研究部には，高等教育研究を主任務とする教員が所属し，高等教育に係る理論的研究のほか，生涯学習計画・入学者選抜制度の研究，授業アンケートや成績評価・単位の修得状況などに係る教学IR，高等教育研修センターで実施するFD・SDの企画・立案など，高等教育推進機構の頭脳，及び手足として多様な活動を展開している。

(4) 教育支援機能

⑤高等教育研修センターは，これまで高等教育研究部の教員が実施してきた教員と大学院生 TA・TF 向け FD のほか，職員向け SD，学生向けラーニング・サポート機能等を一元的に実施するための組織として 2015 年に新設され，同年 7 月には文部科学省によって「教職員の組織的な研修等の共同利用拠点」に認定された。特に FD は，北大方式として知られるワークショップ形式の新任教員研修に加え，中堅教員向けの教育マネージメント研修，アクティブラーニング型授業や英語で行う授業のための教員研修，大学院生向けの英語による教員準備研修（PFF）などを，逐次，本学教員のみならず北海道地区及び全国の高等教育に携わる教員に向けにも開講する予定である。

⑥オープンエデュケーションセンターは，これまで実績のある北海道大学オープンコースウェア（OCW: Open Couse Ware）事業を発展させ，過去の教育成果の蓄積・発信に加えて，単位の実質化や教育のグローバル化と連動して，学生が予習や復習に活用できるオープンエデュケーションコンテンツの開発や，MOOC（Massive Open Online Courses）による教育成果の海外発信などを目指して 2014 年に新設された。

2015 年度から本格的に始まった「北海道地区国立大学連携教育機構」（北海道内の国立大学を双方向遠隔授業システムでつなぎ教養教育の単位互換を行う事業）にも協力し，教材開発などを精力的に進めている（小林幸徳 2015.9）。

3　高等教育推進機構と教育改革室の連携

全国の大学を巻き込んだ教養部解体の嵐が吹き荒れてからほぼ 20 年が経過し，近年はこの間に弱体化した教養教育を再構築し，これを担う新たな教員組織を設置する大学もみられるが，北大はこの方向には進まなかった。それは，第一編で詳述されているように，本学は新制大学発足時から教養教育を「プログラム」として捉え，その実施組織を独立の部局とはせず，一貫して「全学支援方式」をとってきたからであり，学部別入試を実施した期間もこの方式は堅持された。

高等教育推進機構は初年次学生の受け入れ組織であり，（大学院における共通教育を含む）全学教育の実施組織ではあるが，全学教育を担当する教員の所属組織ではなく，そこで行われる教育も，各学部や研究科等の教育課程の一部とされている。

　また，全学教育科目に係る教育課程に関する重要事項を審議する学務委員会にはすべての学部長と研究科長・学院長が委員として加わっている。こうした組織編成は，かつて実質的に存在した教養教育担当教員と専門教育担当教員の身分上の差別を，教員の意識においても完全に払拭したうえに，教育改革を全部局に及ぼすのにも大きな力を発揮している。

　本学では，2004年の法人化以降，教育の質的改善に関する事項や，入学者の選抜に関する事項など，教育改革に関連する重要事項について企画・立案する組織として⑦総長室・教育改革室（室長は教育担当の理事・副学長）が設置され，さまざまな取組を制度化してきた。最近の例では，科目ナンバリング制度（2012〜）や，学修成果の質に基づいて成績評価を行う新GPA制度（2015〜）の設計などは，教育改革室で立案されたあと，まず全学教育科目に適用し，つづいて全部局で実施するという経緯をたどった。

　高等教育推進機構は，まさにその名の通り，全学的な教育改革を先導し推進する役割を果たしているのである。

（新田　孝彦，高等教育推進機構長 2013-）

参考文献
- 小林幸徳（2015.9）オープンエデュケーションセンター，ニュースレター 103，1-3【WEB】
- 高等教育推進機構 - 北大【WEB】
- オープンエデュケーションセンター - 北大【WEB】

第13章　総合的学士課程への展望

1　未完の「新制大学」

　大学設置基準の大綱化をきっかけとして，1990年代半ばからはじまった一連の大学改革の背景には，大学と，それを取り巻く環境の大きな変化があった。大学卒業生と受け入れ企業とのミスマッチの増大，偏差値序列を越えて広がる大学生の大衆化，無慈悲な勢いで進む情報化が，高等教育の土台を揺るがした。大学改革は社会変動の一側面であり，起こるべくして起こった変化である。

　北海道大学はそれを機に，教養教育を文字通り「全学教育化」するため，組織や制度を整備し，プログラムを改革し，社会との連携を強めたカリキュラムを新設・拡充した。現在の高等教育推進機構は全学教育部，大学院教育部，総合教育部，高等教育研究部，高等教育研修センターなどを擁する巨大な組織であり，第一編で解説されている旧高等教育機能開発総合センター構想の論理的・現実的帰結と言えるだろう。その完成は一つの区切りではあるが，新制大学発足以来の北大の軌跡をたどると，これは改革の終わりではなく「始まりの終わり」に過ぎないことがわかる。

　言うまでもなく，新制大学は最短4年で学士の学位を与える米国型の学士課程と，同じく米国型の修士と博士の学位を与える大学院課程の2つの課程からなる。新制北大は，大学を「学術の理論及応用を教授し並其蘊奥を攻究する」場所と定義し，学部（学士課程）は「専門教育機関とし，社会人として必要な専門知識を授ける」，大学院は「学的研究の場所とし，研究と研究者養成を目的とする」と，それぞれの役割を定義した（大学制度改革案1947）。

当時の大学院の理解とその編成例は今から見るとさすがに古めかしいが，問題はその内容ではなく，大学院課程との対比で学士課程の目的と内容を論じたことに意味がある。

　北大ではその後も時代の節目ごとに，全学的レベルで同様の対比と役割分担を議論してきた。大学院重点化構想の策定に向けて 1989 年に設置された大学院整備構想検討委員会が翌年 7 月に出した報告書「北海道大学における大学院改革整備構想：中間報告」(1990) でも，大学院改革の前提として学士課程の充実を強調し，「大学教育にとって，従来の一般教育・専門教育を一貫する教育によって，思考力，表現力，創造力等を育成することは不可欠」であり，「大学院重点化構想を進めるにあたっても，本学独自の全学教育協力方式を保持し，リベラルアーツの伝統を継承しつつ，一般教育の新たなシステムを開発する努力が必要である」としている。後段でいう「一般教育の新たなシステム」は上述の高等教育推進機構によって担われるとして，前段の「一般教育と専門教育を一貫する教育」の方策と制度とは，どんなものになるのだろうか？　それが提案され実行に移されるまでは，北大の学士課程，ひいては大学院課程改革は未完のままとどまることになる。

2　総合的学士課程の提案

　2000 年 4 月，当時の丹保憲仁総長の提唱で評議会の下に未来戦略検討 WG が作られ，翌年 3 月に平成 12 年度未来戦略検討 WG 最終報告「新世紀における北海道大学像」(2001) が提出された。この報告書の「Ⅱ．教育：世界的水準の大学院教育の確立及び学部教育の統合」には，博士課程を中心とする大学院に関する近未来予測が記されている――大学の世界的な序列化・格付けが進み，学生・教職員などの人材や研究資金の獲得競争が深刻になるだろう。グローバルな競争的環境で勝ち残るため，外部資金など研究資源の多様化をはかるとともに，「教員組織」と「教育課程」を区別して，教員組織の単位である研究科は今よりかなり小さな適切なサイズにし，教員組織の枠を越えた柔軟性の高い研究グループの編成を可能にする必要がある。

大学院博士課程の教員組織は，専門ごとに組織された欧米の大学の「デパートメント」に近い形で再編されるだろう。大学院学生には，比較的早い時期から国際的に認められた第一級の研究チームに加わって研鑽を積むことが推奨される。法科大学院など資格にかかわる職業的修士課程の整備もこれからますます重要になるだろう，と。

　一方，学士課程については，日本全国・世界各地から集まった多様な資質と個性を持つ学生が互いに切磋琢磨し，教員・職員との相互作用により大学に新しいエネルギーと活気をもたらし，そこで新しい文化が創造され創造的な研究大学の学問的・文化的な基盤が形成されると，文化的側面に期待している。

　専門教育及び職業教育の重点がしだいに大学院に移ると，学部における教育は新しい学士課程として再構築を迫られ，専門の骨格を明らかにし幅広く専門的な素養を身につけさせることが主な目的となる。このような「教育理念を採用する限り，現在のように学士課程の学生を学部別に選別して入学させ，学部別に教育する必然性はない」とし，できれば北海道大学学士課程として一括して入学させる方針を提案している。

　その上で，純粋な教養教育はリベラル・アーツを中心とする必須の教養科目＝コアカリキュラムとして全学の責任で実施する。「学生は全学共通のコアカリキュラムに加えて，進路希望に応じて自由に各コースの科目を選択し，4年次進級に際して最終的な専門を決める。（中略）要するに，現在の『学部一貫教育』から『学士課程一貫教育』へと転換する。」そのために，既存の全学委員会をさらに強化し，権限を持った副学長がこれを統括する。学士課程カリキュラムの各分野ごとに委員会を組織し，その委員会の判断で授業担当者を指名できるようにする。これは大学の中に「もう一つの大学」を作ることにもなるが，包括的なプログラムで学士課程を運営するには，このようなシステムが必要だとしている。報告書は2020年までと時限を切ってこの方針の実現を提案した。

　それから15年後の現在の光の下でこの構想を検証すると，大学院重点化と学院・研究院構想による教員組織の再編，コアカリキュラムの整備，大

学院共通授業および総合入試の導入，高等教育推進機構の新設など，構想の多くが実現している。基礎科目における学部カリキュラムの開放（互換性科目）も一定の広がりを見せている。また，学部教育と並行して，すべての学生を対象に，国際性と豊かな人間性を育む特別プログラム「新渡戸カレッジ」がはじまり，全国的にも注目されている。この取組は国境を越えた人と学問の交流促進に実績をあげ，現在では大学院にも拡大されている（山中康裕 2015.4，新渡戸スクール）。

　その一方で，完全に予測がはずれた部分もある。理系の大部分と文系の一部で総合入試が導入されたが，学部を越えた教育組織の再編は行われず，学士課程における12学部の教育的役割はほとんど変わらなかった。学校教育法と大学設置基準によって学部カリキュラムに対する学部教授会の権限が守られている以上，当然の成り行きではあるが，文部科学省の政策により学長のガバナンスが強調されている今も，この状態に大きな変化は見られない。未来戦略検討WGは何を見逃していたのだろうか？

3　学部共同体文化の役割と展望

　見逃していた第1点は，文系と理系の違いである。文系は法・文・経済・教育の4学部からなり，設立のいきさつもキャンパスにおける空間的配置も共通点が多い。基本的に学術分野中心で，実学的要素が少なく，学士課程で専攻した分野と就職先での仕事が一致しないのは当然とされている。各学部所属の学生は，カリキュラムの順序性がきびしくないこともあって，伝統的に自分が専攻する分野の科目以外に他学部・他学科の開講科目も少なからず履修する傾向がある。米国型とはだいぶ違うが，全体としてリベラルアーツカレッジの役割を果たしているとも言える。文系だけで閉じていることに目をつぶれば，このような学部の枠組みを壊して一つの学士課程に統合するメリットは特に見当たらない。

　第2点は，理系の分野構成の特異性に配慮しなかったことである。米国型の学士課程の理系の中心はサイエンスなど純学術的分野だが，北大を含む日

本の国立系の大学では,その代わりに「実学系」が中心となっている。工・医・農・獣医・薬・歯・水産学部はもともと当該分野のリーダー養成のための職業的学校で,中でも工学部は歴史的理由から国立大学法人系大学ではいずれもマンモス学部に成長している。その発展の経緯から,それぞれの教育課程は縦型に細分化され,それぞれが自己完結的で,大学院課程も含めて学生の横方向への移動を喜ばない。

　第3点として,学部共同体が持つ教育文化の違いを見逃していた。各大学・学部には固有の教育文化があり,それが「正規の教育あるいは経営モデルを越えたところである種の生命をもって」いるというマイケル・バレッジの指摘は本質をついている(バレッジ1998)。例えば,日本の近代化と成長期における高等教育機関,特に工学系の大学・専門学校の成功は,こうした「工学部の文化」によるところが大きい。そのような共同体としての学部の文化を,リベラルアーツ・サイエンス中心の米国型の学士課程の文化に置きかえることは,可能でも,得策でもない。これは日本の大学の将来を考える上で見逃してはいけない重要な視点である。

　しかし一方で,これから10年20年先のことを考えると,現在の学部別の学士課程がそのままの形で継続されるとは思えない。特に「実学」分野の再編は避けて通れない。

　もともと実学分野の高等教育機関の多くは,発展の過程で当初の職業的課程から産業別の課程へと変化してきた経緯がある。例えば工学部の卒業生は,典型的には,就職直後には工場など現場に配属され,間もなく中間管理職になり,多くはマネジメントのポストについて現場を離れる。そのため,ある職種をターゲットに学士課程の教程を編成すると,むしろ産業界の期待に応えられないというジレンマが生じる。伝統的大学ではこれを解決するために,学士課程の学科を,かつての鉱山学部・学科のように,産業別に縦型に編成・整備してきた。産業が安定して拡大している間はこの対応で右肩上がりに成長できたが,新しい産業が勃興して産業構造が変化すると古い産業は衰退し,大学もそれに応じて再編を迫られる。しだいにそのサイクルが早くなると,大学はついには社会的要請に応えられなくなり,大学の「根本的改革」の必

要性が叫ばれる。日本の大学の歴史はこの繰り返しであった。最近，このズレがまたぞろ顕在化してきたらしく，企業の側から「役に立つ」大学教育とか「職業的レリバンス」などがしきりと強調されている。しかし，日本ではこの2つの言葉が具体的に何を指すのかは自明ではない。それぞれの人がそれぞれの立場で発言するため，全体としては整合性がないという印象である。

　本当の意味で役に立つ学士課程への方策の一つは，職業的課程を職種別に分離する方向で，そのための改編はすでにいくつかの分野で行われている。最近も，薬学部は薬剤師養成課程を研究者養成課程から分離し，法学分野では実定法の教程が法科大学院にシフトしつつある。

　もう一つ，これが主流になると思うが，実学分野のリベラルアーツ化をはかる流れがある。実学のリベラルアーツ化とは，例えば「エンジニアリング」という大きなくくりで工学の一部を学術分野，つまりアカデミック・ディシプリンの一つに組み入れる方向である。これは19世紀末のオックスフォードやケンブリッジを嚆矢として英米ではすでに根付いている考え方で，日本でも1990年代に東大工学部で議論されたことがある。

　国立大学法人の主力を占める医学・工学・農学などの各分野は，現代における必須の素養としてのリベラルアーツ的教育を提供できると思う。これについて，エリック・アシュビーはすでに1958年に「技術をその全体性において理解する習性，これがすなわち技術的ヒューマニズムの真髄であり，高度の技術教育の達成すべきものとしてわれわれが期待するものである」「教養（カルチュア）への道はそれぞれの専門主義を通じてあるべきであって，それを避けて通ることではない」と言っている（アシュビー 1995）。これは，実学分野を多くかかえる日本の学士課程においてこそ真剣に検討されるべき課題だと思う。

　実用的で実際的な大学の諸分野を貫く原理は何か，その原理は具体的にどのように現実に適用されるか，どのようにわれわれの生活を豊かで安全なものにするかを明らかにし，専門性に基づく教程として確立する。学問としてのくくりをなるべく広くとり，学士課程全体に開放して共有財産とする。実学は文学，科学，芸術などと並ぶ学士課程の重要な柱であり，新しいリベラ

ルアーツ構築の原動力となるべき大学の学問分野である。国際的にもユニークで強力な総合的学士課程は、日本の大学の発展の過程で積み上げられてきた実学系の多彩な学部共同体文化を、学士課程プログラムの重要な要素として包摂することで実現できると思う。

(小笠原　正明, 未来戦略検討 WG 委員 2000-01)

参考文献
- 北海道大学における大学院改革整備構想：中間報告 (1990.7), 北海道大学大学院整備構想検討委員会, 北大時報 436 (1990.7) 別冊
- エリック・アシュビー (1995), 科学革命と大学 (島田雄次郎訳), 玉川大学出版部
- Burrage, Michael (1998) The curious case of general education in England；バレッジ, マイケル (1998) イングランドの一般教育：奇妙な例として (小笠原正明訳), 高等教育ジャーナル 3, 14-25【WEB】
- 山中康裕 (2015.4) 大学院特別教育プログラム「新渡戸スクール」について, ニュースレター 102, 1-3【WEB】
- 新渡戸スクール - 北海道大学【WEB】

1950 年代に旧教養部事務が置かれていた旧林学（古河）講堂（北大文書館所蔵）

旧北大予科生・旧教養部生のための寄宿舎恵迪（けいてき）寮。現在「開拓の村」に移築保存

参考文献（共通）

※ 参考文献は各章・節の末尾に記す。ここには，複数の章・節で挙げられている文献を記す。(2-1 新田）は，第2章1．新田稿を指す。配列は発表年の順。
※【WEB】オンライン版を参照。
【WEB ＊】http://high.high.hokudai.ac.jp/liberalarts/ を参照。
【WEB 検索】には検索のヒントを記す。
※ ［北大高機能センター］は，北海道大学高等教育機能開発総合センターを示す。

・大学制度改革案（1947.9.20），北海道帝国大学大学制度審議会，北大百年史：通説 1982，1142-1150【WEB】（1；13 小笠原）
・北海道大学教養部三十年史（1979），北海道大学教養部［教養部三十年史］（1 小笠原，2-1 新田，4 吉野）
・北大百年史：通説（1982），北海道大学編著，ぎょうせい【WEB】（1；13 小笠原）
・北海道大学一覧（1952〜1990）［北大一覧］（2-1 新田，4 吉野）
・大学審議会（1991.2.8）大学教育の改善について：答申（概要）【WEB】（2-1 新田，9-1 佐々木）
・大学設置基準の一部を改正する省令の施行等について（大綱化）（1991.6.24），文部事務次官通知【WEB】（1 小笠原，2-1 新田，2-2 山口佳三）
・北海道大学における学部教育の展開（1992.3.11），北海道大学大学院整備構想検討委員会・学部教育専門委員会，北大時報 457（1992.4）別冊（2-1 新田，2-2 山口佳三）
・全学教育科目の実施体制：学務部と全学教育センターの設置について（1993.11.9），北海道大学一般教育等実施体制検討委員会・一般教育等組織運営専門委員会；学部教育体制における全学教育科目の実施（案）及び関連する諸問題について（同），同・教育課程専門委員会；全学教育科目の実施体制：教務に関する事務組織及び事務処理システムの構築（同），同・教務事務組織専門委員会，北大時報 476（1993.11）別冊（2-1 新田，2-2 山口佳三）
・センターニュース（北大高機能センター）／ニュースレター（北大高等教育推進機構）（1995〜）【WEB】
・北海道大学全学教育科目実施の手引（教職員用）（1995〜）北海道大学学務部［全学教育科目実施の手引］（4 吉野，付録 5）
・高等教育ジャーナル（1996〜），北大高機能センター／北大高等教育推進機構

【WEB】
- 吉田宏，丹保憲仁ほか（1996）新しい学部教育の展開を目指して：学部一貫教育研究会報告，高等教育ジャーナル1，1-80【WEB】（2-2 山口佳三，3 安藤）
- 阿部和厚ほか（1997a）〈学部一貫教育研究会〉新しい学部教育の展開を目指して：1996（平成8）年度報告，高等教育ジャーナル2，1-38【WEB】（2-2 山口佳三，3 安藤）
- 阿部和厚ほか（1997b）北海道大学における教育業績の評価法，高等教育ジャーナル2，143-162【WEB】（10-1 阿部，11-4 細川）
- 全学教育の充実に向けて：平成7年度のレビューを中心として（センターニュース特別号）（1997.3），全学教育委員会編［全学教育科目レビュー］（2-2 山口佳三，10-1 阿部）
- 阿部和厚ほか（1998a）全学部に共通するコアカリキュラム：全学教育は校風をつくる，高等教育ジャーナル4，1-13【WEB】（2-2 山口佳三，3 安藤）
- 北海道大学の概要（1998〜），北海道大学総務部広報課【WEB】（1 小笠原，4 吉野）
- TA研修会開催される（1998.4），センターニュース17，6-7【WEB】（10-1 阿部，10-2 栗原ほか）
- 新任教官研修会開催される（1998.6），センターニュース18，6-8【WEB】（10-1 阿部，10-2 栗原ほか）
- 阿部和厚（1998.10）北海道大学教育ワークショップ「21世紀における北海道大学の教育像をめざして」，センターニュース20，6-7【WEB】（10-1 阿部，10-2 栗原ほか）
- 阿部和厚ほか（1998.12）特集：教育ワークショップ（FD）「21世紀における北海道大学の教育像をめざして」，センターニュース21，3-9【WEB】（10-1 阿部，10-2 栗原ほか）
- 阿部和厚ほか（1999a）全学共通コアカリキュラムの具体的構築，高等教育ジャーナル6，77-90【WEB】（2-2 山口佳三，3 安藤）
- 学生による授業アンケート結果 - 北大（1999〜）【WEB】（3 安藤，4 吉野，10-1 阿部，11-4 細川）
- 高等学校学習指導要領：平成11年3月告示（1999）［平成11年告示学習指導要領］【WEB】（3 安藤，7 大平，8-1 小野寺，9-1 佐々木）
- 北海道大学研究者総覧（1999〜）【WEB】（10-1 阿部，11-4 細川）
- より良き高等教育を求めて：現状と課題，そして展望：北海道大学高等教育機能開発総合センター点検評価報告書：平成7年度〜平成9年度（1999）［平成7〜9年度点検評価報告書］（3 安藤，4 吉野）
- 全学教育における各部局の授業担当状況（2001〜），センターニュース／ニュースレター［授業担当状況］【WEB】（3 安藤，4 吉野）

- はじめて全学教育を担当する人のための一般教育演習のガイドライン - 北大 (2001)［一般教育演習のガイドライン］【WEB】(4 吉野, 5-2 猪上)
- 新世紀における北海道大学像：平成 12 年度未来戦略検討 WG 最終報告 (2001.3), 北海道大学 (3 安藤, 9-2 小内, 13 小笠原)
- 阿部和厚 (2003) 大学における教育業績評価の評点化についての提案, 高等教育ジャーナル 11, 141–148【WEB】(10-1 阿部, 11-4 細川)
- 北大百二十五年史：通説編；論文・資料編 (2003), 北海道大学【WEB】(1 小笠原, 2-1 新田, 2-2 山口佳三, 3 安藤, 11-1 望月)
- 平成 18 年度以降の教育課程について：中間報告 (2004), 北海道大学教務委員会［平成 18 年度教育課程中間報告］(3 安藤, 8-1 小野寺)
- 平成 18 年度以降の教育課程について：最終報告 (2004), 北海道大学教育改革室［平成 18 年度教育課程最終報告］【WEB】(3 安藤, 7 大平)
- 大平具彦 (2004.6) 平成 18 年度以降の教育課程について, センターニュース 54, 1–3【WEB】(7 大平, 8-1 小野寺)
- 中期目標・中期計画一覧表（平成 16 年 6 月 3 日認可）(2004.6), 国立大学法人北海道大学【WEB】(7 大平, 8-1 小野寺)
- 成績分布 WEB 公開システム - 北大 (2005〜)【WEB】(3 安藤, 11-4 細川)
- 平成 18 年度以降の教育課程について：最終報告以後の検討結果：最終まとめ (2005), 北海道大学教育改革室・教務委員会［平成 18 年度教育課程最終まとめ］【WEB】(3 安藤, 7 大平, 10-2 栗原ほか)
- 中央教育審議会 (2005.1.28) 我が国の高等教育の将来像：答申［将来像答申］【WEB】(1 小笠原, 3 安藤, 9-1 佐々木)
- 小笠原正明ほか (2006a) コアカリキュラムに関するアンケート調査：報告書, 北大高機能センター【WEB＊】(3 安藤, 11-4 細川)
- 北海道大学オープンコースウェア (2006〜)【WEB】(8-1 小野寺, 12 新田)
- 北海道大学・全学教育ティーチング・アシスタントマニュアル (2006；2008；2011；2015) 北海道大学・高等教育推進機構［全学教育 TA マニュアル］【WEB】(3 安藤, 10-2 栗原ほか)
- 小笠原正明ほか (2007) 北海道大学におけるコアカリキュラムに関するアンケート調査, 高等教育ジャーナル 15, 133–145【WEB】(3 安藤, 11-4 細川)
- 平成 18 年度教育改革資料集 (2007), 北海道大学総長室・教育改革室 (3 安藤, 10-2 栗原ほか)
- 細川敏幸ほか (2007a) 2006 年度全学教育改革に関するアンケート調査, 高等教育ジャーナル 15, 99–112【WEB】(3 安藤, 11-4 細川)
- 安藤厚編 (2007.2) 平成 18 年度からの新教育課程・「単位の実質化」に関する学生・教員アンケート調査報告書, 北大高機能センター【WEB＊】(3 安藤, 11-4 細川)

・安藤厚編（2007.3b）平成 18 年度からの新教育課程・「単位の実質化」に関する第 2 回学生・教員アンケート調査（2007 年 2 月実施）報告書, 北大高機能センター【WEB ＊】（3 安藤，11-4 細川）
・中央教育審議会（2008.12.24）学士課程教育の構築に向けて：答申［学士課程答申］【WEB】（9-1 佐々木，11-4 細川）
・平成 18 年度新教育課程の実施状況中間評価報告書：2006 〜 2009 年度：平成 18 〜 21 年度（2010）, 北大高機能センター［平成 18 年度新教育課程中間評価報告書］【WEB ＊】（3 安藤，4 吉野，11-4 細川）
・安藤厚編(2010.3)平成 19 〜 20 年度全学教育改革に関する第 3 〜 6 回学生アンケート調査(2007 年度 9 月 2 月, 2008 年度 9 月, 2 月実施)報告書, 北大高機能センター【WEB ＊】（3 安藤，11-4 細川）
・シラバス検索 - 北大（2011 〜）【WEB】（3 安藤，10-2 栗原ほか）
・新渡戸カレッジ - 北大（2013 〜）【WEB】（11-3 山口淳二，13 小笠原）
・新渡戸スクール - 北大（2015 〜）【WEB】（11-3 山口淳二，13 小笠原）

1962 年ごろから建設が始まった旧教養部の建物で現在の高等教育推進機構（北大文書館所蔵：1967 年寺沢浩一氏撮影）

あとがき

　「入学式を終えて北大の正門を入ると，いきなり何本ものエルムの巨木が目に入った。そのとき，エルムの木を含めて北大のキャンパス全体が自分のものだと思った。いま冷静になって考えてみると，なぜあのとき，そんなふうに感じたか自分でも分からない。」これは以前「北海道大学の人と学問」という新入生向けの総合講義で私が北大史の部分を担当したとき，受講生の一人が残した印象的なコメントの一節です。北大全体を自分のものと感じる若者の直感は，大学生にふさわしい学びのきっかけになります。本書の副題「エクセレンスの共有を目指して」は学生のこのような意欲を受け止めようとするもので，そこには大学の最良のもの（エクセレンス）は学生を含めて大学を構成するすべての人々に共有されるべきだという主張があります。

　しかし，問題は何を基準に最良と言うか，エクセレンスと言うかということです。大学の存在基盤は専門（より正確に言えば本書の31ページ注5で定義されるような「ディシプリン」）にありますが，専門はそれぞれの価値基準を持っているので，そのままでは専門主義と区別がつきません。価値中立のままで最良の教養教育を提供できるのでしょうか？　冒頭の学生は入学して1カ月で，うすうすこのことに気づいて「冷静」になったのではないでしょうか。

　大学における教養と専門は総論と各論の関係にあります。正しい教養教育があってはじめて専門教育が成り立ちます。それぞれの専門は正しい総論と整合した各論，あるいは各論を想定した総論を持っているはずで，教養も専門も価値中立ではありえません。ただ，正しい総論とは何かは，教養教育を考えるとき必ずぶつかる難問で，容易に明快な答えは出ません。

　この問題について，元北大応用電気研究所所長の山崎勇夫先生が78才のときに出版された『仏教の源流　その知と信』（里文出版2002）は示唆に富んでいます。先生はアメリカ生化学・分子生物学会の名誉会員にも推挙された世界的な生命科学者で，私たちの学生時代，新進気鋭の教授として若者に絶大な人気がありました。先生はこの名著で，知と信の関係という問題を明

晰な言語で分析し,「正しい総論があって初めて,共存可能な各論が生きる」「その総論は,人類社会のあるべき姿を正しく見る客観性と,それぞれの宗教や民族がどうあるべきかを探る主観と調和しうる論理である。その総論に基づけば,自らの不合理に気づき,他の非合理を評価できるようになる」と述べています。正しい総論を確立するのは至難だが,今世界各地で起こっているあまりにも悲惨な出来事を見ると,21世紀のかなり早い時期に正しい総論によって解決を促す動きが生じるかも知れないと予言しています。

本書を編纂しつつ希望を感じました。本書の22名もの執筆者はいずれも各分野の卓越したリーダーで,多様なバックグランドをもち学識のスペクトラムも違っていますが,各章はばらばらではなく全体として同じ地平を目指しているように思えるからです。山崎先生の予言は本当かも知れません。

1995年に私が高等教育機能開発総合センターの最初の専任教授の一人として赴任したとき,北大図書刊行会（現出版会）の前田次郎氏から『北海道大学教養部三十年史』の在庫の最後の一冊をいただきました。1979年に当時文学部助教授の東出功先生が心血を注いで編集・刊行された本です。

それがきっかけで北大文書館の逸見勝亮先生のご好意で,アーカイブ化されつつあった旧教養部史料に接し,かつて教養部で自然科学概論を担当されていた岡不二太郎先生のファイルにたどりつきました。このいきさつがなければ,少なくとも旧教養部前史の部分は書かれなかったでしょう。ファイルを調べながら,今から半世紀も前,旧土木専門部の半ば朽ちかけた講堂の壇上から「学問は建物や施設のみすぼらしさとはまったく関係がありません」と銀髪をふるわせながら学生に向かって叫んでいた「オカフジ」さんの英姿を,昨日のことのように思い出しました。

なお本書の執筆・編集は私が北大総合博物館資料部研究員だったこの10年の間に行われました。いろいろ便宜を図っていただいた関係者の皆さまに心からお礼を申し上げます。また,写真の大部分は,著者の一人でもある阿部和厚氏が撮影されました。付記してお礼に代えさせていただきます。

小笠原 正明

資 料

付録 1-1： 北海道帝国大学大学制度審議会委員名簿（順不同）　昭和二十二年四月
※『大學制度改革案』北海道帝国大學大學制度審議會刊（1947）より

付録 1-2： 北大教養部の定員・現員配置（1976 年度末ころ）

付録 1-3： 1994 年度入学者用実行教育課程表：文Ⅰ系　※北海道大学教養部便覧：平成 6 年度（1994）より

付録 1-4： 1995 年度「全学教育」授業科目表　※全学教育科目実施の手引（1995）より

付録 1-5： 代表的な教養教育実施形態の類型（2015 現在）

付録 2-1a： 2007/2005 年度（第 1 学期）全学教育科目履修者数対比表（2007.7.13）

付録 2-1b： 2007/2005 年度（第 2 学期）全学教育科目履修者数対比表（2007.12.26）

付録 2-2a： 2003 年度授業シラバス「北海道立近代美術館に学ぶ」

付録 2-2b： 2013 年度授業シラバス「美術館という現場」

付録 3-1： 北海道大学全学教育科目ティーチング・アシスタントの選考等に関する要項（平成 8 年 9 月 11 日高等教育機能開発総合センター運営委員会決定）（全学教育科目実施の手引 2014, 144-145）

付録 3-2： 北海道大学全学教育科目ティーチング・フェローの選考等に関する要項（平成 26 年 12 月 2 日高等教育推進機構学務委員会決定）（全学教育科目実施の手引 2015, 158-160）

年表

付録1-1：北海道帝国大学大学制度審議会委員名簿（順不同）　昭和二十二年四月　※『大學制度改革案』北海道帝国大學大學制度審議會刊(1947)より

会長	伊藤 誠哉（総長）	内田 亨（理，教授）
幹事長	松浦 一（理，教授）	太秦 康光（理，教授）
幹事	川口 榮作（農，教授）	穂刈 四三二（理，助教授）
	大塚 博（工，教授）	湊 正雄（理，助教授）
	淺見 義弘（応電研，教授）	三矢 篤（理，講師）
	鎌野 勇五郎（庶務課長）	小熊 捍（低温研，教授）
委員	島 善鄰（農，教授）	菅 孝男（触媒研，教授）
	小林 巳知次（農，教授）	東 健一（応電研，教授）
	黒澤 亮助（農，教授）	坂元 義男（予科教授）
	平戸 勝七（農，教授）	谷本 友市（秘書掛）
	石塚 喜明（農，教授）	林 猛雄（工，教授）
	館脇 操（農，助教授）	松本 正（工，助教授）
	元田 茂（農，助教授）	真嶋 恭雄（工，助教授）
	大爺 榮一（農，助手）	松本 照男（工，講師）
	井上 善十郎（医，教授）	佐伯 利吉（土専，教授）
	永井 一夫（医，教授）	
	安保 壽（医，教授）	原田 準平（理，教授）
	堀内 壽郎（触媒研，教授）	中谷 宇吉郎（理，教授）
	宇野 親美（予科教授）	守屋 美賀雄（理，教授）
		市川 純彦（理，助教授）
	手島 虎雄（農，教授）	戸谷 富之（理，助教授）
	三田村 健太郎（農，教授）	添田 徹（理，講師）
	大澤 正之（農，教授）	
	高岡 道夫（農，教授）	本田 辰也（触媒研，助教授）
	土屋 四郎（農，助教授）	山岡 直道（予科教授）
	伊藤 信夫（農，助教授）	森田 宗治（文書掛）
	廣瀬 弘幸（農，助手）	（空白行は原典のまま）
	田町 以信男（農林専教授）	
	安田 守雄（医，教授）	（注）所属の略称の正式名称は以下通り
	岩下 謙三（医，教授）	農：農学部
	大坪 喜久太郎（工，教授）	理：理学部
	井口 鹿象（工，教授）	工：工学部
	幸田 成康（工，教授）	応電研：應用電気研究所
	高桑 健（工，教授）	触媒研：觸媒研究所
	阿部 興（工，教授）	低温研：低温科学研究所
	阿久津 國造（工，教授）	農林専：北海道帝国大學附属農林専門部
	鈴木 醇（理，教授）	土専：北海道帝国大學附属土木専門部

付録1-2：北大教養部の定員・現員配置（1976年度末ころ）

学科		教授		助教授		講師		助手		計		非常勤講師	
		定員	現員	定員	現員	定員	現員	定員	現員	定員	現員	学内	学外
人文科学	哲学	1	2	1	1					2	3		3
	心理学	2	1	1	2				1	3	4		3
	歴史学	1	3	3	3					4	6		3
	文学	2	3	5	5					7	8		
	古典語	1		1	1					2	1		
	中国語				1						1		
	小計	7	9	11	13				1	18	23		9
社会科学	法学	1	1	1	1					2			
	政治学	1	1	1						2			
	経済学	2		1	3					3			
	統計学	1		2	1					3			1
	社会学	1	1	2	1					3			1
	人文地理	1			2					1	1		
	社会思想史	1	1		1					1			
	人類学			1	2					1			1
	小計	8	4	8	11					16	1		3
自然科学	物理学	6	6	4	5	1	1	3		13	13	6	1
	化学	6	6	6	4	1	1	3		14	14	8	
	生物学	6	6	6	3		1	3		13	12	2	6
	地学	3	3	3	2			3		5	8		3
	自然科学概論	1	1		1	}				2	1	1	
	数学	6	6	2	11	4				16	17		8
	図学	1	1	1	2	1		1		3	5		6
	小計	29	29	22	34	7	3	13		66	70	17	24
外国語	英語	9	3	11	13	6				20	22		30
	独語	8	5	11	10	8				19	23		8
	仏語	2		3	5	1				5	6		4
	ロシア語	1		1	5	1				2	6		4
	小計	20	8	26	33	16				46	57		46
保健体育	体育理論	} 4		} 6	2					} 10	2		1
	体育実技		2		5		2				9		12
	小計	4	2	6	7	2				10	11		13
	合計	68	45	85	92	25	3	15		156	177	17	95
	流用定員			16				12		28			

付録1-3：1994年度入学者用実行教育課程表：文Ⅰ系
※北海道大学教養部便覧：平成6年度（1994）より

区分			単位	開講期（必選区分）				学部移行要件
				1年目		2年目		学部3年目進学要件
				第1期	第2期	第3期	第4期	
一般教育科目	人文科学分野	A	哲学	(2)	選択	選択	選択	人文科学分野，社会科学分野を合せて，合計28単位以上，ただし，人文科学演習・社会科学演習のうちから2単位以上を含むこと
			論理学	(2)		選択	選択	
			心理学	4	2-1 選択		選択	
			心理学実験	2				
		B	日本史	(2)	選択	選択	選択	ABC3群のうちから，2群以上の科目を含むこと
			東洋史	(2)	選択	選択	選択	
			西洋史	(2)	選択	選択	選択	
		C	日本文学	(2)	選択	選択	選択	
			中国文学	(2)	選択	選択	選択	
			西洋文学	(2)	選択	選択	選択	
			日本文学講読	4	2-1 選択			
			漢文講読	4	2-1 選択			
			西洋文学講読	4		2-1 選択		
			国語	(2)	選択	選択	選択	
		D	西洋古典語	(2)	選択	* 選択	選択	ABCD4群を合せて人文科学分野から12単位以上
			人文科学演習	(2)		選択	選択	
			人文科学特別講義Ⅰ	2	選択	選択	選択	
			人文科学特別講義Ⅱ	(2)	(未定)			
	社会科学分野		法学	(2)	選択	選択	選択	
			政治学	(2)		選択	選択	
			日本国憲法	2			選択	
			経済学	(2)	選択	選択	選択	
			社会思想史	(2)		選択	選択	
			社会学	(2)	選択	選択	選択	社会科学分野から12単位以上
			地理学	(2)	選択	選択	選択	
			人類学	(2)	選択	選択	選択	
			統計学Ⅰ	(2)	選択	* 選択		
			社会科学演習	(2)		選択	選択	
			社会科学特別講義Ⅰ	2	選択			
			社会科学特別講義Ⅱ	(2)		選択	選択	
			社会科学特別講義Ⅲ	(2)	(未定)			
	自然科学分野		一般物理学	(2)		選択	選択	
			一般化学	(2)	選択	* 選択		
			一般生物学	(2)	選択	選択		
			一般地学	(2)	選択	* 選択		このうちから8単位以上
			一般数学	4	2-1 選択			
			自然科学特別講義Ⅰ	2	(未定)			
			自然科学特別講義Ⅱ	(2)	(未定)			
	共通科目		自然科学概論	(2)	選択	* 選択		
			科学方法論	(2)	選択	* 選択		
			情報科学	(2)	選択	* 選択		自然科学分野の8単位以上を含み，共通科目・総合科目・一般教育演習を合わせて合計12単位以上
			情報処理	2			選択	
	総合科目		総合講義Ⅰ	2	選択	選択		
			総合講義Ⅱ	2	選択	選択	選択	
			総合講義Ⅲ	4	2-1 選択			
			総合講義Ⅳ	2	(未定)			
			一般教育演習Ⅰ	(2)	選択	選択		
			一般教育演習Ⅱ	2	(未定)			

分野	科目	単位				備考
外国語科目	英語（R1）	2	1-2 必修			学部移行要件4単位、3年目進学要件6単位
	英語（R2）	2		2-1 必修		
	英語（R3）	2			1-2 必修	
	英語（E1）	2		選択		2単位選択必修
	英語（E2）	(2)		選択	選択	
	英語演習Ⅰ	2		選択		
	英語演習Ⅱ	2		選択		
	独語	8	1科目必修			学部移行要件6単位、3年目進学要件8単位
	仏語	8	Ⅰ必修	Ⅱ必修	Ⅱ必修	
	露語	8				
	中国語	8				
	独語演習Ⅰ	2		2-1 選択		必修とした外国語に限って選択できる
	独語演習Ⅱ	2		2-1 選択		
	仏語演習Ⅰ	2		2-1 選択		
	仏語演習Ⅱ	2		2-1 選択		
	露語演習Ⅰ	2		2-1 選択		
	露語演習Ⅱ	2		2-1 選択		
	中国語演習Ⅰ	2		2-1 選択		
	中国語演習Ⅱ	2		2-1 選択		
	外国語特別講義	(1)		選択	選択	必修以外の外国語
保健体育科目	保健体育理論	2	必修			学部移行要件4単位
	体育実技	2	3-1 必修			

最低必要単位数の合計：進級要件＝32単位、学部移行要件＝56単位、進学要件＝60単位

（注）
1．同一期の同一科目は，重複して学修の手続きができない。
2．「2」単位・「4」単位の科目は，1度しか学修の手続きができない。
3．「(2)」単位の科目は，引き続き2期にわたって4単位まで学修の手続きができる。
4．特別講義・総合講義に限り，異なる題目で開講される授業を選択する場合は，上記1～3の制限にかかわらず，表示単位数を超えて学修の手続きができる。（外国語特別講義は除く）
5．＊選択の科目は，前の期から継続して展開されるので，前の期に［不可］以上の評価を得た者に限って学修の手続きができる。
6．心理学実験は，心理学の評価が，［不可］以上の評価を得た者に限って選択できる。
7．進級要件は，分野・科目を問わないが，進級しても学部移行ができないということのないよう計画的にバランスのとれた学修をすること。

（表の見かた）
（通常は）期ごとの科目で，週当たり1コマ，2-1は通年科目で週当たり1コマ，1-2は期ごとの科目で週当たり2コマ，2-2は通年科目で週当たり2コマを表す。
「通年科目」は，1～2期，2～3期，または1～3期（体育実技）にわたって継続して学修しなければ単位を修得できない。
（未定）は，開講されるか否か未定の科目を表し，開講される場合は表の学期に選択できる。

付録1-4：1995年度「全学教育」授業科目表

※**全学教育科目実施の手引（1995）より**

区分	分野	授業科目	単位
健康体育科目	健康科学	健康科学，健康科学演習	2
	体育学	体育学Ⅰ・Ⅱ	2
教養科目	人文科学分野	思想と心理，歴史と文化，言語と文学	2
	社会科学分野	社会基礎構造，社会関係と社会行動，法と制度	2
	自然科学分野	自然の構造としくみ，人間・環境と科学，数理の世界	2
	総合講義		2
	一般教育演習		2
	共通分野	西洋古典語，論理学，心理学実験，日本国憲法	2
		科学史A・B，科学基礎論A・B，情報科学A・B，情報処理，図形科学概論，数学概論A・B	2
基礎科目	（文系基礎科目）	西洋近代史，日本近代史	2
	自然科学分野A	物理学，化学，生物学，地学（各Ⅰ・Ⅱ）	2
		基礎実験（物理学・化学・生物学・地学）	1
	自然科学分野B	線形代数学Ⅰ・Ⅱ，微分積分学Ⅰ・Ⅱ・Ⅲ，統計学Ⅰ・Ⅱ	2
外国語科目	外国語Ⅰ・Ⅱ	英語Ⅰ・Ⅱ・Ⅲ	計6-8
		独語，仏語，露語，中国語（各Ⅰ・Ⅱ・Ⅲ）	計4-8
	外国語演習	独語・仏語・露語・中国語演習（各Ⅰ・Ⅱ）	1
	第三外国語	独，仏，露，中，西，朝，伊，ポーランド，チェコ	1
	外国語特別講義	独，仏，露，中，西，朝，伊，ポーランド，チェコ，ギリシャ，ラテン	1
		言語文化特殊講義	2

＊人文科学分野及び社会科学分野の各授業科目に論文指導（2単位）を開講する。
＊共通分野の授業科目（西洋古典語，論理学，心理学実験及び日本国憲法を除く）は，学部の定めるところにより，基礎科目とすることができる。
＊自然科学分野Bの線形代数学Ⅰ・Ⅱ，微分積分学Ⅰ・Ⅱは，学部の定めるところにより，教養科目（共通分野）とすることができる。

付録 1-5：代表的な教養教育実施形態の類型（2015 現在）

番号	類型（実例）	理念	カリキュラム構成	学生数（内訳）
1	全学支援型（北海道大学）	○フロンティア精神，国際性の涵養，全人教育 ○生涯学習の基礎 ○最良の専門家による最良の教養教育	○コアカリキュラム：一般教育演習（フレッシュマンセミナー），総合科目，主題別科目，外国語科目・外国語演習，共通科目 ○基礎科目：文系，数学，理科，実験系	2,722 人 （総合教育部所属の1年生の総数） （北海道大学概要 2015-16 より）
2	教養学部型（東京大学）	○社会，文化，人間，宇宙，物質，生命世界等における課題や問題意識，それに対するものの考え方や方法論を広く勉強 ○基礎的学問的力量を身につける	○基礎科目 ○展開科目（人文・社会・自然科学ゼミ） ○総合科目（言語系及び思想，芸術，物質，生命等6系列） ○主題科目（講義，全学自由研究・体験研ゼミ，国際研修）	6,641 人 （教養学部前期課程1～2年生の総数） （東京大学の概要 2015 より）
3	リベラルアーツ・カレッジ型（国際基督教大学）	○学問への使命 ○キリスト教への使命 ○国際性への使命	○全学共通科目（必修：語学教育，一般教育，保健体育，世界の言語の各科目） ○メジャー（人文科学，経済・経営・歴史・自然科学・学際的メジャー等の分野の合計31科目）	2,709 人 （学部学生1~4年生の総数） （国際基督教大学概況 2015 年 10 月 1 日より）
4	専門拡大型（金沢工業大学）	○自己管理能力 ○基礎学力の向上 ○専門分野との接続 ○キャリア形成 （基礎教育部の教育目標を表すキーワード）	○修学基礎科目（修学基礎 A・B，技術者と社会） ○人間形成基礎科目（人文社会科目・外国語，生涯スポーツ，人間と自然セミナー，生涯学習）	6,929 人 （学部学生1~4年生の総数） （金沢工業大学教育情報公開 2015 年 8 月 1 日より）

付録 2-1a：2007/2005 年度（第 1 学期）全学教育科目履修者数対比表
(2007.7.13)

区分	授業科目	2007年度1学期 クラス数	履修者数	1クラスの履修者数	2005年度1学期 クラス数	履修者数	1クラスの履修者数	2007/2005年度比較 履修者の増減	前年比%
主題別科目	思索と言語【2005年度：西洋古典語を含む】	10	985	98.5	15	1,396	93.1	▲411	70.6%
	思索と言語（論文指導）	6	109	18.2	7	168	24.0	▲59	64.9%
	歴史の視座	9	872	96.9	14	1,125	80.4	▲253	77.5%
	歴史の視座（論文指導）	2	33	16.5	6	102	17.0	▲69	32.4%
	芸術と文学	7	717	102.4	15	1,158	77.2	▲441	61.9%
	芸術と文学（集中）	2	194	97.0	2	170	85.0	24	114.1%
	芸術と文学（論文指導）	3	51	17.0	4	125	31.3	▲74	40.8%
	社会の認識	17	1,958	115.2	24	3,332	138.8	▲1,374	58.8%
	社会の認識（論文指導）	12	273	22.8	12	281	23.4	▲8	97.2%
	科学・技術の世界	20	1,474	73.7	25	3,881	155.2	▲2,407	38.0%
	科学・技術の世界(論文指導)	4	110	27.5	4	102	25.5	8	107.8%
	主題別科目　小計	92	6,776	73.7	128	11,840	92.5	▲4,894	58.1%
	（集中・論文指導除く）小計	63	6,006	95.3	93	10,892	117.1	▲4,886	55.1%
	（集中）小計	2	194	97.0	2	170	85.0	24	114.1%
	（論文指導）小計	27	576	21.3	33	778	23.6	▲202	74.0%
総合科目	環境と人間	13	1,245	95.8	23	3,257	141.6	▲2,012	38.2%
	健康と社会	5	1,619	323.8	8	2,558	319.8	▲939	63.3%
	人間と文化	5	312	62.4	3	331	110.3	▲19	94.3%
	特別講義	2	152	76.0	3	704	234.7	▲552	21.6%
	総合科目　小計	25	3,328	133.1	37	6,850	185.1	▲3,522	48.6%
	一般教育演習	92	1,688	18.3	107	2,190	20.5	▲277	77.1%
	（集中・論文指導除く）小計	27	488	18.1	78	1,614	20.7	▲1,126	30.2%
	（集中：フィールド体験）小計	12	284	23.7	11	225	20.5	59	126.2%
	（論文指導）小計	53	916	17.3	18	351	19.5	565	261.0%
共通科目	体育学A（実技・1単位）	53	2,070	39.1	60	2,463	41.1	▲393	84.0%
	体育学B（講義・2単位）【2006年度新設】	1	58	58.0	―	―	―	58	―
	情報学【2005年度：情報処理Ⅰ】	20	2,673	133.7	15	2,682	178.8	▲9	99.7%
	統計学	11	880	80.0	11	1,211	110.1	▲331	72.7%
	インターンシップ【2005年度データなし】	2	65	32.5	―	―	―	65	―
	共通科目　小計	85	5,746	67.6	86	6,356	73.9	▲610	90.4%
	外国語を除く教養科目　合計	294	17,538	59.7	358	27,236	76.1	▲9,698	64.4%
	うち論文指導（主題別・一般教育演習）小計	80	1,492	18.7	51	1,129	22.1	363	132.2%

分類	科目								
外国語科目	英語	145	5,838	40.3	221	8,797	39.8	▲2,959	66.4%
	ドイツ語	36	1,235	34.3	51	1,656	32.5	▲421	74.6%
	フランス語	16	591	36.9	30	985	32.8	▲394	60.0%
	ロシア語	6	90	15.0	9	173	19.2	▲83	52.0%
	スペイン語【2007年度新設】	4	195	48.8	—	—	—	195	—
	中国語	32	997	31.2	46	1,676	36.4	▲679	59.5%
	韓国語【2007年度新設】	4	163	40.8	—	—	—	163	—
	外国語科目　小計	243	9,109	37.5	357	13,287	37.2	▲4,178	68.6%
外国語演習	英語演習	92	1,577	17.1	18	290	16.1	1,287	543.8%
	英語演習（集中）	2	18	9.0	0	0	—	18	—
	ドイツ語演習	15	214	14.3	6	50	8.3	164	428.0%
	フランス語演習	16	164	10.3	15	115	7.7	49	142.6%
	ロシア語演習	10	23	2.3	8	45	5.6	▲22	51.1%
	スペイン語演習【2005:イタリア語等演習に含む】	3	56	18.7	—	—	—	56	—
	中国語演習	19	271	14.3	6	93	15.5	178	291.4%
	韓国語演習【2005:イタリア語等演習に含む】	3	49	16.3	—	—	—	49	—
	外国語特別演習【2005:イタリア語等演習】	13	163	12.5	13	297	22.8	▲134	54.9%
	外国語演習　小計	173	2,535	14.7	66	890	13.5	1,645	284.8%
	外国語　合計	416	11,644	28.0	423	14,177	33.5	▲2,533	82.1%
基礎科目	人文科学の基礎【2006年度新設】	5	706	141.2	—	—	—	706	—
	社会科学の基礎【2006年度新設】	5	722	144.4	—	—	—	722	—
	文系基礎科目　小計	10	1,428	142.8	—	—	—	1,428	—
	線形代数学	33	1,895	57.4	37	2,255	60.9	▲360	84.0%
	微分積分学	32	1,909	59.7	45	2,946	65.5	▲1,037	64.8%
	数学概論	5	440	88.0	2	174	87.0	266	252.9%
	数学　小計	70	4,244	60.6	84	5,375	64.0	▲1,131	79.0%
	基礎物理学・物理学	36	2,018	56.1	46	3,080	67.0	▲1,062	65.5%
	基礎化学・化学	34	2,023	59.5	38	2,496	65.7	▲473	81.0%
	基礎生物学・生物学	23	1,458	63.4	30	1,867	62.2	▲409	78.1%
	基礎地学・地学・基礎地球惑星科学	7	587	83.9	9	979	108.8	▲392	60.0%
	理科　小計	100	6,086	60.9	123	8,422	68.5	▲2,336	72.3%
	基礎自然科学実験	1	14	14.0	1	2	2.0	12	700.0%
	自然科学実験	18	928	51.6	—	—	—	928	—
	基礎実験（旧カリ:1単位）	11	51	4.6	21	1,581	75.3	▲1,530	3.2%
	実験　小計	30	993	33.1	22	1,583	72.0	▲590	62.7%
	基礎科目　合計	210	12,751	60.7	229	15,380	67.2	▲2,629	82.9%
	日本語・日本事情	4	27	6.8	3	54	18.0	▲27	50.0%
	全学教育科目　1学期合計	924	41,960	45.4	1,013	56,847	56.1	▲14,887	73.8%

付録 2-1b：2007/2005 年度（第 2 学期）全学教育科目履修者数対比表 (2007.12.26)

区分	授業科目	2007 年度 2 学期			2005 年度 2 学期			2007/2005 年度比較	
		クラス数	履修者数	1クラスの履修者数	クラス数	履修者数	1クラスの履修者数	履修者の増減	前年比%
主題別科目	思索と言語	13	695	53.5	6	365	60.8	330	190.4%
	思索と言語（論文指導）	3	26	8.7	8	165	20.6	▲139	15.8%
	歴史の視座	12	878	73.2	7	582	83.1	296	150.9%
	歴史の視座（論文指導）	2	17	8.5	4	60	15.0	▲43	28.3%
	芸術と文学	13	1,069	82.2	11	758	68.9	311	141.0%
	芸術と文学（集中）	1	70	70.0	1	63	63.0	7	111.11%
	芸術と文学（論文指導）	4	68	17.0	4	113	28.3	▲45	60.2%
	社会の認識	20	1,479	74.0	21	2,786	132.7	▲1,307	53.1%
	社会の認識（論文指導）	10	117	11.7	6	82	13.7	35	142.7%
	科学・技術の世界【2005：図形科学概論を含む】	12	1,012	84.3	17	1,753	103.1	▲741	57.7%
	科学・技術の世界(論文指導)	0	0	0.0	1	23	23.0	▲23	0.0%
	主題別科目　小計	90	5,431	60.3	86	6,750	78.5	▲1,319	80.5%
	（集中・論文指導除く）小計	70	5,133	73.3	62	6,244	100.7	▲1,111	82.2%
	（集中）小計	1	70	70.0	1	63	63.0	7	111.1%
	（論文指導）小計	19	228	12.0	23	443	19.3	▲215	51.5%
総合科目	環境と人間	11	1,101	100.1	9	1,342	149.1	▲241	82.0%
	健康と社会	7	934	133.4	5	823	164.6	111	113.5%
	人間と文化	9	777	86.3	6	654	109.0	123	118.8%
	特別講義	1	297	297.0	1	480	480.0	▲183	61.9%
	総合科目　小計	28	3,109	111.0	21	3,299	157.1	▲190	94.2%
	一般教育演習	54	884	16.4	61	767	12.6	117	115.3%
	（集中・論文指導除く）小計	23	403	17.5	42	522	12.4	▲119	77.2%
	（集中：フィールド体験）【2005年度データなし】小計	3	80	26.7	—	—	—	80	—
	（論文指導）小計	28	401	14.3	19	245	12.9	156	163.7%
共通科目	体育学A（実技・1 単位）	53	1,752	33.1	55	2,123	38.6	▲371	82.5%
	体育学B(講義・2単位)【2006年度新設】	1	59	59.0	—	—	—	59	—
	情報学【2005年度：情報処理II・情報科学】	14	741	52.9	19	1,443	75.9	▲702	51.4%
	統計学	11	504	45.8	11	788	71.6	▲284	64.0%
	共通科目　小計	79	3,056	38.7	85	4,354	51.2	▲1,298	70.2%
	外国語を除く教養科目　合計	251	12,480	49.7	253	15,170	60.0	▲2,690	82.3%
	論文指導（主題別・一般教育演習）小計	47	629	13.4	42	688	16.4	▲59	91.4%

	科目							
外国語科目	英語	157	5,291	33.7	199	7,521	37.8	▲2,230	70.3%
	ドイツ語	33	1,083	32.8	42	1,343	32.0	▲260	80.6%
	フランス語	14	466	33.3	26	777	29.9	▲311	60.0%
	ロシア語	6	68	11.3	9	125	13.9	▲57	54.4%
	スペイン語【2007年度新設】	5	202	40.4	―	―	―	202	―
	中国語	28	850	30.4	37	1,308	35.4	▲458	65.0%
	韓国語【2007年度新設】	5	173	34.6	―	―	―	173	―
	外国語科目 小計	248	8,133	32.8	313	11,074	35.4	▲2,941	73.4%
外国語演習	英語演習	66	1,089	16.5	13	280	21.5	809	388.9%
	ドイツ語演習	15	231	15.4	4	20	5.0	211	1155.0%
	フランス語演習	16	205	12.8	11	101	9.2	104	203.0%
	ロシア語演習	9	38	4.2	7	52	7.4	▲14	73.1%
	スペイン語演習【2005:イタリア語等演習に含む】	4	66	16.5	―	―	―	66	―
	中国語演習	22	286	13.0	4	47	11.8	239	608.5%
	韓国語演習【2005:イタリア語等演習に含む】	6	77	12.8	―	―	―	77	―
	外国語特別演習【2005:イタリア語等演習】	9	82	9.1	13	278	21.4	▲196	29.5%
	外国語演習 小計	147	2,074	14.1	52	778	15.0	1,296	266.6%
	外国語 合計	395	10,207	25.8	365	11,852	32.5	▲1,645	86.1%
基礎科目	線形代数学	27	1,382	51.2	28	1,570	56.1	▲188	88.0%
	微分積分学	29	1,724	59.4	31	1,907	61.5	▲183	90.4%
	数学概論	1	46	46.0	2	53	26.5	▲7	86.8%
	数学 小計	57	3,152	55.3	61	3,530	57.9	▲378	89.3%
	基礎物理学・物理学	31	1,843	59.5	30	1,848	61.6	▲5	99.7%
	基礎化学・化学	31	1,913	61.7	29	1,851	63.8	62	103.3%
	基礎生物学・生物学	21	1,361	64.8	19	1,286	67.7	75	105.8%
	基礎地学	4	426	106.5	4	450	112.5	▲24	94.7%
	理科 小計	87	5,543	63.7	82	5,435	66.3	108	102.0%
	心理学実験	3	62	20.7	4	84	21.0	▲22	73.8%
	自然科学実験（2単位）	18	1,030	57.2	―	―	―	1,030	―
	基礎実験（旧カリ:1単位）	10	13	1.3	27	1,944	72.0	▲1,931	0.7%
	実験 小計	31	1,105	35.6	31	2,028	65.4	▲923	54.5%
	基礎科目 合計	175	9,800	56.0	174	10,993	63.2	▲1,193	89.1%
	日本語	1	20	20.0	2	41	14.5	▲21	48.8%
全学教育科目 2学期合計		822	32,507	39.5	794	38,056	47.9	▲5,549	85.4%
全学教育科目 1学期合計		924	41,960	45.4	1,013	56,847	56.1	▲14,887	73.8%
全学教育科目 1・2学期合計		1,746	74,467	42.7	1,807	94,903	52.5	▲20,436	78.5%

※平成18年度新教育課程中間評価報告書（2010）より

付録 2-2a：2003 年度授業シラバス「北海道立近代美術館に学ぶ」

回	時間	会場	内容等	講師
1		北大	ガイダンス	北村
2	11:00-12:00	北海道立近代美術館 映像室	近代美術館への招待	北村，北海道立近代美術館学芸課長
3	講義 11:00-11:30 見学 11:30-12:00	北海道立近代美術館 映像室（スライド使用），常設展示室	北海道美術の流れ－明治から大正まで「時の貌（かお）／時の旅 20 世紀・北海道美術」見学	北村，北海道立近代美術館担当学芸員
4	10:30-12:00	北大（スライド使用）	三岸好太郎の芸術	北村，北海道立近代美術館担当学芸員
5	11:00-11:30 近美観覧後，三岸美へ移動	北海道立近代美術館特別展示室，三岸好太郎美術館	「三岸好太郎展」見学	北村，北海道立近代美術館担当学芸員 北海道立三岸好太郎美術館担当学芸員
6	10:30-12:00	北大	レポートの提出と討論	北村
7	10:30-12:00	北大	彫刻作品の見方	北村
8	10:30-12:00	北大（スライド使用）	安田侃の芸術	北村，北海道立近代美術館担当学芸員
9	11:00-12:00	北海道立近代美術館 特別展示室	「安田侃展」見学	北村，北海道立近代美術館担当学芸員
10	10:30-12:00	北大	レポートの提出と討論	北村
11	講義 11:00-11:30 見学 11:30-12:00	北海道立近代美術館 映像室（スライド使用），常設展示室	戦後北海道美術の流れ「時の貌（かお）／時の旅 20 世紀・北海道美術」見学	北村，北海道立近代美術館担当学芸員
12	10:30-12:00	北大	日本近代の美術と北海道	北村
13	11:00-12:00	北海道立近代美術館 映像室，常設展示室	「三岸好太郎展」「安田侃展」「時の貌（かお）／時の旅 20 世紀・北海道美術」についての質疑応答（学生が準備してきた質問に答える形式）	北村，北海道立近代美術館学芸部長，学芸課長ほか各展覧会担当学芸員
			（最終レポート）学外の機関との連携による授業のあり方について－美術館との実践を通して	

付録 2-2b：2013 年度授業シラバス「美術館という現場」

回	時間	会場	内容等	講師	備考
1	10:30-12:00	北海道大学	ガイダンス	北村	受講生 30 人以内登録
2	10:30-12:00	北海道大学	連携授業のねらい	北村	
3	11:00-12:00	北海道立近代美術館映像室	北海道立近代美術館への招待	北村, 北海道立近代美術館学芸部長	近美の歴史, 組織, 活動の概要など
4	11:00-12:00	北海道立近代美術館映像室, 館内	バックヤード・ツアー	北村, 北海道立近代美術館担当学芸員	第1回レポート提出（社会における美術館の役割について）
5	10:30-12:00	北海道大学	見ること／見えること／見えてくること	北村	
6	10:30-12:00	北海道大学	作品記述の客観性と主観性（美術と言語）	北村	
7	11:00-12:00	北海道立近代美術館映像室, 常設展示室	これくしょん・ぎゃらりい鑑賞（ボランティア解説）	北村, 北海道立近代美術館担当学芸員	ボランティア解説の依頼
8	11:00-12:00	北海道立近代美術館映像室, 常設展示室	作品記述	北村, 北海道立近代美術館担当学芸員	第2回レポート提出（任意に作品を取りあげて, できる限り詳しく記述する）
9	10:30-12:00	北海道大学	何のための展覧会	北村	
10	10:30-12:00	北海道大学	国際美術展の問題	北村	
11	11:00-12:00	500m 美術館	500m 美術館の見学	北村	第3回レポート提出（500m 美術館の展覧会の企画意図は実現されたか）
12	11:00-12:00	北海道立近代美術館映像室	展覧会を企画する	北村, 北海道立近代美術館学芸課長	ある展覧会について, その企画, 業務, 作業工程などの事例紹介
13	11:00-12:00	北海道立三岸好太郎美術館	三岸好太郎美術館の見学	北村, 北海道立三岸好太郎美術館学芸員	
14	11:00-12:00	北海道立近代美術館映像室	特別展の鑑賞（シャガール展）	北村	第4回レポート提出（特別展の展覧会評）
15	10:30-12:00	北海道大学	討議（「美術館とはどのような現場か」）	北村, 北海道立近代美術館担当学芸員	

＊計 5 回のレポートを提出する。第 1 回から第 4 回までのテーマと締切は表の通り。字数はそれぞれ 2000 字程度
＊最終レポート提出：8月 日（ ）, 課題「美術館という現場 - 外側から観察と内側から体験」（4000 字程度）
＊美術館へは現地集合, 現地解散とする
＊展覧会の入場はアルテピアに学生会員として入会し, その会員証による

付録 3-1：北海道大学全学教育科目ティーチング・アシスタントの選考等に関する要項（平成 8 年 9 月 11 日高等教育機能開発総合センター運営委員会決定）

(全学教育科目実施の手引 2014, 144-145)

（趣旨）
第1条　北海道大学における全学教育科目（北海道大学通則（平成7年海大達第2号）第17条第3項に規定する全学教育科目をいう。以下同じ。）に係るティーチング・アシスタント（以下「T・A」という。）の選考等については，国立大学法人北海道大学ティーチング・アシスタント実施要項（平成4年10月14日総長裁定）に定めるもののほか，この要項の定めるところによる。
（職務内容）
第2条　T・Aは，全学教育科目を履修する学生に対する実験，実習，演習等の教育補助を行うことを職務とする。
（選考基準）
第3条　T・Aとなることのできる者は，北海道大学大学院に在籍する優秀な学生で，全学教育科目の実験，実習，演習等において，優れた指導能力を有するものとする。
（T・Aの必要数）
第4条　T・Aを必要とする授業科目の代表担当教員は，その必要数を北海道大学高等教育推進機構全学教育部長（次条第1項において「全学教育部長」という。）に提出するものとする。この場合において，責任部局で開講している授業科目については，当該責任部局の長の承諾を事前に得るものとする。
2　前項の規定により提出されたT・Aの必要数については，北海道大学高等教育推進機構学務委員会全学教育専門委員会(次条第2項において「全学教育専門委員会」という。)の審議を経て，北海道大学高等教育推進機構学務委員会（次条第2項において「学務委員会」という。）において決定する。
（選考方法）
第5条　授業科目の代表担当教員は，前条第2項の規定により決定されたT・Aの必要数に基づき，T・A候補者を全学教育部長に推薦するものとする。この場合において，当該T・A候補者の在籍する研究科，学院又は教育部の長の承諾を事前に得るものとする。
2　前項の規定により提出されたT・A候補者については，全学教育専門委員会の審議を経て，学務委員会において選考し，採用を決定する。
（勤務時間）
第6条　T・Aの勤務時間は，正規職員の1週間当たりの勤務時間の4分の3を超えない範囲内とし，当該学生の研究指導，授業等に支障のない時間帯とする。
（採用手続）
第7条　T・Aの採用手続は，当該授業科目の責任部局において行うものとする。ただし，一般教育演習（フレッシュマンセミナー），総合科目及び共通科目にあっては，当該授業科目の代表担当教員の所属する学部において採用手続を行うものとする。
2　前項の場合において，授業科目の代表担当教員が学部以外の部局に所属するときは，当該授業科目の内容に最も近い分野の学部において採用手続を行うものとする。
（オリエンテーション）
第8条　授業科目の担当教員は，T・Aに対し，事前に当該職務に関する適切なオリエンテーションを行うものとする。

付録3-2：北海道大学全学教育科目ティーチング・フェローの選考等に関する要項
（平成26年12月2日高等教育推進機構学務委員会決定）　　（全学教育科目実施の手引2015, 158-160）

（趣旨）
第1条　北海道大学における全学教育科目（北海道大学通則（平成7年海大達第2号）第17条第3項に規定する全学教育科目をいう。）に係るティーチング・フェロー（以下「ＴＦ」という。）の選考等については，この要項の定めるところによる。
（業務内容）
第2条　ＴＦは，北海道大学高等教育推進機構（以下「機構」という。）が別に定める授業科目において，以下の業務のうち，授業担当教員があらかじめ指定する業務を担当する。
(1) 授業時間中の実験・実習等の指導
(2) 授業設計・授業開発の補佐
(3) レポートの作成指導
(4) ＴＡ管理業務
(5) 試験（記述式以外のもの）の採点業務
(6) 教材の配付業務等ＴＡ業務の一部
（勤務時間）
第3条　ＴＦの勤務時間は，当該学生の研究指導，授業等に支障が生じない範囲で，週30時間までとする。
（ＴＦの要件）
第4条　ＴＦとなることができる学生は，以下のすべての要件を満たすものとする。
(1) 本学の博士後期課程または4年制博士課程に在籍する学生であること。
(2) 担当しようとする授業科目に関する十分な知識を有すること。
(3) 本学において組織化・体系化されたＴＡ業務に従事した経験を有すること。
(4) 機構が実施又は認定するＴＦ研修を受講し，修了していること。
（採用計画）
第5条　ＴＦを必要とする授業科目の代表担当教員（以下「代表担当教員」という。）は，「ＴＦ採用計画書」により，機構全学教育部長（次条第2項において「全学教育部長」という。）に提出するものとする。この場合において，責任部局で開講している授業科目については，当該責任部局の長の承諾を事前に得るものとする。
2　前項の規定により提出された「ＴＦ採用計画書」について，機構学務委員会全学教育専門委員会（次条第3項において「全学教育専門委員会」という。）及び機構学務委員会（次条第3項において「学務委員会」という。）の審議を経て，北海道大学教務委員会（以下「教務委員会」という。）に提出する。
3　ＴＦに関する翌年度予算が決定し，教務委員会委員長が最終的な採用人数を決定した後，学務委員会委員長が科目毎のＴＦ採用人数等を決定する。
（選考方法）
第6条　代表担当教員は，任意の方法によりＴＦ候補者を選考し，業務内容を説明した上で，「ＴＦ従事計画書」を作成・提出させる。
2　代表担当教員は，ＴＦ候補者から提出のあった「ＴＦ従事計画書」に対する評価を加え，全学教育部長へ提出する。この場合において，当該ＴＦ候補者の在籍する研究科，学院又は教育部の長の承諾を事前に得るものとする。
3　前項の規定により提出されたＴＦ候補者については，全学教育専門委員会の審議を経て，学務委員会において選考し，採用を決定する。
（選考基準）
第7条　ＴＦは，以下の基準により選考する。
(1) 学業成績が優秀であり，優れた指導能力を有すること。
(2) 授業担当教員の下で授業に参画させることにより，学士課程教育の充実が期待できること。
(3) ＴＦ業務を通じて，自己の能力改善を図ろうとする意欲が高いこと。
(4) 全学教育科目における授業参観，機構が主催するＴＦ業務の「反省会」に参加可能であること。
（採用手続）
第8条　ＴＦの採用手続は，当該授業科目の責任部局において行うものとする。
2　前項の場合において，授業科目の代表担当教員が学部以外の部局に所属するときは，当該授業科目の内容に最も近い分野の学部において採用手続を行うものとする。

年表

年月日（西暦，元号）		事項（○北大，◆学外）
1872.8.3	明治 5	◆「学制」公布
1876.8.14	明治 9	○札幌農学校開校
1906	明治 39	◆新渡戸稲造，第一高等学校校長に就任（〜 1913）
1906.11		○札幌農学校演武場（時計台）を札幌区に売却した
1907.4	明治 40	○寄宿舎を「恵迪寮」と命名した
1907.9.1		○東北帝国大学農科大学設置，学長佐藤昌介
1918.4.1	大正 7	○北海道帝国大学設置，総長・農科大学長佐藤昌介
1919.4.1	大正 8	◆改正帝国大学令施行
		○北海道帝国大学に農学部および医学部が置かれた
1920	大正 9	◆新渡戸稲造，国際連盟事務次長に就任（〜 1926）
1924.9.26	大正 13	○工学部設置
1930.4.1	昭和 5	○理学部設置
1940.5.30	昭和 15	○堀内寿郎教授が帝国学士院恩賜賞を受賞
1945.11.30	昭和 20	○伊藤誠哉総長就任（就任挨拶：北海道帝国大学新聞 1945.12.25）
1946.8.10	昭和 21	◆教育刷新委員会設置（委員長安倍能成，副委員長南原繁，のち教育刷新審議会に改称，1952.6 に廃止）
1947.3.15- 5.31	昭和 22	○北海道帝国大学大学制度審議会連続講演会
1947.3.31		◆教育基本法公布
1947.4.1		◆学校教育法施行
1947.4.21		○法文学部設置
1947.4.24		○北海道帝国大学大学制度審議会規程を制定（4.1 施行）
1947.5.12-13		◆大学設立基準設定連合協議会「協議会による所の決定事項によって拘束されるのは甚だ迷惑である」（北大・松浦一）
1947.7.8		◆大学基準協会創立総会で大学基準を承認
1947.9.20		○『大学制度改革案』（北海道帝国大学大学制度審議会）を刊行
1947.10.1		○北海道大学と改称
1947.10.20		○大学制度改正実行委員会が発足（のち対策委員会に引き継がれる）
1947.10.25		○大学制度改革案の公開討論会
1948.1.28	昭和 23	○新制大学設置基準対策委員会が発足（〜 1949.10.14）
1948.7.11		○同対策委員会の小委員会が教養学科運営委員会の設置を決定

1948.7.28		○北海道大学設置要項（北海道大学設置認可申請書）を評議会で承認（7.31付で文部省に提出）
1949.1.21	昭和24	○教養学科特別委員会を設置し教養学科の開設作業を開始
1949.5.31		○新制北海道大学設置（水産学部，教育学部新設），教養学科開設
1949.6.8-12		○新制北大の入学試験と身体検査（札幌，函館），入試区分は文科190名，理科150名，水産科200名の3区分，入学後は文類，理類，水産学部と呼ばれ，水産学部は1951年度入学生まで1年目から函館校舎で授業が行われた
1949.6.29		○教養学科連絡委員会が発足
1949.7.28		○新制北大第1回入学式
1950	昭和25	○教育学部（教育学科）40名は文類に含まれたが，1950年から3年間，別枠で体育専攻，音楽専攻各15名を募集した
1950.3.20		○法文学部安保常治教授「官制上云々は今から考えれば可笑しなもので，設置するときよく見きわめるべきだった」（北大新聞）
1950.4.1		○法文学部が文学部，法経学部に分離
1950.4.12		○教養学科を一般教養科に改称
1950.9-1951.3		◆第六回 IFEL（The Institute For Educational Leadership：教育指導者講習会）
1950.10.25		○島善鄰学長就任
1951 春	昭和26	○大学基準協会事務局長佐々木重雄（東京工業大学教授）とともに来学した米国ルイスビル大学社会学教授ウォーナー博士が北大の一般教育機構を「理想的かつ将来性あるもの」と評した
1951.3.28		○評議会で一般教養部の運営に関する「新制大学のあり方」を決定（4.1 施行）
1951.4.1		○一般教養科を一般教養部に改称
1951.5.11		○北海道大学通則を制定（1949.6.1にさかのぼり施行）
1951.9.1		◆大学基準協会『大学に於ける一般教育：一般教育研究委員会報告』を刊行
1952	昭和27	○水産学部の教養課程も札幌校舎で履修することになり，学生募集枠は，製造学科・増殖学科120名は理類，漁業学科・遠洋漁業学科80名は水産類になった
1952.4.1		○獣医学部設置
1952.6		○『本学一般教育の実施要領：一般教養部の機構と運営』を刊行
1952.6.11		○一般教養部規程を制定（1949.6.1にさかのぼり施行）
1953	昭和28	○新制大学完成年度
1953.8.1		○法経学部が法学部と経済学部に分離
1954.4.1	昭和29	○医学部薬学科設置，定員40名は理類に加える

1955	昭和30	○理類のうち医学部医学科又は札幌医科大学に進む者140名は理類乙として別に募集，水産学部215名は水産類に一本化
1955.6.22		○通則改正：一般教養課程を一般教育課程，専門教養課程を専門課程に改め，医学進学課程を明記（4.1にさかのぼり施行）
1957	昭和32	○類・課程別学生募集及び学生編成が定着：文類・理類・水産類・医学進学課程の「大割り」方式
1957.7.17		○一般教養部を教養部に改称
1958	昭和33	札幌医科大学に進学課程設置，その定員が北大の医進から分離
1959.9	昭和34	◆国立大学協会総会で複数の学長が教養部の官制化を要望
1961.11.17	昭和36	○教養部の機構改革問題についての理学部教養課程担当教官の懇談会
1962.3	昭和37	◆国立大学協会一般教育特別委員会報告「大学における一般教育について」で教養部制度の法制化を提唱
1963.4.1	昭和38	◆国立学校設置法の一部改正：名古屋大学，京都大学，大阪大学，九州大学が教養部を法制化
1963.8.14		○「法制化（＝完全独立）案について」理学部教養課程担当教官の懇談会
1963.9		○教養部校舎新築工事の主要建物が完成，教養部学生が新校舎で授業を受けられることになった
1963.11		○教養部図書室開設
1964	昭和39	◆東北大学の教養部が法制化
1965.4.1	昭和40	○薬学部設置，学生募集枠は理類のまま
1967	昭和42	○英語演習，独語演習，仏語演習，露語演習を新設
1967.5.1		○堀内寿郎学長就任
1967.6.1		○歯学部設置，募集枠は歯学進学課程
1969	昭和44	○堀内寿郎　パンフレット「大学改革の理念」（上・下）
1969.10.31		○附属図書館教養分館新築完成
1971.4.31	昭和46	○堀内学長退任・座談会
1974	昭和49	○教養部教育課程大改訂：二単位積算方式を採用
1974.3.15		○教養部運営委員会内規決定：教養部長候補者の選出に関する申し合わせ（教養部長選考に教養部教科による事前推薦投票を導入）
1976.3	昭和51	○Ｓ研究棟の増築完成，全教官が教養部校舎内に研究室をもてるようになった
1976.6.16		○「北海道大学教養課程の改革について：(附) 教養課程カリキュラム案」で総合科目開設を提案
1976.9.15		○北海道大学創基百周年記念式典

1977.8.29	昭和 52	○附属図書館教養分館増築完成（4階建て）
1979	昭和 54	○北大教養部設立30周年
		○学生募集枠が文Ⅰ・Ⅱ・Ⅲ系，理Ⅰ・Ⅱ・Ⅲ系，水産系の7系及び医進，歯進の2課程の「中縦割り」方式になった
		○総合科目，人文科学一般演習，社会科学一般演習を新設
1981.4.1	昭和 56	○言語文化部を設置，（共通講座）として文学部に基礎文化，理学部に理論物理学を設置
1981.10.1		○言語文化部に日本語・日本文化研修コースを開設
1982.4.1	昭和 57	○理学部に実験物理学を設置
1983.10	昭和 58	○言語文化部に日本語系を新設
1985	昭和 60	○新教育課程：一般教育演習を新設
1985.4.1		○理学部に環境化学を設置
1985.6.26		◆臨時教育審議会第一次答申
1986までに	昭和 61	◆複数の学部をもつ国立54大学のうち30大学が教養部をもつ
1986.2.24		○言語文化部棟新築完成
1986.4.1		○文学部に（共通講座）総合文化論を設置
1987.5.21	昭和 62	○理学部に応用数理学を設置
1988.4.8	昭和 63	○文学部に（共通講座）人間行動学を設置
1989.5	平成元	○大学院整備構想検討委員会を設置
1989.5.29		○経済学部に応用経済学，理学部に細胞生物学を設置
1990.6.8	平成 2	○教育学部に健康体育科学，経済学部に経済理論を設置
1990.7		○大学院整備構想検討委員会中間報告「北海道大学における大学院改革整備構想」
1990.9.19		○大学院整備構想検討委員会の下に①研究教育組織・管理運営専門委員会②学部教育専門委員会③自己評価専門委員会を設置
1991.2.8	平成 3	◆大学審議会答申「大学教育の改善について」
1991.3.19		○自己評価専門委員会報告「北海道大学における自己評価に関する諸問題について」
1991.4.12		○留学生センターを設置，同センターに日本語・日本文化研修コースを新設
1991.5.1		○廣重力学長就任
1991.7.1		◆大学設置基準の一部改正（大綱化）
1991.12.18		○北海道大学点検評価委員会を設置
1992.3.11	平成 4	○学部教育専門委員会報告「北海道大学における学部教育の展開」で1995年度からの学部一貫教育の実施と教養部の廃止を提言

1992.4.24		◆文部省「ティーチング・アシスタント（TA）実施要領」通知
1992.6.24		○臨時評議会で学部一貫教育体制と学部別学生編成への移行を決定
1992.7.1		○北海道大学学長の呼称を総長に変更
1992.7.15		○一般教育等実施体制検討委員会の下に①一般教育等組織運営専門委員会②教育課程専門委員会③教務事務組織専門委員会を設置
1992.8		○第1回北大医学部ワークショップ
1992.10.14		○北海道大学ティーチング・アシスタント実施要領を制定
1992.12.28		○教育課程専門委員会中間報告「学部教育体制における全学教育科目実行教育課程について」
1993	平成5	○学生による授業評価を試行，学生参加型授業・一般教育演習「ことばと医学」を開始
1993.4.1		○大学院地球環境科学研究科，理学研究科生物科学専攻で「大学院重点化構想」が実現
1993.11.9		○一般教育等実施体制検討委員会報告「全学教育科目の実施体制：学務部と全学教育センターの設置について」「学部教育体制における全学教育科目の実施(案)及び関連する諸問題について」「全学教育科目の実施体制：教務に関する事務組織及び事務処理システムの構築」
1993.12.15		○学部一貫教育実施準備委員会と4専門委員会を設置
1994.7	平成6	○学生による授業評価（授業アンケート）本実施
1994.10.19		○高等教育機能開発総合センター設置準備委員会と学務部設置準備室を設置
1994.11.24		○学部一貫教育体制の実施に関する全学説明会
1995	平成7	○学生募集枠を学部・系別の「縦割り」に変更：文・教育・法・経済・医・歯・薬・獣医・水産の9学部と理学部4系，工学部4系，農学部3系の計11系
1995.4.1		○学部一貫教育と全学教育の開始，高等教育機能開発総合センター及び学務部を設置，北海道大学教務委員会規程を制定，副学長2名を置く
		○附属図書館北分館と改称
1995.4		○各学部でシラバス（講義要項）を刊行，教務情報システムが本稼働
1995.5.1		○丹保憲仁総長就任
1995.11.27-28		○第1回新任教官歓迎説明会
1995-1996		○学部一貫教育研究会
1996	平成8	○全学教育科目レビューを実施

1996.3		○教養部廃止
1996.10		○学務部教務課が全学教育科目修学相談室を試行
1996-1998		○高等教育開発研究部のプロジェクト研究：大学院博士課程の研究指導に関する研究・大学院共通カリキュラム開発・大学院におけるカリキュラムの在り方に関する研究
1996.9.11		○北海道大学全学教育科目ティーチング・アシスタントの選考等に関する要項を決定
1997	平成9	○学業成績評価についての教員学生アンケート調査
1997.3		○全学教育委員会が『全学教育科目の充実に向けて：平成7年度のレビューを中心にして』を刊行
1997-1998		○コアカリキュラム研究会
1998	平成10	○特別講義「北海道大学の人と学問」（～2010），「大学と社会」を開始
1998.3		○医学部保健学科設置のための全学教育検討委員会答申：責任部局の企画責任と授業分担責任を確認し準責任部局の設置を提案
1998.3.2-6		○農学部附属施設を活用した全学向けフレッシュマン教育（演習林／牧場コース）を試行
1998.3.23		○第1回全学教育TA研修会
1998.5月-8月		○カリフォルニア大学バークリー校のマーティン・トロウ教授がセンター客員教授として滞在
1998.6.4		○初任者研修FD第1回「新任教官研修会」
1998.10		○全学教育運営体制検討委員会報告「全学教育運営体制の充実方策について」でセンター長補佐及び科目責任者の設置を提案
1998.10.26		◆大学審議会「21世紀答申」
1998.11.27-28		○第1回全学FD「21世紀における北海道大学の教育像をめざして」
1999	平成11	○教員の研究・教育・管理運営と社会貢献の総合評価（研究者総覧）を開始
1999.1.20		○北海道大学全学教育科目責任者等に関する要項を制定
1999.2.7		○北海道大学教務委員会規程を制定（再編）
1999.3		◆平成11年告示高等学校学習指導要領（2003.4.1から施行）
1999.9.9-13		○練習船など水産学部の附属施設を利用した全学向けフレッシュマン教育を試行
1999.12		○教務委員会に「全学教育科目の見直しについて」（コアカリキュラム実行案）を報告
2000	平成12	○工学的創成実験，大学院共通授業科目を開設

2000.2.29		○情報教育館完成，センター研究部が移転，渡り廊下で附属図書館北分館と高機能センターE棟が直結，北分館4階の全面改修とマルチメディア公開利用室の開設
2000.11.4-5		○全学向けフレッシュマン教育「洞爺湖・有珠山・室蘭コース」を試行
2000.11.22		◆大学審議会答申「大学入試の改善について」
2000-2005		○物理学・生物学のリメディアルクラスを開講
2001	平成13	○経済・理・歯・薬・水産学部でAO入試を導入
		○コアカリキュラムを取り入れた新カリキュラム実施，情報探索入門・フィールド体験型一般教育演習（紋別・流氷研究施設，苫小牧演習林など2科目）を開始
2001.3.8		○新世紀における北海道大学像：平成12年度未来戦略WG最終報告
2001.5.1		○中村睦男総長就任
2002	平成14	○教務委員長通知「成績評価基準の明示と厳格な成績評価の実施等について」，地域連携型芸術科目（PMF）・フィールド体験型一般教育演習（練習船ほか，静内牧場，室蘭臨海実験所，紋別・流氷研究施設，雨龍演習林など5科目）を開始
2003	平成15	○第1回特色GPに「進化するコアカリキュラム」採択，全学教育科目の成績評価基準（ガイドライン）の設定と成績分布の公表，科学・技術と人間の倫理・TOEFL-ITP試験・地域連携型芸術科目（北海道立近代美術館）を開始
2003.9.17		○北海道大学の基本理念と長期目標を制定
2004	平成16	○国立大学法人北海道大学の発足，総長室・教育改革室を設置，北海道大学中期目標・中期計画を制定，準責任部局制度を導入，新たな初習理科・同パイロット授業・CALLオンライン授業・インターンシップ科目・地域連携型芸術科目（札響）を開始，現代GP「北方地域人間環境科学教育プログラム」採択
		○入学者選抜の現状と今後の対応に関するタスク・フォースを設置，前・後期日程試験・AO入試等に係る包括的アドミッション・ポリシーを公表，WG報告「平成19年度以降の学生編成について」
2004.4		○平成18年度以降の教育課程（中間報告）
2004.12.17		○平成18年度以降の教育課程（最終報告）
2005		○「秀」評価及びGPA制度を導入，体験型一般教育演習「もの作り実習」「遺跡を探そう」（知床研究室）・キャリアデザインを開始，本は脳を育てる（北大教員による新入生への推薦図書）を開始，WG報告「学士課程教育の新たな段階をめざして」
2005.1.28	平成17	◆中教審「将来像答申」

2005.5.10		○平成18年度以降の教育課程（最終まとめ）
2005.9.5		◆中教審「大学院教育答申」
2005.11.2		○「TAの単位化」について：平成17年度第7回教育改革室会議資料
2006	平成18	○平成18年度新教育課程と単位の実質化の総合的取組を開始，フィールド体験型一般教育演習「人間と環境科学」・水産学部1年次生向け「基礎乗船実習」を開始，情報学における「TAの単位化」（大学院共通授業科目）
		○前期日程試験で大学入試センター試験に対する個別学力試験の比重を高めた，WG報告『『大くくり』の学生編成・募集単位の具体化にあたって』「北海道大学における今後のFDの在り方について」
2006.5		北海道大学オープンコースウェアを公開
2007	平成19	○外国語科目・外国語演習にスペイン語・韓国語を新設，基礎物理学Iに「クリッカー」によるクイズを導入，上級生によるピアサポート・履修相談会MANAVIを開始
2007.3		○特色GP「進化するコアカリキュラム」報告書を刊行
2007.5.1		○佐伯浩総長就任
2007.11.5		◆国立大学協会総会「平成22年度以降の国立大学の入学者選抜制度」を採択
2008	平成20	○授業期間16週を確保，学修簿を保証人に送付，TOEFL-ITP試験受験料を全額補助，進級状況・学位取得状況の調査・点検，スペイン語・韓国語を除く初習外国語でCALLオンライン授業を本格的に開始
2008.12.24		◆中教審「学士課程答申」
2009.4.1	平成21	○北図書館と改称
2009		○2004→2009年度に非常勤講師採用数を半減，一般教育演習（フレッシュマンセミナー）に改称・総合科目を1単位にする・両科目を科目表の先頭に置く，CAP制に「自由設計科目制度」を導入，インテグレート科学「ゼロから始める『科学力』養成講座」，シラバスコンクール，学生からの成績評価に関する申立て制度を開始，高校生の全学教育科目聴講を本格実施，北海道薬科大学と「理科基礎実験科目の共同利用に関する覚書」を締結
		○「相互評価に基づく学士課程教育質保証システムの創出～国公私立4大学IRネットワーク～」採択
2009.6.23		○北海道大学教育倫理綱領を制定
2009.10.1		○アカデミック・サポート推進室を設置

2010	平成 22	○エクセレント・ティーチャーズの担当授業などの参観制度を導入，学生生活実態調査を実施，『クラス担任マニュアル』を刊行，大学院理工系専門基礎科目を開設
2010.3.18-24		○第1回カリフォルニア大学バークリー校 PFF（Preparing Future Faculty）授業「大学院生のための大学教員養成講座」
2010.7.1		○国際本部設置
2010.10.1		○高等教育機能開発総合センターの機能を高等教育推進機構に移し総合教育部，アカデミック・サポートセンターを設置
2010.12.16		○北海道大学基礎クラス担任制度の実施に関する要項を制定
2011	平成 23	○「大くくり」（総合）入試制度を導入，初年次教育は理系総合・文系総合の共通カリキュラムで実施，アカデミック・マップ 2011 を公開
2011.12.9-10		○第1回中堅教員対象の教育改善マネジメント FD
2012	平成 24	「教学評価体制（IR ネットワーク）による学士課程教育の質保証」採択，科目ナンバリング制度の構築を開始
2012.8.28		◆中教審「質的転換答申」
2013.4	平成 25	○新渡戸カレッジ開校
2013.4.1		○山口佳三総長就任
2013.10.31		◆教育再生実行会議第四次提言
2014	平成 26	○全学運用定員（流用定員）すべて解消，学生生活実態調査を実施，学務部教務課を教育推進課に改称，オープンエデュケーションセンターを設置
2014.2.28		○北海道地区国立大学教養教育の単位互換協定を締結
2014.12.2		○北海道大学全学教育科目ティーチング・フェローの選考等に関する要項を制定
2015.1.29	平成 27	◆中教審「初等中等教育における教育課程の基準等の在り方について：諮問」
2015.2.18/3.4		○ TF 研修会を開始（札幌／函館）
2015.4		○現代日本学プログラムを開設，北海道地区国立大学連携教育機構が本格的活動開始，成績評価に新 GPA 制度（11 段階評価）を導入
2015.4.1		○高等教育研修センター・ラーニングサポート部門を設置
2015.4.6		○北図書館西棟（新棟）オープン
215.5.9		○新渡戸スクール開校式
2015.7		○高等教育研修センターが「教職員の組織的な研修等の共同利用拠点」に認定された

札幌農学校発祥の地にある時計台。設立当初演武場だったが1906年札幌区に売却

執筆者一覧

氏名（ふりがな）　現職および過去の主な職。専門分野。本書に関係した北海道大学における役職・プロジェクト等。

小笠原　正明（おがさわら　まさあき）　一般社団法人大学教育学会会長，北海道大学名誉教授。化学／放射線化学・考古物理化学／高等教育。総長補佐（1996-97, 1999-2000），高機能センター長補佐（2000-06）。

新田　孝彦（にった　たかひこ）　北海道大学理事・副学長，大学院文学研究科長（2004-06）。哲学／カント倫理学。附属図書館長・文書館長（2011-），高等教育推進機構長・アドミッションセンター長（2013-）。

山口　佳三（やまぐち　けいぞう）　北海道大学総長，大学院理学研究院長（2007-11）。数学／幾何学。一般教育等実施体制検討委員会　教育課程専門委員会　全学共通教育カリキュラム編成WG委員（自然科学II担当）（1992-93），総長補佐（1996-97），未来戦略検討WG教育研究部会委員（2000-01），高等教育推進機構長（2011-13）。

安藤　厚（あんどう　あつし）　北海道大学名誉教授。文学／ロシア文学・比較文学。高機能センター長補佐（2002-10），総長室・教育改革室役員補佐（2004-07），高等教育開発研究部長（2006-10）。

吉野　悦雄（よしの　えつお）　北海道大学名誉教授。経済学／経済体制論。附属図書館副館長・北分館長（1997-2003）。

上田　宏（うえだ　ひろし）　北海道大学北方生物圏フィールド科学センター・大学院環境科学院特任教授。水産学。洞爺湖臨湖実験所長（1993-2015）。

猪上　徳雄（いのうえ　のりお）　函館短期大学学長，北海道大学名誉教授。水産学／水産化学。水産学部入試検討委員会委員長（1998-2001），水産科学研究科FD研修室長（2000-05）。

工藤　一彦（くどう　かずひこ）　北海道大学名誉教授，元芝浦工業大学シニアー教授，元東京電機大学特別専任教授，JABEE業務執行理事。機械工学。

北村　清彦（きたむら　きよひこ）　北海道大学大学院文学研究科教授。美学／芸術学。

三浦　洋（みうら　ひろし）　北海道情報大学教授。哲学／倫理学・芸術学。

大平　具彦（おおひら　ともひこ）　北海道大学名誉教授，大学院国際広報メディア研究科長（2000-02）。哲学／美学・フランス文学。附属図書館副館長・北分館長（2003-09）。

野坂　政司（のさか　まさし）　北海道大学名誉教授。科学教育・教育工学。

小野寺　彰（おのでら　あきら）　北海道大学名誉教授。物理学／物性。高機能センター長補佐（2005-10），総長室・教育改革室役員補佐（2007-12），理数学生応援プロジェクト担当（2008-12）。

鈴木　久男（すずき　ひさお）　北海道大学大学院理学研究院教授。物理学／素粒子・原子核・宇宙線・宇宙物理／科学教育。

佐々木　隆生（ささき　たかお）　北星学園大学教授，北海道大学名誉教授，大学院公共政策学教育部長（2007-09）。経済学／マクロ経済均衡／高大接続。総長補佐（2003-04），総長室・教育改革室役員補佐・高機能センター長補佐（2004-07），文部科学省入試改善協議の場委員（2003-2011），高大接続テスト協議・研究代表（2008-10）。

小内　透（おない　とおる）　北海道大学大学院教育学研究院教授，同研究院長（2014-）。教育社会学・地域社会学。総長室・教育改革室役員補佐（2007-13），学生編成・学生募集単位検討WG委員（2007-09）。

阿部　和厚（あべ　かずひろ）　北海道大学名誉教授，北海道医療大学名誉教授。医学／解剖学。一般教育等実施体制検討委員会 教育課程専門委員（1992-93），総長補佐（1998-99），高機能センター長補佐（1996-2002），高等教育開発研究部長（1996-2000），入学者選抜研究部長（2000-02）。

栗原　正仁（くりはら　まさひと）　北海道大学大学院情報科学研究科教授，同研究科長（2010-14）。情報学／知能情報学。「情報学」企画責任者 2007-09。

細川　敏幸（ほそかわ　としゆき）　北海道大学高等教育推進機構教授。衛生学・高等教育。高等教育開発研究部長・高機能センター長補佐（2010），高等教育開発研究部門長（2010-14），高等教育研修センター副センター長（2015-）。

望月　恒子（もちづき　つねこ）　北海道大学副学長，大学院文学研究科教授，同研究科長（2008-10）。文学／ロシア文学。人材育成本部長（2014-）。

川端　潤（かわばた　じゅん）　北海道大学大学院農学研究科教授。農芸化学／食品科学。

山口　淳二（やまぐち　じゅんじ）　北海道大学副学長，大学院理学研究院教授，大学院生命科学院長（2014-16）。基礎生物学／植物分子・生理科学。高等教育推進機構副機構長・総合教育部長（2010-13）。

＊担当した章（初出）の順に配列
＊元職・役職について，本文及び編者紹介に掲載されているものは原則として省略
＊高機能センター＝高等教育機能開発総合センター

索引

人名索引

《アルファベット》

Bloom, Benjamin ……………………………………………………………… 174
Muller, R.A. ……………………………………………………………………… 145

《ア行》

アウグスティヌス ……………………………………………………………… 70, 71
アシュビー, エリック ………………………………………………………… 220
安部 能成 ………………………………………………………………………… 21
天野 貞祐 ………………………………………………………………………… 21
安保 常冶 ………………………………………………………………………… 10
板倉 智敏 ………………………………………………………………………… 44
市川 純彦 ………………………………………………………………………… 10
伊藤 誠哉 ……………………………………………………………… 4, 11, 26, 27
今村 成和 ………………………………………………………………………… 15
ウォーナー　Warner R.A. ………………………………………………… 12, 31
ヴォルフ ………………………………………………………………………… 18
潮木 守一 ………………………………………………………………………… 20
円空 ……………………………………………………………………………… 112
扇谷 尚 …………………………………………………………………………… 18
岡 不二太郎 ……………………………………………………………………… 228
小笠原 正明 ……………………………………………………………………… 172
尾高 忠明 ………………………………………………………………………… 121

《カ行》

カーライル ……………………………………………………………………… 23
香月 泰男 ………………………………………………………………………… 111
カント …………………………………………………………………………… 18, 25
クラーク, W・S ……………………………………………………… 50, 52, 77
黒田 孝郎 ………………………………………………………………………… 17
ゲーテ …………………………………………………………………………… 23
コクトー, ジャン ……………………………………………………………… 112

《サ行》

佐伯 浩 …………………………………………………………………………… i, 54

佐々木 重雄	11
佐藤 金治	25, 26
島 善鄰	11, 26, 27
ショパン	123
シンドラー	76, 78
鈴木 誠	156
ソラッコ, サブリナ	185

《夕行》

武田 清子	22, 23
丹保 憲仁	i, 46, 51, 216
ドラッカー	177

《ナ行》

中島 文之助	10
中村 耕二	43
中村 睦男	i, 45, 53
南原 繁	21
西森 敏之	172
新渡戸 稲造	**21-24**, **26**, 199, 200
ニュートン	29

《ハ行》

バーンスタイン, レナード	119
橋本 孝	25, 26
バレッジ, マイケル Burrage, Michael	219
伴 義雄	41
東出 功	228
廣重 力	i, 54
フォンヘーネ, リンダ	185
プラトン	25
フンボルト	20, 24
ヘミングウェイ	76
逸見 勝亮	228
細川 敏幸	172
ポラニ, マイケル	19
堀内 寿郎	**6-8**, 14, 18-21, 25-27

《マ行》

前田 次郎	228

前田 多門 ·· 21
松浦 一 ··· 5-8, 26, 27
三岸 好太郎 ·· 107
森 有正 ·· 105
森戸 辰男 ··· 21
守屋 美賀雄 ··· 6, 7, 26

《ヤ行》

安田 侃 ··· 107
矢内原 忠雄 ··· 21
山口 佳三 ··· i
山崎 勇夫 ··· 227, 228

《ラ行》

ラボアジエ ·· 29

《ワ行》

ワンダーマン，サヴァリン ··· 112

事項索引

《アルファベット》

CI&E（民間情報局）··· 5, 17, 24
（特色・現代・教育）GP: Good Practice ····························· 51, 63, 83, 88
GPA: Grade Point Average ············· 53, 55, 58, 59, 61, 62, 116, 167, 190, 192, 201, 205, 214
IR: Institutional Research ·· 64, 203, 205-207, 212
PFF: Preparing Future Faculty ···································· 179, 184-186, 213
PMF: Pacific Music Festival ·· 55, 103, 119-123
TOEFL ··· 55, 57, 61, 63, 129, 130, 185, 201, 206

《ア行》

アウトカム（ズアセスメント）······································ 96, 98, 99, 101, 146
アカデミック（ASC）···················· 64, 65, 87, 140, 166, 167, 185, 193-196, 206, 210, 220
アクティブラーニング ··· ii, 21, 62, 145-148, 151, 192, 213
一貫教育 ············· 3, 35, 36, 41-43, 46, 49, 51, 55, 74, 76, 128, 132, 135, 136, 157, 158, 168, 217
一般教育運動 ·· 17, 29, 30
一般教育（general education）······················ 6, 7, 11, 12, 14, 15, 17, 18, 24-31, 33-39, 41, 42, 45, 50, 51, 54, 56, 69, 74, 76, 111, 161, 168, 170, 216

索引　*259*

一般教育演習 ································ 34, 38, 39, 44, 46, 47, 51, 55-57, 60-63,
　66, 69-78, 81, 82, 84-86, 91, 93, 97, 98, 101, 137, 170, 181, 211
一般教育等実施体制検討委員会 ································ 36, 42, 170
インテグレート／統合科学 ································ 26, 145-149
エクセレンス・最良・最高 ············· ii, 16, 18, 19, 24, 50, 51, 54, 93, 157, 162, 227
エクセレント・ティーチャーズ ································ 64, 117
大くくり入試　→　総合入試
大阪大学（阪大） ································ 14, 96
オープンコースウェア（OCW）／エデュケーション ············ 142, 151, 211, 213
大割り学生募集　→　総合入試

《カ行》

外国語演習 ································ 57, 59, 63, 66, 127, 131-133, 186
外国語科目 ············ 28, 36, 38, 39, 42, 44, 47, 51, 57, 59-61, 125, 127, 131, 132, 186, 212
外国語教育 ················ ii, 36, 53, 55, 63, 64, 66, 76, 124, 125, 127, 128, 131
科学リテラシー ································ 142, 144, 145, 148
学習支援／サポート ············ 21, 64, 140, 151, 166, 167, 189, 190, **194-196**, **197**
（学習）指導要領 ································ 53, 126, 134, 136, 153, 155, 156, 162
学生参加型授業／教育 ································ 91, 93, 146, 170, 175, 176
カリフォルニア大学バークリー校 ································ 139, 147, 185
基礎科目／教育 ············ ii, 9, 36-40, 42, 44, 47, 51, 53, 55-59, 61, 134-142,
　148, 159-161, 165, 166, 210-212, 218
九州大学（九大） ································ 14, 96
旧制 ································ 6, 8, 15, 18, 21, 23, 24, 26, 30, 50, 153
教育支援 ································ ii, 51, 103, 185, 194, 209, 210, 213
教育評価 ································ 53, 151, 171, 203
京都大学（京大） ································ 14, 71, 82, 96, 172
教養課程 ································ 6, 8, 9, 13, 15, 31, 33-35, 41, 137
教養科目／教育 ············ i, ii, 3, 6-13, 16, 18, 19, 21, 23, 24,
　26-30, 33, 35-40, 42-44, 46, 47, 51, 54, 55, 59, 60, 66, 74, 76, 77, 103, 123, 127, 135-137, 142,
　149, 158-160, 162, 165, 166, 168-170, 175, 190, 204, 209-215, 217, 227
教養主義 ································ 18, 23, 24
教養部 ············ i, ii, 6-16, 18-20, 24, 27-30, 33, 35, 41, 43-45, 72-74,
　136, 141, 151, 157, 164, 168, 170, 189, 211, 213, 228
近代大学 ································ 18-21, 26, 146
均等履修 ································ 25, 26, 28, 29, 33, 34
グレートブック ································ 17, 29

芸術 ……………… 47, 55, 56, 64, 75, 76, **103-107**, 110, 111, 113, 115, 117-119, **122**, 123, 162, 220
ゲッチンゲン大学 …………………………………………………………………… 19
研究大学 ………………………………………………………………… 20, 149, 217
健康体育科目 ……………………………………………………… 36, 38, 39, 42, 44
コアカリキュラム ………………………………… ii, 17, **39**, **46**, **47**, **49**, **51**, **53-58**, 66, 69, 76, 81, 103, 104, 107, 119, 123, 135, 136, 138, 141, 142, 147-149, 151, 157, 165, 169, 175, 180, 204, 205, 210, 212, 217
高大接続／連携 …………………………… 53, 64, 142, 148, **152-155**, **160-162**
高等教育機能開発総合センター ………………………… i, ii, 40, 41, **43-47**, 51, 53, **54**, 67, 90, 91, 103, 148, 151, 156, **170**, **172**, 173, 175, 183, 189, 194, **209-211**, 215, 228
高等教育推進機構 ……………… i, 9, 67, 140, 151, 166, 179, 183, 194, **209-212**, **214-216**, 218
互換性科目 …………………………………………………… 57, 66, 135, **136**, 139, 218
国際性／精神・国際的視野／能力・国際精神 ……… 36, **50**, **52-54**, 65, 96, 99, 100, **125**, 131, 135, **198**, **199**, 202, 218
国立大学協会 ………………………………………………………………… 14, 161
コミュニケーション能力 ………… **52**, 54, 66, 71, 72, 94-96, 107, **123-125**, 141, 182, **198-200**, 204

《サ行》

最良・最高　→　エクセレンス
札幌農学校 …………………………………… 10, 19, **27**, **50-53**, 56, 65, 81, 136, **199**
シカゴ大学 ……………………………………………………………………… 17, 29
自然科学 ………………………………… 25, 26, 28, 33, 34, 38, 39, 42, 50, 58, 89, **133-139**, 141, 142, 144, 148, 228
（総合）自然科学実験 …………………… i, 39, 58, 64, **134**, **136-139**, **141**, 142, 181, 210, 211
実学 ……………………… 24, 27, **28**, 50, **52-54**, 65, 81, 88, 94, 123, 135, 137, **218-221**
社会科学 ……………………… 7, 25, 28, 33, 38, 39, 50, **58**, **72-74**, 76, 133, 148, 156, 159
授業（評価）アンケート ………… i, 59, 61, 62, 71, 72, 85, 117, 137, **171**, **172**, 175, 203, 204, 212
主題別／分野別科目 ………………………………………… 42, 47, 51, 61, **75-78**, 170
初習外国語 ………………………………………………… 39, 63, 64, **126-128**, 131, 132
初習理科 ……………………………………………………………………… 56, 57, 62
初年次教育 ……………………………………… 34, 49, 56, 66, 69, 76, **134-137**, 160, 165
シラバス …………… 58, 64, 78, 93, 108, 112, **116-118**, **129-131**, 170, 174, 180, 185, 186, 191, 204
新制 …………………………… i, ii, **3**, **5**, **6**, **8**, **10-13**, 16, 18, 21, **23-31**, 50, 54, 136, 209, 213, 215
人文科学 ……………………………………… 25, 28, 33, 34, 38, 39, 50, 58, **72-74**, 76, 133, 156
成績評価基準 ……………… 39, 46, 53, 55, 58, 65, 98, 108, 130, 132, 172, 184, 203, 214
（準）責任部局 ……………………… 13, 31, 35, 39, **44-47**, **51**, **55**, **56**, **60**, **66**, 124, 179, 182, 211
全学教育科目 ……………… 36, 37, 39, **42-47**, 53, **59-62**, 64, 72, 75, 84, 85, 158, 170,

179, 184, 186, 192, 204, 210, 214
全人教育 ………………………………………… 25, 36, 47, **50-52**, **54**, 63, 65, 81, 88, 93, 94, 96, 107, **135-138**
専門（教養）課程 …………………………………………………………………………… 6, 41
専門科目／教育 ……………………………… ii, 6, 7, 9, 13, 17, 22, 25, **33-37**, 40, 42, **51**, **54-57**, 74, 95, 97, 123, 127, **134-139**, **141**, **142**, 151, 153, 159, 161, 168, 179, 183, 186, 197, 199, 214-217, 227
(準) 専門系コース／科目 ………………………………………… 57, 138, 139, **144**, **145**, **147**, **148**
総合科目／講義・複合科目 ……………………… **34**, **38**, 44, 46, 47, 51, **60-63**, 84, 148, 195, 211, 227
総合／大くくり入試・大割り学生募集 …………………… i, 5, 10, 26, 49, 55, 65-67, 116, 151, **157**, **158**, **160-162**, **164-167**, 180, **192-196**, 206, 209, 210, 212, 218
創成 …………………………………………………………… 55, 71, 81, 84, 86, 87, **95-102**, 137, 198

《タ行》

大学院 ……………………………………… 6, 7, 15, 35, 41, 42, 50, 52, 53, 70, 73, 74, 88, 89, 98, 127, 132, 140, 141, 151, 157, 176, 178, **181-183**, **185-187**, 195, 197, 205, **209**, **211-220**
大学院共通授業 ……………………………………………… 54, 127, **183-185**, 212, 217
大学院重点化／整備 …………………………………… 31, 35, 41, 42, **157-159**, 216, 217
大学（間）連携 ………………………………………… 53, **140**, **141**, 184, 206, 213
（短期）大学基準協会・大学設立基準設定連合協議会 ………………… **5**, **8**, 11, 17, 24, 26, 207
大学審議会 ……………………………………………………………… 9, 35, 36, 157, 164
大学制度審議会 ……………………………………………………………… i, 4, 26, 230
大学設置基準 ……………… **3**, **6**, **8**, **9**, **16**, **25**, **28-30**, 33, 34, 36, 41, 51, 61, 157, 168, 172, 211, 215, 218
多様性 ……………………………………………… **52**, **54**, 66, 70-72, 82, **90**, **94**, 104, 200, 204
単位の実質化 ………………………………… ii, 49, **53**, **55**, **56**, **58**, **59**, **61**, 66, 114, 151, 190, 213
地域連携／密着／開放／貢献／活性化／開発 ………………… 55, 56, **81**, **83-88**, 103, **118-123**, 140, 141, 162, 176
中央教育審議会（中教審）………………………… **20**, **21**, 29, 54, **154**, **161**, **162**, 170, 183, 203
ティーチング・アシスタント（TA）………………… 56, 58, 60, 65, 98, 101, 102, 138, 140, 148, 176, **178-184**, **186**, **187**, 196, 213
ティーチング・フェロー（TF）……………………………… **138**, **140**, 179, **186**, **187**, 213
ディシプリン（discipline）………………………………… ii, 3, **16**, **31**, **144-146**, **148**, 220, 227
東京工業大学（東工大）………………………………………………………………… 11, 96
東京大学（東大）………………………………………… 10, 25, 96, 158, 172, 220
統合科学　→　インテグレート科学
東北大学（東北大）…………………………………………………………………… 14, 96, 175

《ナ行》

名古屋大学（名大）…………………………………………………………………………… 14, 96

新渡戸カレッジ／スクール／賞／学など……………………………ii, 59, 151, 192, **198-202**, 218

《ハ行》

批判能力………………………………26, 28, 36, 52, 54, 66, 71, 78, 106, 204
ファカルティ・デベロップメント（FD）……………………… 53, 65, 66, **168**, **171-177**, 180, 181, 183, 185, 203, 207, **211-213**
複合科目　→　総合科目
フレッシュマン教育／セミナー………………………………62, 71, 82, 84, **88-91**, **94**, 137
フロンティア／パイオニア／開拓者精神………………… 36, **50**, **52**, **54**, 65, 81, 88, 96, 135
フンボルト型大学………………………………………………………………………20, 21, 158
分野別科目　→　主題別科目
北大方式…………………………………ii, **8-11**, 13, 14, 16, 17, 28, 30, 38, 51, 54, 55, 136, 168, **173**, **175-177**, 213
北海道薬科大学 ……………………………………………………………………………64, 175

《マ行》

マネジメント ……………………………………………………… 120, 147, **177**, 200, 213, 219

《ラ行》

理科／物理離れ ……………………………………………………………………134, 137, 144
履修登録単位数の上限設定（CAP 制）……………………… **53**, **55**, **59**, **61**, **62**, 190
リベラルアーツ／エデュケーション（liberal education）……………i, **17-19**, **21**, **24**, **25**, **27**, **29**, **30**, 51, 137, 157, **216-220**
臨時教育審議会（臨教審）………………………………………………………………154, 155, 161
倫理 ………………………………………………i, 25, 52, **54-56**, **65**, **66**, 96, 106, 185, 199, 204
論文指導／執筆方法など………………………38, 42, 55, 57, 69-71, **75-80**, 115, 117, 124, 185, 186

＊編・章・節の表題，（引用注），参考文献，資料の中の人名および担当部分に係る著者名は含めない。

＊編・章・節の表題，（引用注），（執筆者職名），参考文献，資料の中の事項は含めない。文字列の細部の異同（ゆらぎ）を含めてまとめてある。

編著者紹介

小笠原　正明（おがさわら　まさあき）
1943年生まれ。北海道大学大学院理学研究科修士課程修了。工学博士。北海道大学工学部助教授、北海道教育大学教授を経て北海道大学高等教育機能開発総合センター教授（1995〜2006年）、東京農工大学大学教育センター教授（2006〜2008年）、筑波大学特任教授（2006〜2011年）。北海道大学総合博物館資料部研究員（2006〜2016年）。米国ウエイン州立大学博士研究員（1974〜1976年）；ポーランド・ウッチ工科大学准教授（1980年）；スウェーデンスツーツビク研究所客員研究員（1984年）。第3回日本放射線化学会賞受賞（1993年）。

安藤　厚（あんどう　あつし）
1947年生まれ。東京大学大学院人文科学研究科修士課程修了。東京大学教養学部助手（1973〜1979年）、山形大学教養部講師・助教授（1979〜1990年）を経て北海道大学文学部・大学院文学研究科助教授・教授（1990〜2010年）。第3回木村彰一賞受賞（1994年）。

細川　敏幸（ほそかわ　としゆき）
1956年生まれ。北海道大学理学部物理学科卒業、北海道大学大学院環境科学研究科修士課程修了。医学博士。1982年北海道大学医学部助手、カナダ・ダルハウジー大学医学部博士研究員（1990〜1994年）、英国国立医学研究所博士研究員（1994〜1995年）を経て1995年より北海道大学高等教育機能開発総合センター助教授、2006年7月より教授。2015年北海道大学 教育総長賞優秀賞受賞、2016年公益財団法人日本建築衛生管理教育センター 表彰受賞。

北大 教養教育のすべて──エクセレンスの共有を目指して

2016年6月15日　初版第1刷発行　　　　　　　　　　　　〔検印省略〕

＊定価はカバーに表示してあります

編著者©小笠原正明・安藤厚・細川敏幸　発行者　下田勝司　　印刷・製本　中央精版印刷

東京都文京区向丘1-20-6　郵便振替 00110-6-37524
〒113-0023　TEL 03-3818-5521（代）　FAX 03-3818-5514　　　　発行所
E-Mail tk203444@fsinet.or.jp　　　　　　　　　　　　　株式会社 東信堂
Homepage http://www.toshindo-pub.com
Published by TOSHINDO PUBLISHING CO.,LTD.
1-20-6, Mukougaoka, Bunkyo-ku, Tokyo, 113-0023, Japan

ISBN978-4-7989-1367-4　C3037
Copyright©2016 OGASAWARA Masaaki, ANDO Atsushi, HOSOKAWA Toshiyuki

東信堂

転換期を読み解く——潮木守一時評・書評集	潮木守一	二六〇〇円
大学再生への具体像（第2版）	潮木守一	二四〇〇円
フンボルト理念の終焉？——現代大学の新次元	潮木守一	二五〇〇円
いくさの響きを聞きながら——横須賀そしてベルリン	潮木守一	二四〇〇円
「大学の死」、そして復活	潮木守一	二八〇〇円
大学教育の思想——学士課程教育のデザイン	絹川正吉	二八〇〇円
北大 教養教育のすべて	絹川正吉	三二〇〇円
——エクセレンスの共有を目指して	小笠原正明・安藤厚・細川敏幸編著	二四〇〇円
国立大学法人化の行方——自立と格差のはざまで	大﨑仁	二六〇〇円
大学は社会の希望か——大学改革の実態からその先を読む	天野郁夫	三六〇〇円
転換期日本の大学改革——アメリカと日本	江原武一	三六〇〇円
大学の管理運営改革——日本の行方と諸外国の動向	江原武一編著	三六〇〇円
新自由主義大学改革——国際機関と各国の動向	杉本均編著	三六〇〇円
新興国家の世界水準大学戦略——世界水準をめざすアジア・中南米と日本	細井克彦編集代表	三八〇〇円
東京帝国大学の真実	米澤彰純監訳	四八〇〇円
日本近代大学形成の検証と洞察		
原理・原則を踏まえた大学改革を——場当たり策からの脱却こそグローバル化の条件	舘昭	二〇〇〇円
改めて「大学制度とは何か」を問う	舘昭	四六〇〇円
原点に立ち返っての大学改革	舘昭	一〇〇〇円
大学の責務	舘昭	三八〇〇円
大学の自己変革とオートノミー	立川明・坂本辰朗・D.ケネディ井上比呂子訳著	三五〇〇円
——点検から創造へ		
大学教育の創造——歴史・システム・カリキュラム	寺﨑昌男	二五〇〇円
大学教育の可能性——教養教育・評価・実践	寺﨑昌男	二八〇〇円
大学は歴史の思想で変わる——評価・FD・私学	寺﨑昌男	三〇〇〇円
大学改革 その先を読む	寺﨑昌男	二〇〇〇円
大学自らの総合力——理念とFD そしてSD	寺﨑昌男	二〇〇〇円
大学自らの総合力Ⅱ——大学再生への構想力	寺﨑昌男	二四〇〇円

〒113-0023　東京都文京区向丘1-20-6
TEL 03-3818-5521　FAX03-3818-5514　振替 00110-6-37828
Email tk203444@fsinet.or.jp　URL:http://www.toshindo-pub.com/

※定価：表示価格（本体）＋税